DIE ENZYKLOPÄDIE DER

SPEZIAL EINHEITEN

TAKTIK • GESCHICHTE • STRATEGIE • WAFFEN

DIE ENZYKLOPÄDIE DER SPEZIAL EINHEITEN

TAKTIK • GESCHICHTE • STRATEGIE • WAFFEN

VORWORT VON MAJOR MIKE MCKINNEY
(USAF SPECIAL OPERATIONS)

MIKE RYAN, CHRIS MANN, ALEXANDER STILWELL

MOEWIG

www.MOEWIG.de

This translation of „The Encyclopedia of the World's Special Forces"
is published in arrangement with Amber Books Ltd.
Umschlagfoto: TRH Pictures

Übersetzung aus dem Englischen: Helmut Roß für Lesezeichen Verlagsdienste
Redaktion und Satz der deutschen Ausgabe: Lesezeichen Verlagsdienste, Köln

Printed in Italy
ISBN 3-8118-1895-3

Hinweis:

Im Text sind die meisten der ausländischen Spezialeinheiten auf Englisch aufgeführt, damit der Leser im Internet weitere Details leichter recherchieren kann.

Bildnachweise

TRH Pictures: 8, 11(u), 12(o), 14, 28, 29, 30(or), 31(u), 32(beide), 33, 35, 46, 54, 55, 64, 66, 67(beide), 68, 73(beide), 76, 77, 79, 80, 81, 82, 85 (U.S. Army), 87(o) (U.S. Navy), 87(u) (U.S. Army), 89 (U.S. Army), 90 (D.O.D), 91 (U.S. Air Force), 92 (U.S. Navy), 93 (D.O.D.), 95(o), 96 (U.S. Army), 100, 104, 111(o), 112(l), 113(o), 118, 120(o), 130, 131(beide), 132, 133, 134, 137 (D.O.D.), 138, 144, 147 (U.S. Navy), 149, 154, 161, 162(beide), 163, 164(u), 167(beide), 180(o), 186 (U.S. Navy), 187 (D.O.D./U.S.M.C.), 188 (U.S. Navy), 189 (U.S. Navy), 190 (U.S. Navy), 194–195 (U.S. Air Force), 196(beide), 198(u), 200, 201(o), 214(o)(D.O.D.), 218(o), 223 (I.W.M.), 225(o), 225(u) (U.S. Air Force), 226, 228, 229, 230, 232(beide), 236(u), 238 (U.S. Army), 239, 240 (U.S. Army), 241(beide)(D.O.D), 242(o)(U.S. Air Force), 244(beide);
Private Collection: 11(o), 12(u), 13(o), 13 (ur), 102, 103(u);
Amber Books: 13(ul), 3(l), 31(ol), 36(o), 37, 40, 41, 42, 65(l), 72(u), 74(l), 78, 94, 95(u), 98–99, 109(r), 119(o), 135, 146, 175, 181, 182, 192(u), 199(beide), 201(ul), 201(ur), 204(o), 212, 213(beide), 235, 236(o);
Instituto Geografico DeAgostini S.p.A: 105, 185(o), 191;
POPPERFOTO: 16(beide), 20, 23(beide), 35(o), 36(u), 38, 39(beide), 38, 39(beide), 44, 45, 49, 50(beide), 51(beide), 57, 63(beide), 65(r), 86, 88, 103(o), 106, 107, 109(l), 110, 111(u), 114, 115(r),116, 117, 119(u), 120(u), 121, 127(u), 128, 129, 139, 141, 143, 156, 159, 160(beide), 164(o), 171, 177(beide), 178(beide), 179(o), 183, 184, 197, 198(o), 203, 204(u), 205, 206, 207, 208, 209, 210, 211, 243;
Corbis: 18(beide), 19, 58, 71, 72(o), 157, 158, 174;
PA Photos: 21, 34, 47, 48, 56, 57(u), 113(u), 115(u), 124, 125, 155, 166, 169, 170, 172, 173, 180(u);
Military Picture Library International: 25, 26, 27(beide), 43, 59, 60, 61(beide), 62, 70, 74(r), 75, 83, 84(beide), 112(r), 122, 126, 127(o), 179(u), 182(o), 220–221, 222, 223(o), 231, 233, 234, 237, 242(u);
United States Department of Defense: 97, 108, 193, 214(u), 215, 216, 217, 218(u), 219(beide);

(o) = oben (u) = unten (l) = links (r) = rechts

INHALT

SEEGESTÜTZTE SPEZIALEINHEITEN 144

LUFTGESTÜTZTE SPEZIALEINHEITEN 194

AUSBILDUNG DER SPEZIALEINHEITEN 220

VORWORT

Spezialeinheiten besitzen einen ganz besonderen militärhistorischen Stellenwert. In den Randzonen konventioneller Strategie und Taktik operierend, ruht über den Details ihrer einzelnen Missionen nicht selten ein Mantel des Schweigens. Leider hat diese Geheimhaltung mitunter zur Folge, dass die jeweiligen Konsequenzen auf das Kampfgeschehen nicht richtig beurteilt werden. Der Einsatz von Spezialeinheiten kann immense strategische Auswirkungen haben, wie etwa in Entebbe, Son Tay, Eben Emael und Saint Nazaire geschehen. Diese Namen sind nur einige Beispiele für Kommandounternehmen, die in der Militärgeschichte eine gewisse Mystik erlangt haben. Einen flüchtigen Eindruck von den einzigartigen Fähigkeiten der Spezialeinheiten erhielt die Welt während der Operation „Enduring Freedom" in Afghanistan. Die Fotos von Soldaten der US Special Forces, die gemeinsam mit ihren Verbündeten von der Nordallianz zu Pferde in den Kampf zogen, veranschaulichen die Vielseitigkeit dieser überaus versierten Profis. Spezialeinheiten aus mehreren Nationen trugen durch Razzien, Aufklärungsaktionen, psychologische Operationen, unkonventionelle Kriegsführung und Luftlandeunternehmen unmittelbar zur Vernichtung der Kämpfer der Taliban und der Al Quaida bei. Der Konflikt in Afghanistan erwies sich vor allem deshalb als überragender Erfolg für die Spezialeinheiten, weil sie sich ihrer antrainierten Fähigkeiten bedienen konnten. Spezialkräfte verkörpern für jeden Kommandeur einen wahren Krafthebel und können zudem als die ersten „intelligenten Waffen" angesehen werden.

Ein Wesenszug, der die Mitglieder von Spezialeinheiten aller Nationen miteinander verbindet, besteht in dem beeindruckenden Engagement für diese besondere Art der Kriegsführung. An dieser Stelle sei daran erinnert, dass sämtliche Spezialeinheiten aus Freiwilligen rekrutiert werden – ein Umstand, der in Zeiten struktureller Einschnitte von besonderer Bedeutung ist. Manche bewerben sich aus Abenteuerlust, während andere sich berufen fühlen. Einer Spezialeinheit anzugehören bedeutet, sich hohen fachlichen und praktischen Anforderungen zu stellen. Was den Soldaten einer Spezialeinheit auszeichnet, ist seine Grundeinstellung, denn die Auswahl gründet sich auf seine Führungsqualitäten und die persönliche Belastbarkeit. Im Anschluss an eine strenge Auslese besteht das Leben für ihn aus ständigem Training und Bereitsein. Anders als die konventionellen Militärverbände müssen die Spezialkräfte auch auf einen Einsatz in Friedenszeiten gefasst sein. Einheiten wie die Green Berets oder der britische SAS besitzen vielfältige Fertigkeiten, während andere sich auf einen bestimmten Einsatzbereich konzentrieren, etwa auf die Terrorbekämpfung. Ihr jeweiliges Handwerk müssen sie perfekt beherrschen, denn in ihrer Welt waltet tödlicher Ernst und die Folgen eines Fehlschlags sind jedem Einzelnen bewusst. Genau aus diesem Grund gelten ihre Missionen als riskant, aber viel versprechend, weshalb meist auch Zeitspanne und Ort ihres Einsatzes beschränkt sind.

Zahlreiche Einheiten werden in diesem Buch erstmals ausführlich beschrieben. Auslese, Training, Fertigkeiten und Ausrüstung sind detailliert aufgeführt. Nachdem Sie dieses Buch gelesen haben, werden Sie besser verstehen, was es bedeutet, einer dieser Elitetruppen anzugehören.

Major Mike McKinney
USAF Special Operations

SPEZIAL-EINHEITEN ZU LANDE

Nach den tragischen Ereignissen vom 11. September 2001 beherrschte der Begriff „Spezialeinheiten" weltweit die Schlagzeilen, denn sie gelten im Rahmen künftiger Kriegsführung als entscheidendes Instrument zur Bekämpfung terroristischer als auch konventioneller kriegerischer Aktivitäten. Dank ihrer Fähigkeit, unbemerkt an den Einsatzort zu gelangen, verfügen die jeweiligen Regierungen über eine sehr effiziente Waffe. Und niemand weiß, wann und wo sie das nächste Mal zum Einsatz kommen wird.

Links: Mitglieder des 6e Régiment Étranger de Génie der französischen Fremdenlegion, angetreten während der Operation „Desert Storm" 1991.

ARG ARGENTINIEN

Brigada del Ejercito 601 und 602 Brigada Especial Operativa Halcon

Für Sonderaufgaben stehen in Argentinien zwei Kommandobrigaden der Armee und die spezielle, der Polizei unterstellte Anti-Terror-Einheit Brigada Halcon zur Verfügung.

Die erste argentinische Spezialeinheit entstand mit US-amerikanischer Unterstützung in den 1960er Jahren in Form einer Kommandobrigade nach dem Vorbild der US Rangers. Diese Brigada des Ejercito 601 wurde von den argentinischen Streitkräften rasch respektiert; dies führte zur Bildung einer weiteren Brigade, der 602. Neben der obligatorischen Fallschirmjägerausbildung in Catamarca werden gemeinsame Trainings mit anderen Spezialeinheiten absolviert. Während des Falklandkriegs 1982 auf Mount Kent eingesetzt, lieferten sich Mitglieder der 601 eine Verfolgungsschlacht mit dem britischen Special Air Service.

Zur Standardausrüstung der Brigada del Ejercito gehören Scharfschützengewehre, Sturmgewehre mit hochwertigen Nachtsichtgeräten und erstklassige Kampfanzüge.

BRIGADA ESPECIAL OPERATIVA HALCON

Im Jahr 1986 zur Terrorbekämfung gegründet, ist die Brigada Especial Operativa Halcon (= Falke) der Polizei von Buenos Aires unmittelbar unterstellt. Die Brigada Halcon besitzt eine ähnliche Struktur wie ein militärisches Anti-Terror-Team und besteht aus 75 Operatoren; diese sind in fünf Teams mit je 15 Mann unterteilt. Zu jedem Team gehören zwei Scharfschützen, acht Angreifer, ein Unterhändler sowie je ein Spezialist für Aufklärung, Kommunikation, Wundversorgung und Sprengmittel. Die aus drei Zweimonatskursen bestehende Ausbildung umfasst Schießtraining und Präzisionsschießen, Fallschirmspringen, offensives Fahren, Aufklärungsarbeit, Umgang mit Sprengmitteln und Infiltration per Helikopter. Neben der Terrorbekämpfung stellt die Einheit aufgrund der momentanen Wirtschaftskrise in Argentinien auch Leibwächter für VIPs.

Folgende Waffen werden verwendet: Selbstladeflinte Franchi SPAS 12, Pistole Glock 17 und HK G3 GS/1 (als Scharfschützengewehr).

AUS AUSTRALIEN

Special Air Service Regiment (SASR)

Das australische SASR kann mit einigem Stolz auf eine längere Geschichte verweisen, die bis zum Kampf gegen Japan im Zweiten Weltkrieg zurückreicht. Seine Organisation ähnelt der des britischen SAS, zu dem man weiterhin enge Kontakte unterhält. In jüngerer Vergangenheit kooperierte das SASR mit US-Spezialeinheiten in Afghanistan.

In den Campbell Barracks (Swanbourne) stationiert, besitzt das australische Special Air Service Regiment eine Mannstärke von rund 600 Soldaten in sechs Squadrons: drei Sabre und je eine für Nachrichten, operative Unterstützung und Versorgung; hinzu kommen die Regimental Headquarters (RHQ).

Um jederzeit ein Maximum an operativer Effizienz zu gewährleisten, arbeiten die drei Sabre Squadrons in einem Dreijahreszyklus, während dessen neben dem Training auch operative Erfahrungen gesammelt werden. Im ersten Jahr eines typischen Zyklus werden die neuen Rekruten in Form gebracht, während sich die erfahreneren Mitglieder neue Fertigkeiten aneignen und Auffrischungskurse besuchen. Im zweiten Jahr trainiert man die offenkundigen militärischen Aufgaben, einschließlich Spezialoperationen im Rahmen konventioneller Kriegsführung. Dies bietet einen guten Kontrast zum dritten und letzten Jahr mit seinem Training für verdeckte Operationen. Das Versorgungs-Squadron ist für Logistik und Administration zuständig, während das Squadron für operative Unterstützung neue Ausrüstungen prüft und in neuen Taktiken und Techniken unterweist.

Das 152 Signals Squadron (SASR) stellt ein überaus leistungsfähiges Kommunikationsnetzwerk zur Verfügung.

Die ersten australischen SAS Squadrons entstanden im Zweiten Weltkrieg, um die Japaner hinter den eigenen Linien zu bekämpfen. Nach dem Krieg wurden die Einheiten ähnlich dem britischen SAS aufgelöst und erst 1949 neu zusammengestellt; in den ersten drei Jahren als 1st SAS Company mit Stützpunkt in Swanbourne. Die 1951 erfolgte Eingliederung in das Royal Australian Regiment (RAR) als Luftlandezug war alles andere als ideal, weshalb man die Einheit 1957 als 1st Special Air Service Company ausgliederte. Sie gewann rasch an Größe und Einsatzfähigkeit und wurde 1964 zum 1st Special Air Service Regiment (SASR).

Das SASR ist in zahlreichen Punkten ein Spiegelbild des britischen SAS, zumal beide Einheiten über viele Jahre hinweg im Training wie im Ernstfall zusammengearbeitet haben. Die Tragfähigkeit dieser besonderen Beziehung wurde von Februar 1965 bis August 1966 im Dschungel von Borneo eindrucksvoll unter Beweis gestellt, als man unter erschwerten Bedingungen Seite an Seite gegen indonesische

Oben: SASR-Soldaten, als Friedenstruppen in Osttimor eingesetzt, beim Sichern einer Landezone in Grenznähe (1999).

Rechts: Ein potenzieller Soldat des australischen SASR bei einer Verschnaufpause während eines Durchhalte- und Orientierungsmarsches im Auslesekurs.

Unten: Gut gepanzerter australischer 6x6 Perentie LRPV mit eindrucksvoller Bewaffnung aus zwei 7,62 mm GPMGs.

***Oben:* Im Zuge der Operation „Enduring Freedom" durchsuchen Soldaten des SASR während einer routinemäßigen Räumaktion eine Höhle.**

***Unten:* Soldat des australischen SAS in Standardtarnuniform mit um den Kopf gewickeltem Schweißtuch und Gewehr M16A1.**

Kräfte kämpfte. Diese Erfahrung erwies sich als ungemein wertvoll für das SASR, das bald darauf in Vietnam in eine weitere schwierige Operation einbezogen wurde. Ursprünglich war das SASR 1962 als Teil des Australian Army Training Team nach Vietnam entsandt worden. Doch während der umstrittene und zunehmend unpopuläre Krieg sich in die Länge zog, wurde es im Juli 1966 notwendig, ein weiteres Squadron aufzustellen, wodurch dem SASR nun drei Sabre Squadrons als Einsatztruppen zur Verfügung standen, die sich bis 1971 im Rotationsverfahren abwechselten.

Die Soldaten des SASR waren als harte, beharrliche und durchhaltende Kämpfer gefürchtet und wurden daher von den Vietcong gemieden.

Nach Vietnam sah sich das SASR gezwungen, eines seiner Sabre Squadrons aufzulösen. Es wurde jedoch 1982 als Folge eines terroristischen Bombenangriffs auf das Sydney Hilton Hotel am 13. Februar 1978 neu gebildet. Nur wenige Tage nach dem Attentat wurde das SASR formell zur nationalen Anti-Terror-Einheit ernannt und richtete sogleich TAG/OAT-Gruppen als Reaktionskräfte ein. Seit 1982 rasch expandierend, entstand bald der Bedarf nach einer speziellen Nachrichteneinheit; das so entstandene 152 Signals Squadron widmete sich der Aufgabe, jedes Sabre Squadron mit einer Fernmeldetruppe auszustatten, um die Kommunikation während der Operationen zu verbessern. Der Golfkrieg von 1991 führte zur Entsendung eines SASR Squadron zur Unterstützung der allierten

Rechts: Soldaten des SASR vor einem Gebirgshintergrund im Irak während des zweiten Golfkrieges. In der heißen irakischen Wüste hat man auf Helme verzichtet.

Koalitionsverbände. Diese 110 Mann schlossen sich mit dem New Zealand SAS zum ANZAC SAS Squadron zusammen, das an der Seite britischer und US-amerikanischer Spezialeinheiten gegen den Irak kämpfte.

In den letzten Jahren war das SASR in Osttimor, Afghanistan und Irak überaus erfolgreich. Dies verdankt sich nicht zuletzt der Tatsache, dass man sich der operativen Leitlinien der britischen und US-amerikanischen Spezialeinheiten bedient, jedoch zugeschnitten auf die speziellen militärischen Erfordernisse, wie sie für Australien gelten.

Links: Nachteinsatz im Irak (2003). Nach seinem Erfolg in Afghanistan spielte das SASR auch im Irak eine wichtige Rolle bei verdeckten Operationen.

Während der Operation „Iraqi Freedom" Anfang 2003 trat das SASR mit Spezialkräften aus dem neu gegründeten Incident Response Regiment (IRR) gegen die vermuteten irakischen Massenvernichtungswaffen an. Weitere Aufgaben umfassten die direkte Unterstützung der australischen 4RAR Kommandoeinheit, verdeckte Aufklärung, Blitzangriffe und tiefe Vorstöße.

Das SASR trägt die normalen Kampfanzüge der australischen Armee, unterscheidet sich vor allem durch das sandfarbene Barette.

AUT ÖSTERREICH

Gendarmerieeinsatzkommando (GEK) „Cobra" Jagdkommando

Die österreichischen Spezialkräfte bestehen aus der Anti-Terror-Truppe GEK „Cobra" sowie einer Elite-Kommandoeinheit. Beide unterhalten enge Kontakte zueinander und üben regelmäßig mit der deutschen GSG-9.

Die Geschichte des Gendarmerieeinsatzkommandos „Cobra" reicht zurück bis 1973. In diesem Jahr entstand das Gendarmeriekommando Bad Vöslau als Reaktion auf palästinensische Terroristen, die jüdische Einwanderer bedrohten. Die Einheit kam wiederholt zum Einsatz, als Terroristen eine Reihe von Geiseln nahmen und Millionen von Dollar Lösegeld verlangten. In einem Fall erhielt der berüchtigte Terrorist Carlos mehrere Millionen Dollar für die Freilassung einiger Regierungsmitglieder, die auf einer Tagung der

OPEC als Geiseln genommen worden waren.

Angesichts des zunehmenden Terrorismus in Europa wurde das als inadäquat empfundene Gendarmeriekommando Bad Vöslau 1978 durch das Gendarmerieeinsatzkommando (GEK) „Cobra" ersetzt. Sein erster Kommandeur, Oberst Johannes Pechter, unterhielt enge Kontakte zur deutschen GSG-9 und dem israelischen Sayeret Mat'kal und führte gemeinsame Trainings mit diesen exzellenten Truppen durch, um seinen Männern den letzten Schliff zu geben. Nicht damit zufrieden, lediglich die Ideen anderer aufzugreifen, entwickelte das GEK ausgezeichnete Fertigkeiten in speziellen Bereichen der Terrorbekämpfung, etwa im Seilklettern und Erstürmen von Gebäuden.

Typische Waffen sind: Pistole Glock 17, Sturmgewehr Steyr AUG 5,56 mm und Polizeigewehr Steyr 7,62 mm als Scharfschützengewehr.

JAGDKOMMANDO

Das in Wiener Neustadt südlich von Wien stationierte Jagdkommando setzt sich nicht aus Wehrpflichtigen zusammen, sondern aus hochmotivierten Freiwilligen. In diese Elitetruppe aufgenommen wird nur, wer körperlich und geistig fit und nicht vorbestraft ist.

Das Eignungstraining umfasst einen Marsch von 24 km mit 10 kg Gepäck plus persönlicher Waffe in dreieinhalb Stunden, einen 5-km-Lauf in unter 24 Minuten, das Entlanghangeln an einem 30 m langen, durchhängenden Seil, den Sprung von einem 10-m-Turm in ein Schwimmbecken und 30 Minuten Dauerschwimmen.

Wer die Eingangsprüfung besteht, muss eine militärische Grundausbildung und einen Offiziersanwärterkurs absolvieren. Anschließend steht ein spezieller, 22 Wochen dauernder Kommandokurs auf dem Programm. Dieser Teil der Ausbildung umfasst Fallschirmspringen (einschließlich Freifall), Nahkampf, Gebirgsoperationen, Sprengungen, Scharfschießen, amphibische Kriegsführung, erste Hilfe und Überlebenstechniken. Wer diesen Kurs bestanden hat, darf sich auf eine Zusammenarbeit mit anderen Spezialeinheiten freuen – sei es mit den Landsleuten vom GEK „Cobra", mit der deutschen GSG-9 oder der US-amerikanischen Delta Force.

Links: GEK-Mitglied mit Steyr Scharfschützengewehr bei der Beobachtung eines potenziellen Ziels während einer Übung.

BEL BELGIEN

Équipes Spécialisées de Reconnaissance (ESR) Escadron Spécial d'Intervention (ESI)

Die ESR, Belgiens Eliteeinheiten für die Fernaufklärung, wurden aufgelöst, doch werden die belgischen Spähtrupps weiterhin von ehemaligen Mitgliedern der ESR trainiert. Der ESI ist Belgiens Antwort auf den Terrorismus.

Obwohl die ESR bereits 1994 aufgelöst wurden, verdienen sie es, hier erwähnt zu werden, da viele ehemalige Mitglieder heute den Fallschirmkommandos als Ausbilder künftiger belgischer Fernaufklärungsteams zugeordnet sind. Die ESR entstanden 1961 für die anspruchsvolle Aufgabe von Spähtrupps weit hinter den feindlichen Linien. Vor allem sollten sie Geheiminformationen sammeln und zur Auswertung an das Hauptquartier weiterleiten. Die Existenz der ESR wurde seitens der belgischen Regierung beharrlich geleugnet, auch dann noch, als zwölf ESR-Mitglieder die belgische Botschaft in Kinshasa (DR Kongo) gegen angreifende Rebellen verteidigten. Außerdem wurden die ESR in Sarajewo zum Schutz des belgischen Generals Briquemont eingesetzt, dem Oberkommandierenden der dortigen Blauhelme. In Somalia wirkten 28 ESRs im Verborgenen, um die somalischen Warlords zu überwachen, vor allem General Muhammad Said Hersi. Schauplatz des letzten Einsatzes der ESR war Ruanda im Rahmen der Operation „Silver Back", um die sichere Evakuierung von Europäern aus dem vom Krieg erschütterten Land zu gewährleisten.

Die Bildung des ESI erfolgte im Anschluss an die Terrorattacke auf israelische Athleten bei den Olympischen Spielen 1972 in München. Die ursprüngliche „Groupe Diane" wurde 1974 in ESI umbenannt, um die Aufgabenstellung der Terrorbekämpfung besser zum Ausdruck zu bringen. Ungeachtet der Namensänderung ist in den belgischen Medien weiterhin die alte Bezeichnung Diane gebräuchlich. Der ESI versteht sich nicht als bloße Reaktionskraft. Er beschränkt sich daher nicht allein darauf, auf terroristische Anschläge zu antworten, sondern diese nach Möglichkeit gar nicht erst stattfinden zu lassen.

Potenzielle Kandidaten für den Dienst im ESI müssen sich einer strengen Auslese unterziehen, bevor sie für den aktiven Dienst in Frage kommen. Entsprechend hoch ist die Versagerquote: Fast die Hälfte der Bewerber erreicht nicht einmal das Ende des zweiwöchigen Auswahlverfahrens. Wer es dennoch bestanden hat, durchläuft im Anschluss ein dreimonatiges Intensivtraining. Auch Frauen sind beim ESI zugelassen, allerdings nur für Observierung und verdecktes Ermitteln. Aufgrund seiner Vielseitigkeit ist der ESI in der Lage, auch anderen Aufgaben nachzukommen, etwa der Bekämpfung des Drogenhandels.

Das ESI-Trainung umfasst den taktischen (defensiven wie offensiven) Einsatz von PS-starken Fahrzeugen, derzeit mit Mercedes-Limousinen, Range Rovern, aber auch mit neutralen Vans.

Folgende Waffen werden verwendet: die Maschinenpistole HK MP5, das Scharfschützengewehr Sako TRG-21, die Pistolen Glock 17 und Browning 9 mm sowie die Repetierflinte Remington Kal. 12.

BRA BRASILIEN
1° Batalhão de Forças Especiais

Die Hürden für eine Aufnahme in die brasilianische Spezialeinheit sind hoch. Durch die langen Patrouillengänge im Regenwald des Amazonas hat die Truppe beachtliche Survival-Fertigkeiten.

Rio de Janeiro ist die Heimat des 1. Spezialkräfte-Bataillons, der führenden Spezialeinheit Brasiliens. Ihre Gründung erfolgte 1953, nachdem ein Flugzeug während eines Inlandfluges über dem Amazonas entführt worden war. Ein Kommando des 1. Spezialkräfte-Bataillons widmet sich seit 1983 der Terrorbekämpfung. Die Einheit setzt sich durchweg aus Freiwilligen zusammen. Den Anfang bildet ein äußerst hartes, 14-tägiges Aus-

Rechts: Brasilianische Fallschirmjäger landen im mit Piranhas verseuchten Rio Negro unweit des Zentrums für Dschungelkampf in Manaus.

Oben: Mitglieder einer brasilianischen Kommandoeinheit bei der Erstürmung einer befestigten Kaserne während einer Übung am Zentrum für Dschungelkampf.

wahlverfahren; die Versagerquote beträgt knapp 90 Prozent. Die erfolgreichen Kandidaten unterziehen sich danach einem 13-wöchigen Anti-Terror-Training auf einem geheimen Stützpunkt bei Rio de Janeiro. Das Training orientiert sich stark an dem der US Delta Force und beinhaltet Fallschirmspringen, Infiltration per Helikopter, Schnellabseilen, Scharfschützenausbildung und Nahkampf. Das Anti-Terror-Kommando besteht aus größeren Teams mit bis zu 24 Mann für Patrouillen im brasilianischen Regenwald.

Auch wenn Brasilien die Hilfe der USA benötigte, um eine eigene Fallschirmspringerschule und Spezialeinheit einzurichten, ist man heute nicht mehr auf fremde Unterstützung angewiesen; dennoch bestehen weiterhin Verbindungen zum US 1st SFOD-D, 7th Special Forces Group und der portugiesischen GOE. Auf nationaler Ebene trainiert man gemeinsam mit anderen, ebenfalls zur Terrorbekämpfung befähigten militärischen Eliteeinheiten. Zudem besteht eine enge Zusammenarbeit mit der Bundes- und Landespolizei sowie der GRUMEC-Einheit der brasilianischen Marine.

Folgende Waffen werden verwendet: HK MP5, M16A2, Remington M870, ENARM Pentagun, HK PSG-1 sowie Pistole Colt .45. Das Anti-Terror-Kommando trainiert den Nahkampf mit Messern und Macheten.

CAN KANADA

Joint Task Force Two (JTF-2)

Die Spezialeinheit Kanadas ist geheimnisumwittert, doch man weiß, dass sie kürzlich gemeinsam mit US-amerikanischen und britischen Spezialtruppen im Kosovo und in Afghanistan eingesetzt wurde.

Die Joint Task Force Two (JTF-2) wurde im April 1993 gebildet, nachdem das Special Emergency Response Team (SERT) der Royal Canadian Mounted Police (RCMP) aufgelöst worden war. Verlässliche Informationen über diese Einheit sind rar, da die Canadian Armed Forces (CAF) deren Existenz leugnete. Das ist verständlich, denn der größte Feind der CAF war bislang nicht der Terrorismus, sondern stete Einschnitte in den Wehretat durch antimilitaristische Politiker. Reagiert hat man darauf mit der Devise: Je weniger über die Streitkräfte bekannt ist, desto besser. Dies gilt umso mehr für die Spezialverbände und ihre Aktivitäten.

Von der JTF-2 ist kaum etwas bekannt über Mannstärke, Training und operative Aufgaben, nicht einmal der Standort. Die Einheit besteht schätzungsweise aus 200 Operatoren plus Unterstützungskräfte, wodurch sie autark ist. Die Aufgaben der JTF-2 scheinen aus Aufklärung und Terrorbekämpfung zu bestehen, da der Nachrichtendienst in Kanada und Übersee durchweg von RCMP und CSIS wahrgenommen wird. Die JTF-2 arbeitet sehr eng mit dem britischen SAS und der US Delta Force zusammen. Wenngleich die JTF-2 eine relativ neue Kraft darstellt, ist ihr Engagement und ihre Professionalität über jeden Zweifel erhaben, zumal viele ihrer Mitglieder aus aufgelösten Verbänden wie dem altehrwürdigen Canadian Airborne Regiment stammen.

Waffen: Karabiner Colt M4, M16A2, HK MP5, Granatwerfer 40 mm sowie Pistole Browning 9 mm HP.

CHE SCHWEIZ

FSK-17

Früher Fallschirm-Grenadiere genannt, ist die schweizerische Spezialeinheit heute Teil der nationalen Luftwaffe. Das FSK-17 operiert in Vier-Mann-Teams, ähnlich dem britischen SAS.

Die FSK-17 ist die wichtigste Spezialeinheit der Schweiz und nicht dem Heer zugeordnet, sondern der Schweizer Luftwaffe.

Anfang der 1970er Jahre gebildet und zunächst als Fallschirm-Grenadiere der Schweizer Luftwaffe bezeichnet, wurde die Einheit 1980 in Fernspäh-Grenadiere umbenannt und erhielt die Aufgabe, Fernaufklärungspatrouillen durchzuführen. In der Schweiz weithin als FSK-17 bekannt, besteht die Einheit aus rund 100 Mitgliedern unterschiedlicher Ränge, eingeteilt in drei Züge, doch in Vier-Mann-Teams operierend. Das hochqualifizierte Training umfasst Nachrichtendienst, Sprengungen, Nahkampf, Überlebenstechniken und Fallschirmspringen (Methodik der automatischen Auslösung und Freifall). Zudem erarbeitete man eine eigene Infiltrationstechnik („Taktische Raute“).

Folgende Waffen werden verwendet: Maschinenpistole HK MP5, Pistole SIG Sauer P-228 sowie diverse Messer und Granaten.

CHL CHILE

1st Battalion Airborne Forces Unidad Anti-Terrorista (UAT)

Zunächst von Amerikanern ausgebildet, unterhalten die chilenischen Spezialeinheiten seitdem enge Kontakte zu den USA. Aufgabe der UAT ist die Terrorbekämpfung.

Den Grundstein für die Aufstellung chilenischer Spezialeinheiten bildete die Eröffnung der Schule für Fallschirmjäger und Spezialeinheiten 1965 in Peldehue, mit Ausbildern aus den USA. Diese halfen auch bei der Gründung der ersten chilenischen Spezialeinheit, den 1st Batallion Airborne Forces, am 2. April 1968. Für die Aufnahme in diese Spezialeinheit, die zugleich auch Luftlande-Bataillon ist, gilt eine strenge Auslese. Wer die erste Hürde nimmt, trainiert in anderen südamerikanischen Ländern und den USA weiter. Die Einheit spielte 1973 eine wichtige Rolle beim Sturz der Regierung Allende, um sich danach dem Kampf gegen kommunistische Rebellen in den Anden zu widmen. Die Befehlsstrukur der chilenischen Streitkräfte ist insofern ungewöhnlich, als die Fallschirmjäger der Luftwaffe unterstellt sind, das Kommandobataillon der Spezialeinheiten Boinas Negras indes dem Heer.

Verwendete Waffen: M16, HK MP5, Repetierflinte Remington

M870, Colt .45, Granatwerfer M203 sowie das Corvo).

UNIDAD ANTI-TERRORISTA (UAT)

Die in Santiago stationierte UAT hat neben der Terrorbekämpfung auch die Geiselbefreiung zur Aufgabe. Ihre 120 Mitglieder sind unter dem Kommando eines Offiziers in Gruppen aus sieben Mann aufgeteilt. Wer den Kommandokurs der chilenischen Armee bestanden hat, absolviert speziellere Trainingseinheiten wie Nahkampf, Scharfschützenausbildung, unbewaffneter Nahkampf und Fallschirmspringen. Es gibt Übungen in anderen südamerikanischen Spezialeinheiten und ein Aufbautraining in den USA.

Verwendete Waffen: M16, Colt .45, Granatwerfer 40 mm sowie diverse ausländische Maschinenpistolen.

CHN CHINA

6th Special Warfare Group
8th Special Warfare Group
12th Special Warfare SF Detachment

Die in puncto Mannstärke größte Armee der Welt verfügt über mehrere Spezialeinheiten. Über die Operationen wird weiterhin Stillschweigen gewahrt, doch man weiß, dass sie für Aufklärungsaktionen und nachrichtendienstliche Missionen regelmäßig die Landesgrenzen überschreiten.

China besitzt die größte Armee der Welt, wobei allein der Volksbefreiungsarmee rund zwei Millionen Soldaten und Soldatinnen angehören. Zudem verfügt man über eine größere Zahl von Spezialtruppen, organisiert als Speerspitzen für umfassende Vorstöße vor dem Eintreffen der konventionellen Streitkräfte. Diese Einheiten

Operationen

Obwohl China kaum etwas über die Rolle seiner Spezialeinheiten und deren Operationen in den letzten Jahrzehnten verrät, weiß man von einigen Aufklärungs- und Nachrichtendienstmissionen in benachbarten Ländern. Einheiten der Special Warfare Group waren zudem zur Bewachung des US-Spionageflugzeugs *Orion* abgestellt, das im Jahr 2001 nach der Kollision mit einem chinesischen Jagdflugzeug zur Landung in China gezwungen worden war. Dies hatte eine ernste politische Krise zur Folge; zeitweilig bestand die Gefahr militärischer Aktionen, als China sich weigerte, die amerikanische Crew freizulassen. Intensive Verhandlungen auf diplomatischer Ebene konnten die Situation entschärfen.

Chinesen beobachteten in Afghanistan die Operationen britischer und US-amerikanischer Streitkräfte. Nach dem Grund ihrer Anwesenheit in dieser Region befragt, gaben sich die Männer als Kriegsberichterstatter aus. Man nimmt jedoch an, dass es sich in Wahrheit um Mitglieder eines Aufklärungstrupps der chinesischen Spezialeinheiten handelte, die entsandt wurden, um die in der Region operierenden westlichen Kräfte auszuspionieren. Es ist auch bekannt, dass eine kleine Zahl chinesischer Staatsbürger auf der Seite von Al Quaida/Taliban kämpfte. Eine solche Operation unterscheidet sich indes nicht von jenen der britischen und US-amerikanischen Spezialeinheiten während der sowjetischen Besetzung Afghanistans in den 1980er Jahren.

sind in China als 6. und 8. Gruppe für besondere Kriegsführung bekannt. Obgleich sie nicht so erfahren sind wie die westlichen Spezialeinheiten, hat China den Wert solcher Truppen und ihre Rolle in der modernen Kriegsführung rasch erkannt.

Die ersten Spezialeinheiten bestanden aus enttäuschten Mitgliedern der Kuomintang-Armee, die beschlossen hatten, auf dem chinesischen Festland zu bleiben, nachdem die unterlegenen Nationalisten nach Taiwan gegangen waren. Durch US-Kräfte im Fallschirmspringen geschult, machten sie sich rasch daran, eine beachtliche Luftlandetruppe von drei Divisionen aufzustellen. Erstmals in Korea eingesetzt, stellte sich diese massive Kraft der in den 1960er Jahren vorherrschenden nationalistischen Bedrohung entgegen. Ihre Hauptaufgabe bestand im Verteidigen von Schlüsselpunkten und dem Schutz der kommunistischen Parteielite, die ihre Dienste sehr zu schätzen wusste.

Die heutigen Einheiten haben vielfältige operative Aufgaben wie Terrorbekämpfung, Fernaufklärung, Sabotage, Geiselbefreiung, Blitzangriffe und tiefe Vorstöße. China verfügt zudem über eine große Zahl von Kampfschwimmern. Höchstwahrscheinlich besitzt China überdies eine Flotte von Kleinst-U-Booten zur verdeckten Infiltration (wie von Nordkorea gegen seinen südlichen Nachbarn durchgeführt), zumal die Reichweite seiner Luftlandetruppen begrenzt ist.

Ungeachtet aller Geheimhaltung greift China auf die Dienste zahlreicher Länder zurück. Im Zuge der Bewerbung für die Olympischen Spiele 2008 etwa bat man verschiedene westliche Regierungen um Rat in puncto Terrorbekämpfung, um sein 12th Special Warfare SF Detachment künftig

Rechts: Die chinesischen Spezialeinheiten absolvieren eine harte Ausbildung im unbewaffneten Nahkampf, bis sie die Bewegungsabläufe verinnerlicht haben.

Links: Mitglieder einer chinesischen Spezialeinheit bei der Festnahme illegaler Einwanderer unweit von Shenzhen im Rahmen einer routinemäßigen Grenzpatrouille im März 2001.

Rechts: Chinesisische Offiziere besprechen Sicherheitsfragen an einem Grenzkontrollpunkt bei Shenzhen.

davon profitieren zu lassen. Auch militärische Ausrüstung bezieht man aus verschiedenen Ländern; dennoch übt man sich meist in Zurückhaltung, wenn es um die genaue Angabe des für die Spezialeinheiten georderten Equipments geht. Es werden lizensierte Nachbauten von Kalaschnikow AK-47, AK-74 und AKS-74 sowie Dragunow SVD verwendet. Zudem wurden einige moderne westliche Waffen illegal kopiert; sie sind allerdings von fragwürdiger Qualität.

COL KOLUMBIEN

Lanceros
Agrupación de Fuerzas Especiales Urbanas (AFEU)

Seine von Gewalt gekennzeichnete Geschichte veranlasste Kolumbien zur Bildung der Spezialeinheit Lanceros. Ein Großteil ihrer Operationen und auch jener der Anti-Terror-Einheit AFEU gilt dem Kampf gegen die nationalen Drogenkartelle und aufständische Splittergruppen.

Die Lanceros entstanden im Dezember 1955 während des unter dem Namen „La Violencia" (Gewalt) bekannt gewordenen Bürgerkriegs. Geleitet wurde diese Spezialeinheit anfangs von Offizieren der kolumbianischen Armee. Diese Freiwilligen wurden an die Ranger School der US Army entsandt, um mobile Kriegsführung und das Niederschlagen von Aufständen zu trainieren.

Nach Abschluss des Trainings stellten die Offiziere eine Luftlandeelite auf. Ihre Aufgabe bestand darin, jene Guerilleros zu finden und zu eliminieren, die damals das Land terrorisierten – keine leichte Aufgabe in einem großen, vielgestaltigen Land mit zahlreichen natürlichen Hindernissen wie Berge und Dschungel, die das Fortkommen erschweren. Die Lanceros wurden rasch zu versierten Dschungelkämpfern, doch sie konnten die Guerilleros niemals besiegen – es waren einfach zu viele. In Kolumbien operieren im Wesentlichen drei Gruppen von Guerillas: EPL, EPN und FARC. Zusammen ergibt dies rund 5500 Kämpfer zuzüglich rund 15 000 Sympathisanten.

Das größte Problem für die Lanceros verkörpern indes die Drogenhändler. Mit modernen Waffen reich ausgestattet, gelten sie zahlreichen verarmten Kolumbianern als willkommene Arbeitgeber. Dieser Umstand erschwert es den Lanceros, in den von den Drogenkartellen kontrollierten Regionen an Informationen über die dort operierenden Guerilleros zu gelangen. Zudem wissen die Einheimischen sehr wohl um das Schicksal eines jeden, der sich den Drogenbaronen entgegenstellt. Die Lanceros werden mit Training, Ausrüstung und gemeinsamen Aktionen durch den britischen SAS und US-Spezialeinheiten unterstützt. Da ein Großteil der Drogen in diesen beiden Ländern landet, sind sie naturgemäß auch daran interessiert, den Drogenhandel zu unterbinden.

Sämtliche Bewerber müssen zunächst an der Escuela de Lanceros einen zehnwöchigen Kurs absolvieren, der Scharfschützenausbildung, Kampfsport, Gewaltmärsche und Luftlandeübungen umfasst. Ergänzt wird dies durch ein Gebirgstraining und einen dreiwöchigen Dschungelkurs. Hauptaufgabe der Lanceros ist das Niederschlagen von Aufständen; hinzu kommen Ermittlungen gegen die Drogenkartelle sowie das Auffinden und Zerstören der überall in Kolumbien verteilten, gut getarnten Coca-Plantagen.

Verwendete Waffen: M16A2 mit Granatwerfer M203 40 mm, SAW M249 Minimi, HK MP5, Glock 17, Remington M870 und Colt Commando.

Oben: Lancero in einer illegalen Coca-Plantage während einer Anti-Drogen-Operation im Süden des Departements Narino.

AGRUPACIÓN DE FUERZAS ESPECIALES URBANAS (AFEU)

Die Agrupación de Fuerzas Especiales Urbanas (AFEU) entstand am 8. April 1985 nach einem massiven Terrorangriff auf den Justizpalast von Bogotá, als 30 schwer bewaffnete Mitglieder der „Bewegung 19. April“ (M-19) den Hauptverhandlungssaal des Strafgerichts besetzt und über 500 Personen als Geiseln genommen hatten, darunter auch hochrangige Politiker und Juristen. Ohne Vorwarnung hatten daraufhin Teile der kolumbianischen Armee das Gebäude gestürmt und in einem erbitterten Feuergefecht fast 20 der Terroristen getötet, doch zu einem hohen Preis: Über 50 Geiseln (darunter elf Mitglieder des Obersten Gerichtshofs) sowie elf eigene Soldaten kamen ums Leben. Als Reaktion darauf entstand die auf Geiselbefreiung und Personenschutz spezialisierte AFEU.

Mit rund 100 Aktiven aus verschiedenen Bereichen von Armee und Polizei ist die AFEU eine eher kleine Einheit, bestehend aus sechs Trupps à 15 Mann mit je zwei Offizieren, allesamt unmittelbar dem Oberkommandierenden der Streitkräfte unterstellt.

Bewerber, die die siebentägige Vorauslese überstanden haben, werden in Facatativa bei Bogotá im Scharfschießen, Umgang mit Sprengmitteln, Schnellabseilen, Helikoptereinsatz und der Geiselbefreiung aus Flugzeugen, Schiffen, Gebäude, Bussen und Zügen unterwiesen.

Folgende Waffen werden verwendet: Maschinenpistole HK MP5, Sturmgewehr M16A2, Maschinengewehr M60 sowie Pistolen Beretta 92F und Browning HP.

Links: Kolumbianische Spezialeinheiten durchsuchen eine Gruppe von Verdächtigen in Barrancabermeja, einer Stadt in Kolumbiens Erdölregion nordöstlich von Bogotá.

CUB KUBA
Comando de Missiones Especiales (CME)

Die kubanische Spezialeinheit CME wurde zunächst von der sowjetischen Elitetruppe Spetsnaz trainiert. Sie unterhält weltweit Kontakte zu subversiven Gruppierungen. Wie man weiß, absolviert sie gemeinsame Übungen mit entsprechenden vietnamesischen Einheiten.

Das kubanische CME führt Spezialoperationen auch außerhalb von Kuba aus. Seine gut ausgebildeten und hochmotivierten Mitglieder haben ihren einstigen Ausbildern von der sowjetischen Spetsnaz viel zu verdanken. Das CME ist dem Innenministerium unterstellt und verfügt weltweit über zahlreiche Kontakte zu subversiven Gruppierungen.

Während der Invasion von Grenada 1983 stießen die US-Truppen auf gut koordinierten und hocheffizienten Widerstand, deshalb ist anzunehmen, dass die regulären kubanischen Truppen seitens des CME unterstützt wurden. Trotz aller Bemühungen um eine Verbesserung seiner politischen Beziehungen zu den USA bleibt ein tiefes Misstrauen. Nach den Ereignissen vom 11. September 2001 und den sich anschließenden US-Operationen in Afghanistan wurden die dort gefangen genommenen Kämpfer von Al Quaida/Taliban in ein von den USA auf Kuba unterhaltenes Internierungslager verbracht. Das CME hat großes Interesse an dieser Einrichtung.

Verwendete Waffen: AK-47, M16, Colt Commando und AK-74.

DEU DEUTSCHLAND
Kommando Spezialkräfte (KSK)
Grenzschutzgruppe 9 (GSG-9)

Das noch recht neue KSK wurde gebildet, um die nationalen Interessen zu wahren. Seine globale Zielsetzung entspricht weitgehend derjenigen ihres weitaus etablierteren und renommierteren Pendants, der GSG-9, deren Auslandsoperationen es später durchaus einmal übernehmen könnte.

Links: KSK-Soldat auf Wachtposten in einem zerstörten Haus während eines eintägigen offiziellen Besuchs von Bundeskanzler Gerhard Schröder am 9. Mai 2002 in Kabul.

Das im baden-württembergischen Calw stationierte und 1995 gebildete Kommando Spezialkräfte (KSK) verfolgt primär den Schutz bzw. die Rettung von im Ausland befindlichen deutschen Staatsbürgern in Konfliktsituationen. Derzeit ist man noch recht weit von der angestrebten Brigadestärke von 1000 voll ausgebildeten Operatoren entfernt. Der Anlass zur Bildung des KSK entstand 1994, als Deutschland feststellen musste, dass man keine entsprechend ausgebildeten Kräfte besitzt, um elf deutsche Staatsbürger aus dem vom Bürgerkrieg gezeichneten Ruanda auszufliegen. Dies wurde damals zum Glück durch belgische und französische Luftlandetruppen bewerkstelligt.

Die Bundesregierung war wegen dieses Vorfalls sehr besorgt und beauftragte einen erfahrenen Brigadegeneral mit der Aufstellung einer neuen Spezialeinheit ähnlich dem britischen SAS und der US-amerikanischen Delta Force. Der General erkannte die Notwendigkeit, dass diese Truppe kurzfristig überall auf der Welt und in jeder Umgebung – sei es Arktis, Wüste oder Dschungel – einsetzbar sein muss. Da ihm zudem bewusst war, dass

es nicht einfach sein würde, eine solche Einheit aus dem Boden zu stampfen, griff er nach Möglichkeit auf reife und erfahrene Soldaten zurück.

Obwohl das KSK für die Geiselbefreiung ausgebildet ist, handelt es sich doch um eine militärische Einheit und nicht um eine weitere Anti-Terror-Truppe wie die GSG-9. Die GSG-9 ist eine exzellente Einheit, doch da sie dem Bundesgrenzschutz angehört, darf sie sich von Gesetzes wegen nicht an Militäroperationen im Ausland beteiligen. (Die spektakuläre Rettungsaktion 1977 im somalischen Mogadischu war demnach illegal.) Diese Gesetzesschranken gelten auch für andere Elitetruppen der Polizei wie etwa die Sondereinsatzkommandos (SEKs).

Das KSK rekrutierte sich anfänglich aus Soldaten der beiden Fernspähkompanien des Heeres, die zu den drei noch aus dem Kalten Krieg stammenden westdeutschen Kommandokompanien der Luftlandebrigaden gehörten. Heute umfasst die Einheit den Stab, vier Kommandokompanien sowie je eine Fernspähkommando-, Fernmelde- und Unterstützungskompanie. Jede Kampfkompanie besteht aus vier Zügen; einer dieser Züge ist auf Geiselbefreiung im In- und Ausland spezialisiert, andere auf Luftlandeaktionen, amphibische Operationen, Bodeninfiltration und arktische oder alpine Operationen.

Auch das KSK bedient sich des bewährten Prinzips der Vier-Mann-Teams, wobei in der Fernspähkommandokompanie bis zu 40 solcher Teams unabhängig voneinander gleichzeitig aktiv sein können. Falls in einer

Oben: KSK-Mitglieder trainieren die Geiselbefreiung während des Manövers „Schneller Adler" in Baumholder bei Kaiserslautern am 11. September 1997. Solange das KSK seine volle Einsatzstärke noch nicht erreicht hat, sind rund 10 000 Bundeswehrsoldaten durch eine gewisse Spezialausbildung in der Lage, das KSK im Bedarfsfall zu unterstützen. Der vom vordersten Mann untergeklemmte Schutzschild soll kleinkalibrige Geschosse abhalten.

Auslandskrise deutsche Staatsbürger oder Interessen involviert sein sollten, würde das KSK unter Federführung eines Krisenstabs eingesetzt und je nach Bedarf folgende Missionen durchführen: tiefe Vorstöße, strategische Aufklärung, Geiselbefreiung, Anti-Terror-Operationen, Friedenserhaltung,

Links: Scharfschütze der GSG-9 beim Anvisieren eines potenziellen Ziels während einer Übung.

Retten und Bergen von Piloten, militärische Abschreckungsoperationen in Krisenfällen sowie Landesverteidigung. Das KSK besitzt die Mittel, hochrangige Ziele anzugreifen, darunter feindliche Flugplätze, Hauptquartiere und Verbindungslinien, doch den Vorrang genießt der Schutz deutscher Staatsbürger in Kriegs- oder Konfliktzonen sowie die Geiselbefreiung.

Das KSK hat die vorgesehene Mannstärke noch nicht erreicht, besitzt jedoch bereits eine mehr als ausreichende Zahl erfahrener Operatoren für kleinere Einsätze – wie 1999 demonstriert, als Teile des KSK im Kosovo für den Personenschutz einer hochkarätigen deutschen Delegation abgestellt waren. Eine kleine Abordnung wurde 2001 nach Afghanistan entsandt, nachdem einige Deutsche von den Taliban entführt worden waren, die nach Ausüben von intensivem diplomatischem Druck jedoch unverletzt freigelassen wurden. Überdies ist bekannt, dass das KSK deutschen Regierungsvertretern auf den G8-Gipfeln Personenschutz gewährt hat.

Bei Erreichen der vollen Einsatzfähigkeit wird das KSK wie folgt aufgebaut sein:

Stabs- und Fernmeldekompanie – 1 Stabszug, 3 Fernmeldezüge, 1 Fernspäh-/Fernmeldezug (sämtliche Operatoren sind in SATCOM, HF und LOS ausgebildet).

Fernspähkommandokompanie – Stab, Fernspähkommandozug, Fernspähzug.

Jede Kommandokompanie besteht aus einer Führungsgruppe und vier Kommandozügen mit unterschiedlicher Spezialisierung wie Infiltration zu Lande oder auf dem Luftweg (HALO-fähig), amphibische Missionen sowie Operationen im Gebirge oder arktischen Klima. Jeder Zug setzt sich aus vier Teams zu vier Mann (einschließlich Teamführer) zusammen, die jeweils auf eines der folgenden Gebiete spezialisiert sind: Kommunikation, erste Hilfe, Sprengmittel oder Operationen und Nachrichtendienst. Einer der vier Züge ist in Geiselbefreiung und Terrorbekämpfung geschult, eini-

Rechts: KSK-Mitglieder beim Trainieren einer Geiselbefreiungsaktion auf dem Stützpunkt in Baumholder am 11. September 1997.

Mogadischu, Somalia

Die Operation im somalischen Mogadischu stellt die Sternstunde der GSG-9 dar. Am 18. Oktober 1977 stürmte man die auf dem Flughafen von Mogadischu stehende Lufthansa-Boeing „Landshut". Drei palästinensische Terroristen wurden getötet und ein weiterer verwundet, ohne jegliche Verluste in den eigenen Reihen oder auf Seiten der Geiseln. Bei der gut vorbereiteten und durchgeführten Aktion wurden die Terroristen überrumpelt. Dieser Erfolg verdankt sich zum Teil dem britischen SAS, der zwei hochqualifizierte Einsatzkräfte bereitgestellt hatte (einer von ihnen hatte während des Einsatzes eine Terroristin angeschossen). Der Erfolg dieser Operation führte zu überaus engen Kontakten mit dem britischen SAS. Daran hat sich bis heute nichts geändert.

ge Mitglieder zudem im defensiven und offensiven Fahren mit hoher Geschwindigkeit.

Das KSK verwendet folgende Waffen: Sturmgewehr HK G 36, Maschinenpistole HK MP5 SD3 9 mm, Sturmgewehr HK G8, Flinte HK512 Kal. 12, Scharfschützengewehr G22, Pistole P8 9 mm, Unterwasserpistole HK PII, leichtes Maschinengewehr HK21 und HK23, Allzweck-Maschinengewehr MG3 sowie Panzerabwehrwaffen Milan und Panzerfaust 3. Ergänzt wird dies durch Nachtsichtgeräte, taktische Beleuchtung und Laser-Zielmarkierungsgeräte.

Der Fuhrpark besteht aus Mercedes-Geländewagen, neutralen Pkws und Unimog-Zweitonnern. Die Luftwaffen-Helikopter Bell 212s und Sikorsky CH-53s werden zum Üben von In- und Exfiltrationstechniken verwendet.

GRENZSCHUTZGRUPPE 9 (GSG-9)

Die GSG-9 entstand als Reaktion auf den Terrorangriff während der Olympiade 1972 in München. Arabische Terroristen waren in das olympische Dorf eingedrungen und hatten einige israelische Athleten als Geiseln genommen und andere getötet. Ein polizeilicher Rettungsversuch scheiterte tragisch und endete mit dem Tod von neun Geiseln, vier Terroristen und einem Polizisten. Einen derart hohen Blutzoll führte man auf die Tatsache zurück, dass die deutsche Polizei nicht auf Geiselbefreiungsaktionen vorbereitet war. Dies gab Anlass zur Bildung einer speziellen Anti-Terror-Einheit. Am 17. April 1973 als paramilitärischer Polizeiverband gegründet, ist die GSG-9 folgendermaßen organisiert:

Kommandeur GSG-9
Führungsstab
Externe Berater und Technische Unterstützung (einschließlich medizinischem Personal)
GSG-9/1 – Anti-Terror-Kampfgruppe
GSG-9/2 – verantwortlich für maritime Anti-Terror-Operationen
GSG-9/3 – Luftlandeeinheit mit Training in HALO und Freifall
GSG-9/4 – Anti-Terror-Kampfgruppe (Reserve).

Auf ihrem Höhepunkt verfügte die GSG-9 über eine operative Stärke von fast 250 Mann; diese Zahl wurde inzwischen auf rund 200 reguläre Kräfte reduziert, da Deutschland nun auch über weitere Ressourcen in Form des KSK und der lokalen SEKs verfügt. Die Entstehung dieser neuen Einheiten lässt die Zukunft der GSG-9 unsicher erscheinen. Vereinzelt wird angeführt, das KSK sei in der Lage und per Gesetz beauftragt, Geiselbefreiung und Terrorbekämpfung im In- und Ausland durchzuführen. Für die GSG-9 stellt dies ein Problem dar, da es ihr von Rechts wegen untersagt ist, Anti-

Rechts: Operator der GSG-9 in klassischer Häuserkampf-Montur mit Helm und Gurtzeug für das Schnellabseilen aus dem Helikopter.

Oben: Emblem der GSG-9.

Terror-Operationen im Ausland vorzunehmen (wenngleich dies nicht nur in Mogadischu ignoriert wurde).

Die GSG-9 rekrutiert sich aus Freiwilligen von Bundeswehr und Bundesgrenzschutz. Bevor diese für einsatzfähig erklärt werden, müssen sie eine harte, sechsmonatige Ausbildung absolvieren. Neben körperlicher Fitness erwartet man von den Operatoren gute Kenntnisse im Bereich des Polizei- und Rechtswesens. Zudem legt man großen Wert auf ein weitergehendes akademisches Studium. Die Durchfallquote liegt bei stattlichen 80 Prozent.

Die hohen Ansprüche machten die GSG-9 zu einer herausragenden, modernen Anti-Terror-Einheit. Obwohl ihre Zukunft ungewiss ist, besitzt sie zahlreiche Freunde und Bewunderer überall auf der Welt.

Die GSG-9 verwendet folgende Waffen: HK MP5, Spezial-Sturmgewehr SIG Sauer 551-1P, Sturmgewehre HK G8 und HK PSG-1 sowie Scharfschützengewehre Mauser SP86 und SP66. Faustfeuerwaffen: Revolver Ruger .357 Magnum, Glock 17 9 mm, HK P7, P9 und P9S sowie Walther P5 und P88.

Im Einsatz ist zudem eine große Flotte markierter und neutraler Fahrzeuge (z.B. Mercedes 280), die entsprechend modifiziert wurden, damit aus fahrendem Wagen durch die Frontscheibe gefeuert werden kann. Neben Kleinbooten besitzt die GSG-9 mit der Bundesgrenzschutz-Fliegergruppe eine eigene Lufteinheit aus Flugzeugen und Hubschraubern, der einige der besten Piloten Deutschlands angehören.

DNK DÄNEMARK

Jaegerkorpset

Als kleine, aber feine Ranger-Truppe ist das Jaegerkorpset auch mit Anti-Terror-Aufgaben betraut. Zudem unterhält es gute Arbeitsbeziehungen zu den US Army Rangers und dem britischen SAS.

Das auf dem Luftwaffenstützpunkt Aalborg in Nordjütland stationierte Jaegerkorpset ist eine Elitetruppe, die weitgehend für das dänische Terrorbekämpfungspotenzial verantwortlich zeichnet und sich trotz ihrer geringen Größe von rund 100 Mann plus Unterstützungskräfte einen hervorragenden Ruf erworben hat. Seine engen Kontakte zu britischen und US-amerikanischen Spezialeinheiten reichen zurück in das Gründungsjahr 1961, als einige Offiziere der dänischen Armee den Ranger-Trainingskurs der US Army absolvierten, ergänzt durch gemeinsame Operationen mit dem britischen SAS. Bewerber für das Jaegerkorpset müssen einen achtwöchigen Patrouillenkurs durchlaufen. Dem schließt sich ein weiteres Spezialtraining an, das aus Fallschirmspringen, Tauchen und Präzisionsschießen aus dem fliegenden Helikopter besteht. Da Dänemark selbst über keine größeren Hubschrauber verfügt,

Rechts: Die dänischen Spezialeinheiten sind nicht nur in sämtlichen Fallschirmtechniken versiert, sondern auch darin, sich überall hinter den feindlichen Linien schnell aus dem Helikopter abzuseilen.

ist es angesichts der guten Arbeitsbeziehungen kein seltener Anblick, dass britische Helikopter-Crews gemeinsam mit dem Jaegerkorpset am Himmel über Dänemark trainieren.

Derzeit verlegt das Jaegerkorpset seinen operativen Schwerpunkt von kommandoartigen auf eher für Spezialeinheiten typische Missionen wie verdeckte Aufklärung, tiefe Vorstöße, Blitzattacken, CSAR, präzise Zielbestimmung und Terrorbekämpfung.

Auf dem letztgenannten Gebiet arbeitet das Jaegerkorpset sehr eng mit der AKS zusammen – einer Spezialeinheit der dänischen Polizei, die gut dafür ausgebildet und ausgerüstet ist, das Umfeld einer Operation des Jaegerkorpset abzusichern. Bei dieser besonderen Aufgabe profitiert das Jaegerkorpset von seinen kleinen, doch überaus manövrierfähigen Cayuse-Helikoptern, mit denen man sportwagengleich Siedlungsgebiete in geringer Höhe umfliegt.

Das Jaegerkorpset verwendet folgende Waffen: HK MP5, Scharfschützengewehr HK PSG-1 7,62 mm, HK G41, HK 13E und Repetierflinte Remington M870.

DZA ALGERIEN
Algerian Airborne Commando Division

Algerien bemüht sich seit der Unabhängigkeit im Jahr 1962, seine terroristischen Splittergruppen unter Kontrolle zu halten. Über die algerische Luftlande-Spezialeinheit ist abgesehen von ihrer Kernaufgabe wenig bekannt.

Seit Algerien von Frankreich im Juli 1962 in die Unabhängigkeit entlassen wurde, kann das Land seine Terrorgruppen kaum in Schach halten.

Zahlreiche Angriffe auf staatliche Einrichtungen in den letzten Jahren waren Anlass für die Bildung einer Anti-Terror-Einheit. Bekannt ist nur, dass sie Teil einer neuen Luftlande-Sonderdivision innerhalb der Armee ist. Algerien hatte sich hinsichtlich Training und Ausrüstung an die Sowjetunion gewandt, weshalb seine operative Doktrin einen russischen Akzent trägt. Während des „Abnutzungskrieges“ (1969–1970) wurde ein Bataillon nach Ägypten entsandt, für Vorstöße gegen die israelische Armee.

EGY ÄGYPTEN
Task Force 777

Die Anfangsjahre der Task Force 777 waren angesichts zweier verheerender und von den Medien weidlich ausgeschlachteter Operationen alles andere als ruhmreich. Seither hat man aus den Fehlern gelernt und gehört nun zur Weltelite.

Nahe Kairo stationiert, wurde die Task Force 777 im Jahr 1977 nach diversen Terroraktionen gebildet – zunächst mit drei Offizieren, vier Unteroffizieren und 40 Operatoren, alle mit Kampferfahrung im konventionellen militärischen Bereich.

Die Probleme mit Terroristen begannen für Ägypten im Jahr 1972, als Präsident Sadat den Friedensschluss mit Israel und dem Westen anstrebte und 30000 sowjetische Berater auswies. Darauf erklärten arabische Terrorgruppen Ägypten und seiner Bevölkerung den Krieg.

Zwei dieser Terrorgruppen waren besonders gefährlich: die Splittergruppe um Abu Nidal und die Volksfront zur Befreiung Palästinas (PFLP). Die Task Force 777 wurde 1978 nach Zypern beordert, nachdem die PFLP eine Passagiermaschine von Cyprus Air entführt hatte. Für die Vorbereitung blieb nur eine Stunde Zeit, und man hatte die zypriotischen Behörden nicht vom baldigen Eintreffen der TF 777 unterrichtet. Während sich die Männer der TF 777 auf der Rollbahn der entführten Maschine näherten, wurden sie von der örtlichen Polizei für Terroristen gehalten und beschossen. Das fast 80 Minuten währende Feuergefecht kostete 15 Mitglieder der TF 777 und mehrere Zyprioten das Leben.

Der schwärzeste Tag sollte der Einheit indes erst bevorstehen. Dieser

Links: Mitglieder einer ägyptischen Spezialeinheit demonstrieren ihre Qualitäten als Fallschirmjäger anlässlich der Feierlichkeiten zum 25. Jahrestag des 1973 gegen Israel begonnenen Jom-Kippur-Kriegs.

zweite verheerende Fehlschlag ereignete sich, nachdem palästinensische Abu-Nidal-Terroristen eine Maschine der Egypt Air auf dem Flughafen Athen gekapert und nach Malta umgeleitet hatten. Die Aktion verstand sich als Rache für den von Ägypten nicht gewährten Schutz jener Terroristen, die das Kreuzfahrtschiff *Achille Lauro* überfallen hatten.

Diesmal jedoch sorgte Ägypten dafür, dass die maltesische Regierung vom neuerlichen Engagement der TF 777 wusste und ihr bekannt war, dass die Truppe bereits in einer C-130 auf dem Weg war. Nach der Ankunft beging die TF 777 indes wiederum eine Reihe verhängnisvoller Fehler. Erstens verzichtete man auf jegliche Erkundung, bevor die Maschine gestürmt wurde. Zweitens wurde keine der Geiseln befragt, die eine versuchte Tötung durch die Terroristen überlebt hatten. Drittens befasste man sich nicht mit den Konstruktionszeichnungen der gekaperten Boeing 737. Und viertens beabsichtigte man nicht, beim Erstürmen der Maschine Blendgranaten einzusetzen; vielmehr plante man die Verwendung einer außergewöhnlich großen Sprengladung, um ein Loch in das Flugzeugdach zu reißen. Das sollte zudem die Terroristen verwirren; man rechnete daher mit geringem Widerstand.

Die Wirklichkeit sah allerdings anders aus, denn die entstandene Druckwelle war so gewaltig, dass sechs Sitzreihen aus der Verankerung gerissen wurden und 20 Passagiere dabei umkamen. Außerdem schoss man beim Erstürmen der Maschine wahllos um sich; mehrere weitere Tote und diverse Verwundete waren die Folge. Um dem Blutbad zu entgehen, stürzten die übrigen Passagiere ins Freie, wo sie von Scharfschützen niedergemäht wurden, die sie irrtümlich für Terroristen hielten. Insgesamt kamen bei diesem Einsatz, der zu den schlimmsten Fehlschlägen seiner Art zählt, rund 60 Geiseln ums Leben. Während der nachfolgenden Ermittlungen wurde die TF 777 verständlicherweise aufgelöst, durfte sich jedoch nach gründlichen personellen und strukturellen Reformen neu konstituieren.

Die neue TF 777 hält sich aus nahe liegenden Gründen lieber bedeckt und operiert als Anti-Terror-Einheit innerhalb Ägyptens. In den letzten Jahren war sie, nicht ohne Verluste, in den ägyptischen Bürgerkrieg gegen die „Muslimbruderschaft" involviert. Inzwischen trainiert man auch gemeinsam mit westlichen Einheiten wie der US Delta Force, den SEALs und Frankreichs GIGN.

Die von der TF 777 verwendete Ausrüstung umfasst die Transporthubschrauber Mil-8 und Westland, neutrale Fahrzeuge für interne polizeiliche Hilfsaktionen sowie eine kleine Zahl von Booten.

Das Waffenarsenal der TF 777 besteht aus HK MP5, M16A2, Remington M870 und AK-47.

Unten: Ägyptische Kommandos bei der Übung „Bright Star" (Oktober 2001).

ESP SPANIEN
Tercio de Extranjeros (Spanische Legion)

Nach dem viel bewunderten Vorbild der französischen Fremdenlegion schuf Spanien 1920 ein Pendant, das jedoch mehrheitlich aus Einheimischen besteht. Die Einheit kämpfte unter General Franco im Spanischen Bürgerkrieg und wurde später in Marokko gegen Aufständische eingesetzt.

Die Spanische Legion – das Tercio de Extranjeros (Ausländerregiment) – wurde 1920 gebildet, um Dissidenten im Protektorat Spanisch-Marokko zu kontrollieren, da die reguläre Armee Mühe hatte, die Fäden in der Hand zu behalten. Als große Bewunderer der französischen Fremdenlegion beschlossen die Spanier, es den Franzosen nachzutun, allerdings mit dem Unterschied, dass die Spanische Legion zu fast 90 Prozent aus Spaniern besteht.

Im Spanischen Bürgerkrieg standen den nationalistischen Kräften von General Franco 18 Legionsbataillone als Speerspitze zur Verfügung. Nach dem Krieg wurde die Legion auf sechs Bataillone verkleinert und nach Marokko zurückbeordert, um weitere Operationen gegen lokale Aufständische durchzuführen.

Diese Aktionen wurden fortgesetzt, bis Spanien den Großteil Marokkos in die Unabhängigkeit entließ, ausgenommen zwei Enklaven im Norden: Ceuta (seit 1580 im Besitz der Spanier) und die Hafenstadt Melilla (bis heute Stützpunkt der Legion).

Auch in der Spanischen Legion ist die Ausbildung hart und bisweilen brutal. Die Grundausbildung dauert aber nur drei Monate – für einen modernen Soldaten ist dies viel zu kurz und wird derzeit einer Revision unterzogen. Wer gegen den Verhaltenskodex verstößt, hat mit harten Strafen zu rechnen.

Rechts: Mit einer Maschinenpistole HK MP5A2 9 mm im Anschlag, posiert ein Spanischer Legionär für eine unverkennbar gestellte Aufnahme. Er hat zwei Magazine mit Klebeband verbunden, um schneller nachladen zu können.

Links: Scharfschütze der Spanischen Legion in einer Verteidigungsstellung auf dem Flachdach eines niedrigen Gebäudes.

Gliederung der Spanischen Legion

Als Teil der spanischen Schnelleingreiftruppe besteht der Tercio de Extranjeros aus rund 7000 Mann, die sich wie folgt verteilen:

1. Tercio Gran Capitán (HQ Melilla) – 1., 2. und 3. Bandera.

2. Tercio Duque de Alba (HQ Ceuta) – 4., 5. und 6. Bandera.

3. Tercio Don Juan de Austria (HQ Fuerteventura, Kanarische Inseln) – 7. und 8. Bandera und 1. Leichte Kavalleriegruppe.

4. Tercio Alejandro de Farnesio (HQ Ronda, Malaga) – 9. und 10. Bandera.

Bandera de Operaciónes Especiales (BOEL) – dieses Sonderbataillon ist in Bergsteigen, Fernaufklärung, Fallschirmspringen und amphibischen Operationen ausgebildet.

Die Legion ist ein reiner Freiwilligenverband. Die Rekruten verpflichten sich zunächst zu einer dreijährigen Dienstzeit, die auf Wunsch verlängert werden kann. Vorzeitiges Ausscheiden ist auf legalem Weg nahezu unmöglich. Offiziersanwärter müssen zunächst die spanische Staatsbürgerschaft erwerben, wobei ehemalige Mitglieder der französischen Fremdenlegion nur bis zum Dienstgrad des Majors aufsteigen können.

Die Spanische Legion umfasst vier *tercios* (Regimenter) mit je vier *banderas* (Bataillone); sie verfügt indes nur über eine operative Spezialeinheit: die aus rund 500 Mann bestehende BOEL, die dem in Ronda (Malaga) stationierten 4. Regiment zugeordnet und in Gerätetauchen, Sabotage und Sprengungen, arktischer und alpiner Kriegsführung, Fernaufklärung, Fallschirmspringen (HALO) sowie Terrorbekämpfung geschult ist.

Verwendete Waffen: Sturmgewehr CETME, leichtes Maschinengewehr Ameli sowie automatischer Granatwerfer SB 40 LAG.

Unten: Spanisches MG-Team beim Abfeuern scharfer Munition im Rahmen einer Übung.

FIN FINNLAND
Sissikomppaniat (Ranger)

Finnland unterhält eine kleine Wehrpflichtigenarmee, die besonders für ihre Einsatzfähigkeiten unter arktischen Bedingungen berühmt ist – eine Tradition, die in den Zweiten Weltkrieg zurückreicht, als eine finnische Ranger-Elite auf Skiern gegen die Sowjets antrat.

Das kleine Finnland ist sehr stolz auf seine Armee aus Wehrpflichtigen, die mit Blick auf operatives Training stärker an friedenserhaltenden Maßnahmen beteiligt werden soll.

Die finnischen Streitkräfte gingen 1996 zu einer neuen Strategie über, um ihre aktiven Verbände auf alle erdenklichen Konfliktsituationen vorzubereiten. Hierzu bedurfte es einer eigenen Spezialeinheit; diese setzt sich – was im Westen ungewöhnlich ist – aus Wehrpflichtigen zusammen, die sich freiwillig gemeldet haben.

Die Bewerber haben zunächst diverse psychologische und physische Tests zu bestehen. Bevor sie als einsatzfähig gelten, müssen sie eine Fallschirmspringer- und Kommandoausbildung absolvieren.

Wer sich für stoßtruppartige Aufgaben meldet, muss weitere Kurse in Aufklärungs- und Überlebenstechniken absolvieren – Fertigkeiten, für die die finnische Armee vor allem in den im Norden herrschenden strengen Wintern berühmt ist.

FRA FRANKREICH
Légion Étrangère
Commandement des Opérations Spéciales (COS)
Groupement Spécial Autonome (GSA)
Groupe d'Intervention Gendarmerie Nationale (GIGN)

Frankreich kann auf diverse Spezialeinheiten zurückgreifen, wobei die Fremdenlegion bei jeder Operation an vorderster Front steht. Das GSA ist ein unabhängiges Armeekommando unter dem kürzlich gebildeten Commandement des Opérations Spéciales (COS). Zur Terrorbekämpfung wurde die GIGN bereits international eingesetzt, obwohl es sich um eine Polizeieinheit handelt.

Die Légion Étrangère wurde 1831 ins Leben gerufen, um dazu beizutragen, die Kontrolle über die französischen Kolonien in Nordafrika zu wahren. Nach einigen größeren Aktionen wurde indes rasch klar, dass das Potenzial dieser hocheffizienten Kraft auch in anderen Weltregionen genutzt werden konnte. Bis 1962 befand sich das Hauptquartier der Fremdenlegion im algerischen Sidi Bel Abbès, seit der Unabhängigkeit Algeriens auf Korsika. Die Fremdenlegion besteht weitgehend aus ausländischen Söldnern und Franzosen, die von französischen Offizieren befehligt werden, weshalb Französisch die alleinige Sprache darstellt.

Die Fremdenlegion konnte sich in beiden Weltkriegen auszeichnen, später auch in Indochina. Ihre berühmteste Tat war jedoch die Verteidigung von Dien Bien Phu 1954, wo man tapfer durchhielt, bis die Kapitulation befohlen wurde. Obwohl die Fremdenlegion formell nicht zu den französischen Spezialeinheiten zählt, wurde sie im Namen Frankreichs weltweit für Spezialoperationen eingesetzt. So kämpfte sie 1991 im ersten Golfkrieg als Teil der gegen den Irak gebildeten alliierten Koalitionsverbände und erntete reichlich Lob für ihre Versiertheit im Wüstenkrieg.

An Kontroversen über die Fremdenlegion besteht allerdings auch kein Mangel. Der berühmteste Vorfall war die Meuterei von 1961, als sich ein Regiment auf die Seite jener algerischen Siedler schlug, die sich der Unabhängigkeit des Landes entgegenstellten. Trotz seiner ausgezeichneten

Oben: Mitglieder der Fremdenlegion bei einer Siegesparade in Marseille.

Kampferfolge wurde das Regiment zur Abschreckung als unehrenhaft aufgelöst.

Die französische Armee wurde 1988 verkleinert, da Frankreich eine reine Berufsarmee nach britischem Muster anstrebte. Im Rahmen dieser Einschnitte wurde auch die Fremdenlegion auf 7500 Mann verkleinert.

Zwei Regimenter der Fremdenlegion dienen speziell der Rekrutierung und Ausbildung: das 1er Régiment Étranger (1 RE) in Aubagne bei Marseille ist für alle Neuzugänge verantwortlich, das 4e Régiment Étranger (4 RE) in Casteinaudar, ebenfalls bei Marseille, für die Ausbildung von Rekruten und Unteroffizieren. Aubagne mit seiner Musikkapelle und einem Museum gilt heute als die neue geistige Heimat der französischen Fremdenlegion.

Die Fremdenlegion nimmt Freiwillige aus der ganzen Welt auf und umfasst derzeit Angehörige aus über 100 Nationen. In der Theorie gibt es außer den Offizieren keine Franzosen in der Legion; oft wird dieses Verbot umgangen, indem man sich als Frankokanadier, Belgier oder Schweizer ausgibt. Die meisten Rekruten wählen ein Pseudonym, da sie vor jemandem oder etwas davonlaufen. Offiziell Vorbestrafte werden jedoch nicht akzeptiert. Die neuen Rekruten absolvieren einen anspruchsvollen dreiwöchigen Einführungskurs, der ihnen einen unverblümten Vorgeschmack auf das Leben in der Legion vermittelt und naive oder romantische Vorstellungen zunichte macht. In dieser Zeit können die Rekruten freiwillig ausscheiden oder als ungeeignet entlassen werden. Wer die Einführung übersteht, muss wenigstens weitere fünf Monate absolvieren, bevor die Zusatzausbildung in der 4 RE ansteht. Der Schwerpunkt liegt hierbei auf körperlicher Fitness, Scharfschützenausbildung sowie je nach Eignung auch auf Fernmelde-

Oben: Mitglieder der 13e Demi-brigade de Légion Étrangère (13e DBLE) mit einem schweren Browning-MG an einem Fahrzeugkontrollpunkt in Bosnien-Herzegowina.

und Pioniertechnik. Unteroffiziersanwärter müssen einen anspruchsvollen achtwöchigen Kurs besuchen (14 Wochen für die Beförderung zum Feldwebel).

Folgende Waffen werden von der französischen Fremdenlegion verwendet: Sturmgewehr FAMAS, leichtes Maschinengewehr M249 Minimi sowie Maschinenpistolen UZI und HK MP5.

COMMANDEMENT DES OPÉRATIONS SPÉCIALES (COS)

Die Erfahrungen des Golfkrieges verdeutlichten dem französischen Militär eine Reihe operativer Schwächen. Frankreich reagierte darauf mit der Schaffung einer gemeinsamen Kommandostruktur, um die Spezialeinheiten von Heer, Marine und Luftwaffe unter einem Dach zu vereinen und sie unmittelbar dem Stabschef der Streitkräfte zu unterstellen. Dieses neue Commandement des Opérations

Einheiten der Fremdenlegion

Die Fremdenlegion umfasst folgende Kampfeinheiten mit jeweils unterschiedlichen Aufgaben:

1er Régiment Étranger de Cavalerie (1 REC) – stationiert in Orange und der französischen 6. Leichten Panzerdivision zugehörig; besteht aus drei Panzerkompanien und einer Panzergrenadierkompanie.

2e Régiment Étranger d'Infanterie (2 REI) – stationiert in Nîmes; war seit seiner Gründung an praktisch allen Waffengängen während der französischen Kolonialzeit beteiligt.

3e Régiment Étranger d'Infanterie (3 REI) – stationiert in Kourou (Französisch-Guyana) und auf Dschungelkrieg spezialisiert; zudem für den Schutz der dortigen französischen Raketenabschussbasis verantwortlich.

5e Régiment Étranger (5 RE) – stationiert auf einigen französischen Pazifikinseln und für die französische Atomwaffen-Testanlage auf dem Mururoa-Atoll verantwortlich.

6e Régiment Étranger de Génie (6 REG) – stationiert in Plain d'Albion, 1984 gebildet; liefert technische Unterstützung bei Auslandseinsätzen; verfügt über Kampfschwimmer und Unterwasser-Sprengtrupps, die zum Détachement d'Intervention Opérationnelle Subaquatique gehören.

2e Régiment Étranger de Parachutistes (2 REP) – stationiert in Calvi (Korsika); schnelle Eingreiftruppe für Luftlandeoperationen; umfasst sechs unterschiedlich spezialisierte Kampfkompanien.

13e Demi-brigade Légion Étrangère (13 DBLE) – stationiert in Dschibuti (Afrika); umfasst ein Panzerbataillon, eine Infanteriekompanie und eine Bereitschaftskompanie mit schweren Maschinengewehren, Mörsern und Milan-Panzerabwehrraketen.

Détachement de Légion Étrangère à Mayotte (DLEM) – verantwortlich für die Insel Mayotte im Indischen Ozean.

Spéciales (COM) war ab 1992 einsatzbereit und hat folgende Hauptaufgaben:

Planung, Koordinierung und Durchführung sämtlicher Operationen auf Kommandoebene für Einheiten, die speziell für die Verwirklichung der vom Stabschef der Streitkräfte definierten militärischen und paramilitärischen Zielsetzungen organisiert, trainiert und ausgerüstet sind.

Das in Taverny stationierte COS steht unter dem Kommando eines Ge-

Rechts: Legionär des 2e Régiment Étranger de Parachutistes beim Abfeuern seines MGs AA52 7,62 mm während einer Übung in den korsischen Bergen.

Unten: Mit Sturmgewehr FAMAS 5,56 mm bewaffnete Mitglieder des 3e Régiment Étranger d'Infanterie (3 REI) auf Flusspatrouille in Französisch-Guyana.

Links: Scharfschütze des 2e Régiment Étranger de Parachutistes (2 REP) beim Observieren eines potenziellen Ziels während einer Übung.

neralmajors oder gleichrangigen Offiziers. Es setzt sich wie folgt zusammen:

1er Régiment parachutiste D, infanterie marine (1er RPIMa) – eine Heereseinheit in der Tradition der Free French SAS Einheiten des Zweiten Weltkrieges. Obgleich nur von Bataillonsstärke, ist das 1er RPIMa Frankreichs primäre Einheit für Spezialeinsätze, etwa in Form von Fernaufklärungspatrouillen, leicht bewaffneten Angriffen und Terrorbekämpfung (zusammen mit der GIGN). Trotz seines Namens besteht keine Verbindung zur Marineinfanterie.

Détachement ALAT opérations spéciales (DAOS) – die Spezialeinheit der Heeresflieger, bestehend aus zwei Helikopterstaffeln. Die erste Staffel besitzt Cougars und Pumas, die zweite bewaffnete Gazelles (Nachfolger: Eurocopter Tiger).

(1er RPIMa und DAOS bilden ein gesondertes Unterkommando innerhalb des COS, das so genannte Groupement spécial autonome (GSA), das ganz ähnlich operiert wie das Special Operations Command der US Army).

Commandement des Fusiliers Marins Commandos (COFUSCO) – die Marinekomponente des COS.

Groupement de Combat en Milieu Clos (GCMC) – ein aus 17 Mann bestehender Trupp für maritime Anti-Terror-Operationen.

Commando Hubert CASM (Commando Hubert: Commando d'Action Sous-Marine) – die Kampfschwimmer der Marine, vergleichbar mit dem britischen SBS oder den US Navy SEALs.

Division des Opérations Spéciales (DOS) – ausgerüstet mit den Transportflugzeugen C-130 Hercules und C-160 Transall.

Escadrille des Hélicoptères Spéciaux (EHS) – für Spezialeinsätze und CSAR-Missionen zur Unterstützung französischer und alliierter Verbände.

Commando Parachutiste de l'Air No. 10 (CPA 10) – als Bindeglied zwischen Luft- und Bodentruppen, mit Aufgaben wie CSAR, Laser-Zielbezeichnung und Luftraumüberwachung.

Darüber hinaus verfügt das COS über eine Abteilung für Forschung

Groupement Spécial Autonome (GSA)

Das in Pau stationierte GSA ist ein unabhängiges Armeekommando innerhalb des COS (Kommando für Spezialoperationen). Die Einheit besteht aus einem Flugtrupp für Spezialoperationen (DAOS), dem 1er RPIMa und drei Unterstützungseinheiten – für Forschung und Entwicklung, Personal sowie Training und Logistik. Das von einem Brigadegeneral befehligte GSA operiert unter der unmittelbaren Kontrolle des COS.

Das GSA fungiert als Bindeglied zwischen französischer Armee und COS. Es erschließt neu hinzugekommene Ausrüstung für die französischen Spezialeinheiten und entwickelt sie weiter. Es sorgt für die Kompatibilität neuer Ausrüstung, plant Übungen, leistet administrative Hilfe und wirkt mit bei der Entwicklung gemeinsamer Leitlinien für Spezialoperationen. Zudem ist es für die Wartung der Bestände an Spezialausrüstung und -fahrzeugen für die schnellen Eingreiftruppen zuständig.

Unten: Fremdenlegionäre 1982 bei einer Verschnaufpause während einer Operation im Libanon.

Oben: Verfolgen eines beweglichen Ziels mit einer Milan-Panzerabwehrrakete während einer routinemäßigen Übung.

und Entwicklung, einen Verwaltungsstab sowie einen beachtlichen, auf zivile Operationen spezialisierten Reservistenbestand.

GROUPE D'INTERVENTION GENDARMERIE NATIONALE (GIGN)

Diese 1974 gebildete Einsatzgruppe ist heutzuage eine der aktivsten polizeilichen Anti-Terror-Einheiten überhaupt. Mit nur 87 Operatoren führte die hocheffiziente GIGN allein zwischen den Jahren 1974 und 1985 mehr als 650 Operationen durch, wobei über 500 Geiseln befreit, mehr als 1000 Festnahmen erfolgen und Dutzende von Terroristen eliminiert werden konnten. Dies forderte jedoch seinen Tribut, denn fünf Operatoren kamen dabei ums Leben und Dutzende wurden verwundet.

Eine der erfolgreichsten Operationen in der jüngeren Vergangenheit fand am 26. Dezember 1994 statt, nachdem eine Gruppe algerischer Terroristen in Algier einen Airbus der Air France nach Marseille entführt hatte. Man hatte auf ein unblutiges Ende gehofft, doch nach Ermordung dreier Geiseln blieb der GIGN nur die Wahl, die Maschine zu stürmen. Während der Rettungsaktion, bei der 173 Passagiere unverletzt frei kamen, wurden vier Terroristen erschossen und neun Männer der GIGN verletzt. Später fand man heraus, dass die Terroristen

Rechts: Wache stehender Fremdenlegionär mit Gewehr FAMAS F1 und aufgepflanztem Bajonett sowie klassischem Käppi als militärischem Treuesymbol.

Oben: Sieben Flammen mit Granate sind das Symbol der Fremdenlegion und aller französischen Elitetruppen. Das Emblem der französischen Armee hat nur sechs Flammen.

Unten: Legionäre beim raschen Verlassen eines französischen Puma-Helikopters im Rahmen des Aufbautrainings.

geplant hatten, den Airbus mitten in Paris abstürzen zu lassen.

Die GIGN rekrutiert sich ausschließlich aus den Reihen der Gendarmerie. Alle Freiwilligen müssen eine mustergültige Beurteilung und wenigstens fünf Jahre Berufserfahrung haben, bevor sie als Kandidaten in Betracht kommen. Doch ungeachtet dieser bereits hohen Anforderungen werden am Ende lediglich sieben Prozent der Bewerber angenommen. Wer es geschafft hat, absolviert eine zehnmonatige Ausbildung, bevor er in eine der vier Gruppen aus je 15 Mann aufgenommen wird. Neben diesen Teams besitzt die GIGN eine Kommando- und Unterstützungsgruppe sowie Experten für Verhandlungen mit Geiselnehmern.

Auch wenn die GIGN rein technisch eine Polizeieinheit darstellt, ist sie weltweit aktiv und wurde bereits in entlegenen Gebieten mit französischen Interessen eingesetzt wie Dschibuti, Libanon, Neukaledonien, Sudan und den Komoren. Um für solch unterschiedliche Einsätze besser gerüstet zu sein, trainiert man regelmäßig in Bergen, Wüsten und Häuserkomplexen. Typische Trainingseinheiten bestehen aus Fallschirmspringen, Gefechtsschießen, unbewaffnetem Nahkampf, Schnellfahren, Präzisionsschießen, Gerätetauchen und Bergsteigen, ergänzt durch Kurse in HAHO/HALO, EOD und maritime Operationen.

Das Waffenarsenal der GIGN umfasst: Maschinenpistole HK MP5, Sturmgewehre HK G3 und FAMAS, Pistole Beretta 92F, Revolver .357 Magnum, Repetierflinte Remington M870 und Langstrecken-Präzisionsgewehr Barrett .50.

Links: Zielverfolgung nach Abfeuern einer Salve aus dem Sturmgewehr FAMAS 5,56 mm. Die integrierte Zweibeinauflage dient dazu, die Präzision des Schützen zu erhöhen.

Unten: Bis ganz unten ist es weit, wie dieser Legionär feststellen muss. Spezielle Abseiltechniken werden den Legionären bereits in der Grundausbildung vermittelt, da sie einen Großteil ihrer Zeit im Ausland verbringen, wo solche Fertigkeiten nicht selten über den Erfolg entscheiden.

Links: Mit seinem FAMAS-Sturmgewehr gestikulierend, gibt ein Legionär des 6e Régiment Étranger de Génie seinem Trupp Anweisungen im Rahmen einer Fernaufklärungsmission.

GBR GROSSBRITANNIEN
Special Air Service (SAS)
Special Boat Service (SBS)

Der britische SAS ist eine der bekanntesten und besten Spezialeinheiten überhaupt. Das starke öffentliche Interesse in den letzten zwanzig Jahren gefährdet zunehmend seinen geheimen Status. Sein maritimes Pendant, der SBS, tritt dagegen vergleichsweise wenig in Erscheinung.

Der SAS, die am meisten gefürchtete und zugleich respektierte Spezialeinheit, hat zahlreiche Nachahmer gefunden, doch nur wenige Gleichrangige. Das in Credenhill (Hereford) stationierte 22 Special Air Service Regiment (SAS) ist wohl zudem eine der besttrainierten Spezialtruppen und wird seinem Motto „Wer wagt, gewinnt" sicherlich gerecht. Vor dem 5. Mai 1980 wussten nur wenige Menschen auch nur von seiner Existenz. Das sollte sich an jenem ereignisreichen Tag ändern, als Millionen Menschen live am Fernseher verfolgen konnten, wie Männer in kugelsicheren schwarzen Overalls, ausgerüstet mit Gasmasken, Maschinenpistole HK MP5, Pistole Browning HP und Blendgranaten, die iranische Botschaft in London stürmten, um einige Geiseln zu befreien, wobei fünf der sechs Terroristen getötet wurden.

Links: Der geflügelte Dolch ziert das Emblem des SAS.

Unten: Schwer bewaffneter SAS-Jeep auf Patrouille in der nordafrikanischen Wüste während des Zweiten Weltkriegs.

Links: David Stirling (ganz rechts), Gründer des SAS, mit einer gut bewaffneten SAS-Patrouille in Nordafrika.

Spezialeinheiten scheuen das Rampenlicht. Dieser öffentliche Auftritt hinterließ indes den Eindruck, als würde es sich um eine große Einheit aus lauter Supermännern handeln. Dem ist nicht so, denn der SAS umfasst lediglich ein reguläres Regiment (22 SAS) und mit dem 21 SAS Artists Rifles und dem 23 SAS zwei Regimenter der Heeresreserve (Territorial Army, TA), unterstützt durch das 264 Signal Squadron (eine reguläre, dem 22 SAS zugeordnete Truppe) und das 63 Signal Squadron (eine TA-Einheit zur Unterstützung der beiden TA-Regimenter).

Der SAS verfügt über rund 700 optimal ausgebildete Operatoren, die auf vier kämpfende Sabre Squadrons aufgeteilt sind. Jedes Squadron setzt sich aus vier 16-Mann-Trupps zusammen, die je nach taktischen Erfordernissen meist als Vier-Mann-Teams oder Acht-Mann-Patrouillen eingesetzt werden. Unterstützt wird der SAS durch HQ Squadron, Operations Research Wing, Planning and Intelligence Unit, Training Wing und diverse Spezialisten wie Sanitäter, Fahrer, Köche, Sprengmeister und Pioniere. Die Kontrolle über die drei SAS-Regimenter und die Unterstützungseinheiten liegt in den Händen des Director of Special Forces.

Die Geschichte des SAS reicht bis 1941 zurück, als Colonel David Stirling eine Einheit namens L Detachment, Special Air Service Brigade, bildete. Trotz des langen Titels handelte es sich um kaum mehr als eine Hand voll unkonventioneller Soldaten, die man im Rahmen eines umfassenden Täuschungsmanövers zusammengestellt hatte. Man wählte den Namen Special Air Service Brigade, um den Deutschen die Bildung von Luftlande-Einheiten mit Lastenseglern vorzuspiegeln, die angeblich als Teil einer Invasionstruppe in den Nahen Osten entsandt würden. Mit Stirlings Worten entstand der SAS: „... erstens, [um] tief hinter die feindlichen Linien vorzudringen und wichtige HQs, Landungszonen, Nachschublinien etc. anzugreifen; zweitens [für] anhaltende

Rechts: Soldat des 22 SAS Regiment, das 1958 auf Ersuchen des Sultans zur Bekämpfung von Aufständischen nach Oman entsandt wurde. Bei der Waffe handelt es sich um ein leichtes MG L4A4 7,62 mm.

Links: Ein Mitglied des 22 SAS demonstriert die Technik des „Baumspringens" während einer Trainingseinheit in England vor der Entsendung nach Malaya. Entwickelt und erstmals eingesetzt wurde diese Taktik bei Operationen gegen kommunistische Rebellen tief im Dschungel von Malaya, die vor der Einführung großer Transporthelikopter in die RAF nur auf diesem Weg rasch erreicht werden konnten.

strategische Aktivitäten, ausgehend von Geheimbasen auf feindlichem Territorium und, falls möglich, die Rekrutierung, Ausbildung, Bewaffnung und Koordinierung lokaler Guerilla-Elemente."

Der britischen Armee waren der SAS und seine einzigartigen Fähigkeiten suspekt. Selbst die erzielten Erfolge ließen die Kritiker nicht verstummen, die nichts von der Idee kleiner, unkonventioneller und scheinbar vollkommen eigenständiger Einheiten hielten. Der SAS besaß jedoch hochrangige Fürsprecher, die mit seiner Leistung so zufrieden waren, dass sie der Bildung einer neuen Truppe für Operationen in Nordwesteuropa zustimmten.

Der SAS hatte 1944 Brigadestärke erreicht und bestand aus zwei britischen (1 & 2 SAS) und zwei französischen Regimentern (3 & 4 SAS), einem belgischen Bataillon und diversen Fernmeldebataillonen. Nach dem Krieg wurde der SAS, ebenso wie andere Eliteverbände, aufgelöst. Der SAS setzte sich jedoch beim Verteidigungsministerium für eine Wiederbelebung ein. Man konnte einen Teilerfolg erzielen und durfte sich 1950 als TA Artists Rifles neu bilden. Aus dieser Einheit der Heeresreserve wurden schließlich die 21st Special Air Service Regiment (Artists Rifles) Volunteers.

Nicht mit dem Status einer Reserveeinheit zufrieden, erblickte der SAS 1952 während des Malaiischen Aufstands die Gelegenheit zur Bildung einer regulären SAS-Einheit, als die überaus erfolgreichen Malayan Scouts nach einem neuen, treffenderen Namen suchten. So wurden daraus zunächst die Malayan Scouts (SAS) und später das 22nd Special Air Service Regiment. Damit war der SAS erneut im Geschäft.

Seit seiner Konstituierung in Malaya war der SAS an mehr Kriegen und Konflikten beteiligt als jede andere Spezialeinheit und besitzt daher auch die meiste Kampferfahrung.

Hier eine Chronik der bekannten SAS-Operationen für den Zeitraum 1941–2002:

1941

Nordafrika

Der SAS wird gebildet, um Blitzangriffe auf deutsche und italienische Flugplätze durchzuführen.

1942

Nordafrika

Weitere, sehr erfolgreiche Angriffe auf deutsche und italienische Flugplätze, doch andere Angriffe auf vor Anker liegende Schiffe der Achsenmächte scheitern oder werden abgeblasen.

1943

Europa

Operationen in Italien (einschließlich Sardinien und Sizilien) umfassen Angriffe auf Eisenbahnlinien und Flugplätze sowie die Befreiung von Kriegsgefangenen.

1944

Europa

Operationen in Frankreich und Italien einschließlich nachrichtendienstlicher Aktivitäten, Angriffe auf Straßen und Schienenwege sowie Störmanöver gegen die Achsenmächte.

1945

Europa

Angriffe und Hilfsmissionen in diver-

sen Ländern wie Italien, Deutschland, den Niederlanden und Norwegen.

1950–1960
Malaya
Nach der Ermordung britischer Staatsbürger und ihrer Angestellten wird der SAS neu gebildet, um kommunistische Rebellen in Malaya zu bekämpfen, In dieser Zeit, der so genannten Malayan Emergency, erwirbt der SAS besondere Fertigkeiten im Dschungelkrieg.

1958–1959
Jebel al-Akhdar, Oman
Zwei SAS Squadrons werden nach Oman entsandt, um in der gewaltigen natürlichen Festung Jebel al-Akhdar einen Aufstand niederzuschlagen.

1963–1966
Borneo
Erneut im Dschungel, kämpft der SAS gegen indonesische Verbände und Guerillas, die sich der Bildung der Föderation Malaysia entgegenstellen.

1964–1967
Aden
Undercover-Operationen in der Region Radfan gegen Stammesangehörige und Guerillas.

1969–1994
Nordirland
Der SAS unterstützt britische Armee und Royal Ulster Constabulary (RUC) in Nordirland mit nachrichtendienstlichen und Anti-Terror-Operationen gegen die IRA und ihre

Oben: Patrouille des 22nd Special Air Service Regiment (22 SAS) bei der Lagebesprechung unweit der Bentong Gap Road im Dezember 1952 im Rahmen von Operationen gegen kommunistische Rebellen.

Sympathisanten, mit Toten auf beiden Seiten. Am erfolgreichsten ist der Hinterhalt auf irische Terroristen in Loughall mit der vollständigen Vernichtung der East Tyrone Brigade.

1970–1976
Oman
Der SAS wird nach Oman entsandt, um kommunistische Guerillas zu bekämpfen, die einen Sturz der omanischen Regierung beabsichtigen. Teil dieser Operation ist eine extrem erfolgreiche Werbekampagne, die die

Oben: SAS-Soldaten in Oman bei der Vorbereitung einer (später abgeblasenen) Geiselbefreiungsaktion im Irak (1991). Ihr britischer Kommandeur de la Billière war selbst ein ehemaliger SAS-Offizier.

Bürger aufzuruft, sich den Aufständischen nicht anzuschließen.

1980
London
Unter den Augen der Weltmedien startet die Operation „Nimrod", um die in der iranischen Botschaft in London festgehaltenen Geiseln zu befreien und die Terroristen zu töten oder gefangen zu nehmen. Die erfolgreiche Aktion bringt dem SAS internationalen Beifall und unwillkommene Aufmerksamkeit ein. Die Operation „Nimrod" gilt als lehrbuchmäßiges Beispiel für eine Geiselbefreiung.

1981
Gambia
Der SAS trägt dazu bei, Präsident Jawara nach einem Staatsstreich wieder ins Amt zu verhelfen.

1982
Falklandinseln
Auf die Falklandinseln entsandt, soll der SAS Nachrichten- und Angriffsmissionen gegen die argentinischen Truppen durchführen. Schlüsseloperationen sind die Rückeroberung von Grytviken auf Süd-Georgien und der Angriff auf Pebble Island. Man verliert dabei 18 Männer bei einem Hubschrauberabsturz.

1989
Kolumbien
Das 22 SAS wird nach Kolumbien entsandt, um sich – durch Ausbilden der kolumbianischen Truppen und Missionen gegen die Drogenbarone – am Anti-Kokain-Krieg zu beteiligen. Die britische Regierung wurde um militärischen Beistand gebeten.

1990–1991
Persischer Golf
Zur Unterstützung der UN-Kampagne, die Iraker aus Kuwait zurückzudrängen, wird der SAS in die Golfregion entsandt. Er operiert vornehm-

lich gegen die dortigen Scud-Raketen und die entsprechende Infrastruktur.

1994–1995
Bosnien
Eine geringe Zahl von Teams wird nach Bosnien entsandt, um Informationen über die serbischen Kräfte zu gewinnen und den Kampfflugzeugen der RAF Ziele zuzuweisen.

1997
Peru
Ein sechsköpfiges SAS-Team wird nach Lima beordert, nachdem die Residenz des japanischen Botschafters im Januar besetzt worden war. Mit Operatoren der US Delta Force berät man das peruanischen Militär.

1998
Persischer Golf
Im Februar wird ein Squadron für Aufklärungsmissionen und die Rettung abgeschossener Piloten in die Golfregion entsandt, als Saddam Hussein einen weiteren Krieg androht.

1998
Albanien
Im März wird ein vierköpfiges Team nach Albanien entsandt, um den für eine Hilfsorganisation tätigen Briten Robert Welch zu befreien. Das Team findet ihn an der Küste. Dort warten zwei Helikopter. Während der eine den Übergabepunkt sichert, wird das Rettungsteam in dem anderen Hubschrauber ausgeflogen.

1999
Kosovo
Nach Eindringen der Serben in den Kosovo wird der SAS dorthin entsandt, um an der Zielfindung für

Unten: Die berühmte SAS-Patrouille Bravo-Two-Zero vor ihrer unglücklichen Mission im Irak während des Golfkrieges 1991. Die Feuerkraft der Gruppe entspricht der von 100 regulären Soldaten.

Oben: „Wer wagt, gewinnt" – der SAS wird seinem Motto mit Sicherheit gerecht.

NATO-Flugzeuge mitzuwirken und abgeschossene Flugzeugbesatzungen zu retten. Zudem unterstützt man die Kosovo-Befreiungsarmee und nimmt serbische Kriegsverbrecher fest.

2000

Sierra Leone

Zunächst wird der SAS zur offiziellen Unterstützung der UN-Friedensmaßnahmen hinzugezogen. Dann aber werden einige britische Soldaten durch eine rücksichtlose Miliz als Geiseln genommen. Der SAS reagiert darauf mit einer spektakulären Befreiungsaktion gemeinsam mit den Fallschirmjägern, bei der einer der eigenen Männer ums Leben kommt.

Waffen und Ausrüstung des SAS

Der SAS verwendet folgende Waffen: Maschinenpistole HK MP5 (alle Varianten), Maschinenpistole HK 53, Maschinenpistole Ingram Model-10, Maschinenpistole UZI, Sturmgewehr M16A2 mit Granatwerfer M203 40 mm, Karabiner Colt M4, Sturmgewehr Colt Commando, Sturmgewehr HK G3, Sturmgewehr HK G8, Sturmgewehr HK G41, SLR FN 7,62 mm (nicht mehr von der britischen Armee, doch vom SAS für bestimmte Operationen weiterhin verwendet), Sturmgewehr Steyr AUG, Sturmgewehr SA-80A2 (nur von TA SAS verwendet), SA-80A2 LSW (light support weapon – nur von TA SAS verwendet), leichtes Maschinengewehr M249 Minimi, leichtes Maschinengewehr Ameli, leichtes Maschinengewehr HK 13E, leichtes Maschinengewehr Ultimax 100, GPMG 7,62 mm, schweres Maschinengewehr Browning M2 .50, Scharfschützengewehr Accuracy International PM, Scharfschützengewehr Tikka M55, Scharfschützengewehr SSG 3000, Langstrecken-Scharfschützengewehr Barrett .50, Selbstladeflinte Franchi SPAS 12 und Selbstladeflinte Franchi SPAS 15, Repetierflinte Remington M870, Pistole Browning HP, Pistole Glock 18 sowie Pistolen SIG Sauer P-226 und P-228.

Schwere Waffen sind: leichte Panzerfaust LAW 80, Panzerfaust M72, Panzerabwehrrakete Milan, Mörser 81 mm, Javelin MANPADS (man-portable air defence system), FIM-92 A Stinger MANPADS, automatischer Granatwerfer MK-19, automatischer Granatwerfer SB 40 LAG und AMW (anti-material weapon) 20 mm.

Verwendete Fahrzeuge: Land Rover 90 („Dinkies"), Land Rover 110, Land Rover SOV (special operations vehicle) und LSV (light strike vehicle).

Der SAS ist für seine bewaffneten Fahrzeuge bekannt. Neben zahlreichen neutralen Fahrzeugen kommen oft folgende Bordwaffen und Fahrzeuge zum Einsatz: Browning M2, GPMG, M249 Minimi, Kanone 25 mm, Milan, TOW, Granatwerfer MK-19 40 mm, dreirohriges Maschinengewehr GAU-19 .5, Mörser 51 mm und 81 mm, Argocat Mini-ATV (all-terrain vehicle), Geländemotorrad Harley-Davidson, Quad ATV, Lkw Unimog, Lkw DAF, leichter Lkw Pinzgauer sowie Range Rover.

Neben der großen Landfahrzeugflotte operiert der SAS mit einer Reihe von Kleinbooten wie Sturmboot Rigid Raider, Klepper-Kanu, Gemini, Zodiac und Rettungstauchbooten. Außerdem ist der SAS im Besitz einer Reihe leichter Allzweckhubschrauber Agusta A-109A. Diese werden von Piloten des 8 Flight AAC (Army Air Corps) geflogen und besitzen einen zivilen Anstrich, um Anti-Terror-Einheiten innerhalb Großbritanniens unauffällig transportieren zu können.

2001

Afghanistan

Nach dem Terrorangriff auf die USA am 11. September 2001 wird der SAS zur Unterstützung britischer Anti-Terror-Operationen nach Afghanistan entsandt und auch, um dort für die US-Truppen Erkundungen und Zielbestimmungen vorzunehmen. Überdies unterstützt man die Nordallianz und gewährleistet nach Abflauen der Kämpfe die Versorgung der afghanischen Bevölkerung mit humanitären Hilfsleistungen.

2002

Somalia

Kleine Teams suchen nach Osama bin

Oben: Golfkrieg 1991 – Das SAS-Team hat sich tagsüber eingegraben, um hinter den feindlichen Linien unentdeckt zu bleiben.

Laden und Mitgliedern seines Al-Quaida-Netzwerks, die im Jahr 2001 aus Afghanistan geflohen waren.

2003
Irak

In diesem Jahr focht der SAS einen Kampf, der in vielfacher Hinsicht ein Spiegelbild des letzten Golfkrieges darstellte: irakische Angriffe mit Boden-Boden-Raketen auf Israel verhindern, den Feind an sämtlichen Fronten binden, verdeckte Aufklärungsmissionen durchführen, die irakischen Verbindungslinien durchtrennen und Luftziele zuweisen. Im gesamten Irak war der SAS verschiedenartig präsent – mit Squadrons, die sich vor allem auf den Süden und Westen des Landes konzentrierten, während kleinere Teile des Regiments wie das hochgeheime Increment in den Nordosten entsandt wurden, um die kurdischen Peschmerga auszubilden und zu koordinieren. Wie bereits 1991 war der SAS bei seinen verdeckten wie auch den offenen Aktionen überaus erfolgreich.

Mitglieder des SAS tragen beim Training den DPM-Kampfanzug der britischen Armee, zusammen mit dem berühmten sandfarbenen Barett. Im Einsatz dürfen sie sich praktisch nach eigenem Gutdünken kleiden und haben vollkommene Freiheit bei der Wahl ihrer Waffen.

Meist kleidet man sich wie die örtliche Bevölkerung, um nicht aufzufallen. Das funktionierte in Afghanistan ganz hervorragend. Dort waren SAS-Gurkhas für Aufklärungsmissionen eingesetzt worden, da ihre Gesichtszüge denen der einheimischen Afghanen sehr stark ähneln.

SPECIAL BOAT SERVICE (SBS)

In Poole (Dorset) stationiert, verkörpert der SBS zwar das maritime Pendant zum SAS, muss aber in diesem Teil des Buches aufgeführt werden, weil seine jüngeren Operationen weitgehend an Land, und nicht auf dem Wasser stattgefunden haben (s. a. das Kapitel „Seegestützte Spezialeinheiten“).

Diese veränderte Aufgabenstellung geht auf den Umstand zurück, dass der SBS nunmehr dem britischen Generalkommando Special Forces unterstellt ist und maßgeblich dazu beitra-

Links: SAS-Soldaten in ihrem schwer bewaffneten Land Rover während einer Übung 2001 in Oman. Der SAS war 2003 während der Operation „Telic" vielfach im irakischen Feindesland aktiv.

gen soll, den SAS in Krisenzeiten zu unterstützen. Innerhalb des SBS befürchtete man die Aufweichung seiner Identität, sodass man schließlich zu einem maritimen Squadron innerhalb der Einflusssphäre der SAS werden könne. Doch Ende der 1990er Jahre erfolgte eine Umbenennung von Special Boat Squadron in die aus dem Zweiten Weltkrieg stammende Bezeichnung Special Boat Service.

Oben: SAS-Soldat beim Durchwaten eines überfluteten Wadis. Er hat eine sichere Passage für den Land Rover ermittelt.

Einen weiteren Grund zur Sorge verkörpern die maritimen Operationen, da der SAS bereits über eine eigene Bootstruppe verfügt. Eine Zeit lang einigte man sich darauf, dass der SAS für alle maritimen Operationen über Wasser verantwortlich zeichnete, der SBS indes für alles unter Wasser, wie Sabotage, Bergung von Material und Sprengungen. Diese Grenzen sind inzwischen verwischt; beide Einheiten sind nun in der Lage, entsprechende maritime Operationen durchzuführen.

Links: Im Golfkrieg 1991 waren Geländemotorräder für den SAS bei Erkundungsmissionen von besonderem Nutzen, da sie für diesen Zweck viel praktischer waren als schwere vierrädrige Fahrzeuge.

Die laufenden Änderungen haben damit zu tun, dass der SAS derzeit unterbesetzt ist und nicht allen operativen Erfordernissen nachkommen kann, schließlich waren SAS und SBS in den letzten Jahren in viele Konflikte involviert, etwa im Persischen Golf, in Bosnien, Osttimor, Albanien, im Kosovo, in Sierra Leone, Afghanistan, Somalia und im Irak, sowie in die Sicherheitsoperationen in Nordirland.

Beim SBS hält man sich lieber bedeckt und gibt kaum etwas über die genaue Aufgabenstellung preis. Die Einheit besteht aus rund 120 regulären Operatoren und einer kleinen, höchst professionellen und extrem gut ausgebildeten Reserve. Obwohl der SBS erheblich kleiner ist als der SAS, wurden viele Operationen, die man dem SAS zuschrieb, in Wahrheit vom SBS durchgeführt.

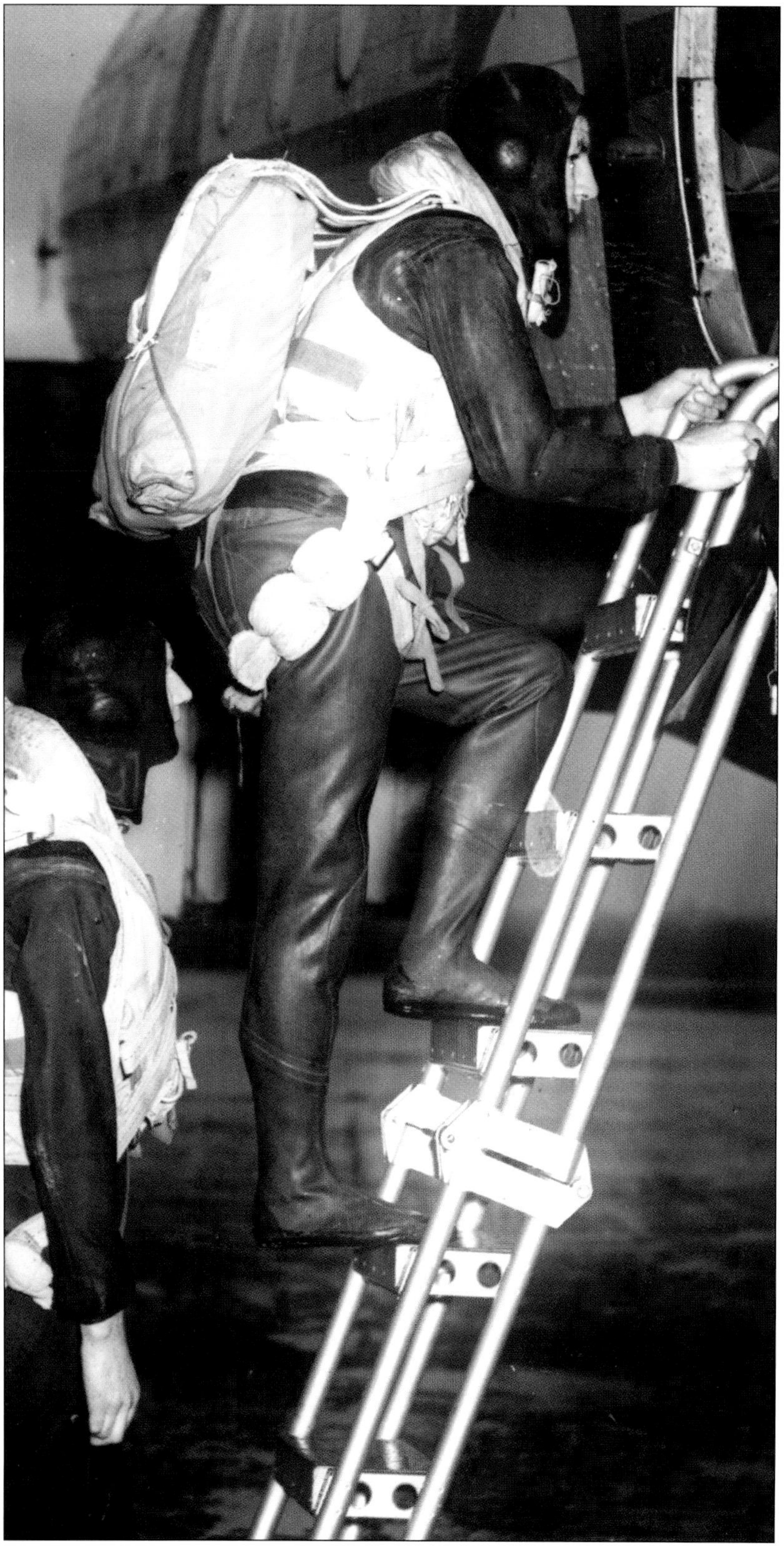

Während des ersten Golfkrieges 1991 wurden SBS-Einheiten hinter den feindlichen Linien abgesetzt, um Teile der unterirdischen Kommunikationssysteme des Irak zu zerstören; diese übermittelten wichtige Zieldaten für die von den Koalitionstruppen gefürchteten, mobilen Scud-Raketen.

In Sierra Leone kämpften SBS und SAS 1999 Seite an Seite gegen eine rücksichtslose Gruppe bewaffneter Rebellen, die einige britische Soldaten als Geiseln genommen hatten. Bei der nachfolgenden Befreiungsaktion wurden mehr als 80 Rebellen getötet (ein SAS-Mitglied kam ums Leben) und sämtliche Geiseln unverletzt befreit.

Der bisher größte Einsatz des SBS erfolgte nach den Ereignissen vom 11. September 2001 in Afghanistan im Rahmen der Operation „Enduring Freedom". Zunächst ausgehend vom nordafghanischen Luftwaffenstützpunkt Bagram assistierte der SBS den US-Truppen bei der Jagd auf Mitglieder von Al Quaida/Taliban. Im Anschluss an diverse die Nordallianz unterstützende Militäreinsätze seitens der Briten und Amerikaner ergaben sich die Kämpfer von Al Quaida/Taliban und wurden in eine Festung vor den Toren von Mazar-el-Sharif verbracht.

Wenige Tage später konnten die Gefangenen ihre Wächter überwältigen. Es entspann sich ein erbittertes Gefecht, bevor britische und amerikanische Spezialeinheiten die Ordnung wiederherstellen konnten. Der Aufstand kostete Hunderte von Menschen das Leben, darunter auch US-Personal, das sich in der Festung befand.

Später wurde vom US-Verteidigungsministerium verlautbart, dass am

Links: Soldaten des Royal Marines SBS klettern in eine RAF Hastings für eine Luftlandeoperation über dem Ärmelkanal (1952). SBS und SAS verfügen über eine gleichermaßen ruhmreiche Geschichte und haben wiederholt zusammengearbeitet.

Höhepunkt der Revolte sechs SBS-Männer die Festung stürmten und einen Trupp aus rund 200 Gefangenen angriffen, die US-Soldaten attackierten. Trotz der deutlichen Unterlegenheit gelang es, die Aufständischen zu vertreiben und die Amerikaner zu befreien. In Anerkennung ihrer Tapferkeit verlieh Präsident George W. Bush den SBS-Soldaten die Congressional Medal of Honor.

Während der SBS weiter in Afghanistan operierte, konnte der britische Auslandsgeheimdienst MI6 ein Tal ausmachen, in dem man das Versteck von Osama bin Laden vermutete. Zwei SBS Squadrons mit 60 Mann wurden entsandt, um ihn entweder zu töten oder gefangen zu nehmen. Während die Männer auf weitere Anweisungen warteten, kam von der britischen Regierung der Befehl, sich aus dem Tal zurückzuziehen, damit US-Truppen diese Operation durchführen konnten. Während der SBS aus seinen Stellungen abrückte, verzögerte sich die Entfaltung der US-Truppen – mit verheerenden Konsequenzen.

Wie später durchsickerte, gelang es Osama bin Laden während der entstandenen Zeitlücke, sich aus dem Tal ins benachbarte Pakistan mit seinen löcherigen Grenzkontrollen abzusetzen. Nicht wissend, dass Osama bin Laden bereits fort war, starteten die Amerikaner die fast von Beginn an problembehaftete Operation „Anaconda“. Die US-Truppen landeten versehentlich genau in der Talmitte anstatt an den Rändern und sogleich war die Hölle los.

Auch wenn die Amerikaner dem Feind Hunderte von Opfern abverlangten, traf diese Art der Kriegsführung die eigenen Truppen gänzlich unvorbereitet. Einem dringenden Hilfeersuchen seitens der US-Regierung entsprechend, entsandte Großbritannien mehr als 1800 Royal Marines in die Region, und zudem einen Trupp des SBS. Trotz mehrwöchiger intensiver Durchsuchung des Tals konnte indes keine Feindberührung gemeldet werden.

Oben: SBS-Froschmänner kurz vor dem Absprung aus einer RAF Hastings (1952).

Oben: Emblem und Motto des SBS: „Nicht durch Kraft, durch List".

Im Jahr 2003 konnte sich der SBS im Irak während der Operation „Telic" auszeichnen, etwa durch verdeckte Erkundung der Halbinsel Al-Faw im Vorfeld der Alliierteninvasion und durch Ermitteln feindlicher Truppenziele in Feldstellungen und urbanen Stützpunkten. Hierbei konnte man in Basra ein Gebäude als Ziel identifizieren, in dem sich rund 200 Mitglieder der Baath-Partei aufhielten. Überdies fungierte der SBS bei militärischen Operationen, in denen das Timing entscheidend war, als taktisches Barometer – etwa bei der Belagerung von Basra, wo man den optimalen Zeitpunkt für einen umfassenden Angriff durch britische Panzer ermittelte.

Seine Sternstunde erlebte der SBS im nordirakischen Mossul, nachdem einige seiner Soldaten in einen Hinterhalt geraten und von einem großen Trupp irakischer Soldaten abgeschnitten waren. Trotz aller Widrigkeiten gelang es ihnen, sich freizukämpfen und einen Fluchtversuch zu unternehmen. Die meisten konnten rasch per Helikopter ausgeflogen werden, doch zwei SBS-Männer mussten buchstäblich bis zur syrischen Grenze rennen. Nachdem es den beiden gelungen war, sich unbeschadet in Sicherheit zu bringen, konnte die britische Regierung durch geheime Verhandlungen ihre Freilassung erreichen.

Trotz seiner geringen Mannstärke konnte der SBS im zweiten Golfkrieg nachhaltig Wirkung entfalten – was die Forderung laut werden ließ, ihn auf die operative Stärke des SAS zu vergrößern.

GRC GRIECHENLAND

Greek Special Forces Directorate

Die griechischen Spezialeinheiten zählen heute zu den weltweit modernsten Eliteverbänden. Eingesetzt wurden sie 1974 gegen türkische Truppen auf Zypern. Obwohl beide Nationen seither in den Dialog eingetreten sind, bleibt Griechenland militärisch gewappnet.

Das Greek Special Forces Directorate lebt nach dem Motto „Wer wagt, gewinnt". Seine Spezialeinheiten, die zu den modernsten der Welt zählen, sind in der Lage, Land-, See- und Luftoperationen von beachtlichem Umfang durchzuführen.

Die griechischen Spezialeinheiten entstanden in Ägypten nach der Schlacht von Kreta im Mai 1941, die die griechische Regierung zwang, aus dem Land zu fliehen und sich im Nahen Osten neu zu bilden. Um Kreta zurückzuerobern, formierte die grie-

Links: Griechische Spezialkräfte an Bord eines PS-starken Schlauchbootes bei einem Scheinangriff unweit des Trainingscamps Megalo Pefko nahe Athen.

chische Armee eine Reihe neuer Einheiten, die als Kommandos gegen die deutschen und italienischen Besatzer vorgehen konnten. Eine dieser Einheiten war die im August 1942 unter der Führung von Major Stephanakis gebildete „Kompanie der auserwählten Unsterblichen". Die zunächst nur 200 Mann zählende Truppe operierte mit dem britischen SAS in Nordafrika und war bald wegen ihrer Blitzattacken gefürchtet.

Später erhielt die Einheit den Namen „Heilige Kompanie" – ein Titel, der in der griechischen Armee bereits viermal verwendet worden war. Nach den Erfolgen in Nordafrika wurde die Heilige Kompanie nach Italien und auf den Dodekanes entsandt, wo sie bis zu ihrer Auflösung am Ende des Zweiten Weltkrieges viele Erfolge erzielte.

Während des griechischen Bürgerkriegs (1945–1950) kämpften zahlreiche Ex-Mitglieder der Heiligen Kompanie als Stoßtrupps, ganz ähnlich dem britischen SAS und SBS. Mit der 1946 gebildeten Gebirgskompanie beabsichtigte man, die bewaffneten kommunistischen Gruppen zu bekämpfen, die in den Bergregionen aktiv waren. Schließlich auf eine operative Stärke von 40 Kompanien angewachsen, blieb sie bis zum Ende der Revolte 1950 aktiv. Nach dem Bürgerkrieg beschloss Griechenland, weiterhin Spezialeinheiten zu unterhalten. Mit amerikanischer Hilfe begab man sich an die Einrichtung einer Fallschirmjägerschule unweit von Athen. Darüber hinaus wurden auch maritime Spezialeinheiten gebildet, die unter dem Kommando des Special Forces Directorate in Thessaloniki operieren.

Während der türkischen Invasion von Zypern 1974 lieferten sich die griechischen Spezialeinheiten Verfolgungsschlachten mit dem türkischen Militär, bei denen rund 33 ihrer Soldaten ums Leben kamen. Der von den UN schließlich ausgehandelte Waffenstillstand führte zur Teilung der Insel. Dies war ein kostspieliger Krieg, politisch wie menschlich – und einer, der hätte vermieden werden können.

Oben: Griechische Spezialeinheiten üben maritime Landungstechniken mithilfe eines Chinook-Hubschraubers. Bei Bedarf kann der Helikopter zum Be- oder Entladen sogar auf dem Wasser landen.

Seitdem verhandeln Griechenland und die Türkei verbissen über die Zukunft Zyperns. Im Zuge der Beitrittsverhandlungen der Türkei zur EU haben die Gespräche eine neu Dynamik gewonnen. In den letzten Jahren hatte Griechenland seine Spezialeinheiten aufgestockt und modernisiert.

Das Greek Special Forces Directorate ist ein Freiwilligenverband, bestehend aus einem Ranger-Regiment, einer Marinebrigade, einem Fallschirmjäger-Regiment und einem Kommando für Spezialeinsätze.

Verwendete Waffen: Sturmgewehr M16A2 mit Granatwerfer M203, Karabiner Colt M4, leichtes Maschinengewehr M249 und Maschinenpistole HK MP5.

IND INDIEN
Special Rangers Group (SRG)

Durch die Vielzahl der ethnischen Gruppen und den anhaltenden Disput mit Pakistan ist die indische SRG ständig in Kampfhandlungen verwickelt – wie zuletzt in Kaschmir.

Links: Indischer Wachtposten vor dem US-Informationszentrum in Kalkutta am 14. Juni 2002, nach einem Autobomben-Attentat auf das US-Konsulat in Karachi (Pakistan).

Indiens Special Rangers Group (SRG), eine Kombination aus Militär- und Polizeieinheiten, ist mit der Durchführung von Anti-Terror-Operationen in ganz Indien und den Grenzregionen von Kaschmir beauftragt. Die rund 7000 Mann starke Truppe rekrutiert sich aus diversen Militär- und Polizeieinheiten und spiegelt die ethnische Vielfalt Indiens.

Zu den zahlreichen Aktionen, in die die Special Rangers Group in den letzten Jahren involviert war, zählen die Erstürmung des von militanten Sikhs besetzten Goldenen Tempels von Amritsar 1986 sowie ständige Operationen gegen Terroristen und militante Drogenhändler, die von Pakistan unterstützt werden. Bei Staatsbesuchen leistet die SRG Personenschutz.

Waffen

Bevorzugte Waffen sind die Maschinenpistole Sterling 9 mm und das Sturmgewehr FN FAL 7,62 mm.

IRE IRLAND
Sciathan Fianoglach an Airm (Irish Army Ranger Wing)

Als Spezialeinheit der Republik Irland ist der Army Rangers Wing auch für die Terrorbekämpfung verantwortlich. Zudem stellt er einen großen Teil der UN-Friedenstruppen.

Stationiert in Curragh Camp im County Kildare, ist der Army Rangers Wing für Terrorbekämpfung und andere Sonderaufgaben zuständig. Die geringe Mannstärke von nur 100–125 Operatoren wird durch ein hohes Maß an Professionalität und die überaus gute Ausbildung mehr als wettgemacht. Die Einheit entstand in den frühen 1970er Jahren, nachdem rund 25 geeignete Mitglieder der irischen Armee in Fort Benning (Georgia) eine Spezialausbildung erhalten hatten. Gleich darauf nahm man Kontakt zu vergleichbaren Einheiten auf, um sich über Geiselbefreiungs- und Anti-Terror-Operationen auszutauschen.

Obwohl Großbritannien sich eng mit der Republik Irland verbunden fühlt und für die irischen Streitkräfte in verschiedenen Schlüsselbereichen militärisches Spezialtraining bereitstellt, umfasst dies wegen der unverändert instabilen politischen Lage in Nordirland weder Kontakte zum noch operatives Training mit dem SAS. Aufgaben des Army Rangers Wing sind Terrorbekämpfung, Sabotage, Personenschutz, Niederschlagung von Aufständen, Razzien, Geiselbefreiung und verdeckte Aufklärung.

Auch wenn die irischen Streitkräfte nur aus 18000 regulären Soldaten plus 22000 Reservisten bestehen, leisten sie einen wichtigen Beitrag zur weltweiten Tätigkeit der UN-Friedenstruppen, wobei der Army Rangers Wing kurzfristig als Kriseninterventionskraft einsetzbar ist. Die Iren sind aus gutem Grund stolz auf ihre Spezialeinheit, denn jeder Operator muss eine sehr lange und höchst anspruchsvolle Ausbildung absolvieren. Am Anfang steht ein harter, vierwöchiger Auslesekurs, gefolgt von einer sechsmonatigen Ranger-Grundausbildung im Umgang mit Waffen und Sprengmitteln, Geiselbefreiung, Sanitätswesen, Nahkampf, Survival, Bergsteigen, Fernpatrouillen und elementarem Fallschirmspringen. Absolventen können sich anschließend für Spezialkurse melden, etwa im Fallschirmspringen (HAHO/HALO), Schnellabseilen, Sprengen, Kampfschwimmen, amphibischen Operationen und Präzisionsschießen.

Verwendete Waffen: Steyr AUG 5,56 mm, M16 mit Granatwerfer M203, Pistole SIG Sauer P-226, Flinte Remington M870, Scharfschützengewehr Accuracy International AI 96 und Maschinenpistole HK MP5.

IRN IRAN

Special Forces Division

Eine der iranischen Spezialeinheiten wurde mit Unterstützung der USA aufgebaut, aber nach dem Sturz des Schahs aufgelöst. Einige Ex-Mitglieder halfen bei der Formierung neuer Einheiten.

Irans erste Spezialeinheit, die 25th Airborne Brigade, wurde Anfang der 1970er Jahre mit US-amerikanischer Hilfe als Teil der regulären Streitkräfte aufgebaut. Nach dem Sturz des Schahs 1979 und dem Machtantritt durch Ayatollah Khomeini wurde die Einheit aufgelöst und viele ehemalige Mitglieder waren gezwungen, in den Westen ins Exil zu gehen.

Wer in der neuen islamischen Republik Iran geblieben war, half bei der Bildung der Special Forces Division mit mehreren neuen Einheiten, deren Kommando von unterschiedlichen Elementen der iranischen Streitkräfte wahrgenommen wurde – der regulären Armee, den Bassidjis (irreguläre Truppen) und den Pasdaran (Islamische Revolutionswächter).

Im Iran-Irak-Krieg wurden die Iranischen Revolutionswächter von Teilen der Spezialeinheiten unterstützt – doch nur mit geringem Erfolg, da man ihre Fertigkeiten im Rahmen von Großangriffen vergeudete. Nach Kriegsende waren iranische Spezialeinheiten im Libanon aktiv, um Hisbollah-Guerillas für Einsätze gegen Israel zu trainieren, ferner in Bosnien zum Ausspionieren der dort zur Friedenserhaltung eingesetzten US-Truppen sowie im Sudan, um Soldaten in Sabotage- und Infiltrationstechniken auszubilden.

Man weiß nicht, ob iranische Spezialeinheiten im Golfkrieg 2003 präsent waren, doch angesichts der umfassenden Luftaktivitäten der USA ist dies unwahrscheinlich. Auch wenn die Iraner keine Anhänger von Saddam Hussein waren, hegen sie gegenüber den USA ein nicht minder großes Missfallen.

Als Waffen der iranischen Special Forces Division sind bekannt: Sturmgewehre M16, AK-47 und AK-74, Scharfschützengewehr SVD sowie Granatwerfer RPG-7.

Rechts: Iranischer Soldat während des Iran-Irak-Kriegs 1980–1988 mit HK G3. Das Gros der heute von den iranischen Spezialeinheiten verwendeten Waffen dürfte hingegen eher russischer Herkunft sein.

IRQ IRAK

Republikanische Garde Fedajin

Wenngleich die Republikanische Garde im zweiten Golfkrieg nicht in der Lage war, die Koalitionstruppen zu besiegen, hat sie ihnen dennoch mit Sicherheit einige Mühen bereitet.

Im Licht der Ereignisse des zweiten Golfkrieges 2003 sieht die Zukunft der Republikanischen Garde düster aus, da viele ihrer Mitglieder im Krieg getötet oder verwundet wurden oder desertiert sind. Teile der Republikanischen Garde leisteten indes erbitterten Widerstand vor allem im Süden des Landes, wo sie sich den US-Truppen mit guerillaartigen Aktionen entgegenstellten und versuchten, strategische Schlüsselpositionen rund um die Straße nach Bagdad einzunehmen.

Vor dem zweiten Golfkrieg besaß die irakische Armee einschließlich Reserve und Miliz eine Stärke von rund 1,7 Millionen Mann, wovon die Republikanische Garde einen erheblichen Prozentsatz stellte.

Das Kommando der Republikanischen Garde bestand 1987 aus drei Panzerdivisionen, einer Infanterie- und einer Kommandodivision, die allesamt abseits der regulären Armee operierten.

Die Republikanische Garde spielte eine bedeutende Rolle bei der irakischen Invasion 1990 in Kuwait. Bei der westlichen Militärplanung zur Vertreibung der Iraker aus Kuwait stand sie entsprechend weit oben auf der Zielliste. Seit Beginn der Operation „Desert Storm“ sah sich die Republikanische Garde konstanten Luftangriffen ausgesetzt, hielt aber durch – eine beachtliche Leistung, da ihre Truppen ohne Deckung in der offenen Wüste verteilt waren.

Während der Bodenoffensive im Rahmen von „Desert Storm“ stieß die amerikanische 24th Infantry Division auf den starken Widerstand der 47. und 49. Infanteriedivision als Teil der Nebukadnezar-Division der Republikanischen Garde. Zudem konnte sich die 26. Kommandobrigade im Gefecht

Fedajin Saddam („Männer des Opfers“)

Wenngleich es sich eigentlich nicht um eine Spezialeinheit handelt, verdient die paramilitärische Fedajin Saddam erwähnt zu werden, da sie 2003 weit erfolgreicher als jede reguläre Einheit der irakischen Armee die irakischen Spezialeinheiten unterstützte. Im Jahr 1995 von Saddam Husseins Sohn Uday gegründet, ist die aus rund 40000 Mann bestehende Fedajin für Operationen gegen Dissidenten wie Ausländer gleichermaßen ausgebildet. Einige wurden sogar von Tschetschenen in der Durchführung von Selbstmordkommandos nach dem Vorbild der palästinensischen Fedajin geschult. Der Truppe gelangen mehrere Angriffe auf Angehörige der US-Streitkräfte. Teile der Fedajin sind weiterhin eine Gefahr für die fortdauernden Operationen der Koalitionsverbände im Irak.

Links: Irakischer Soldat in den 1980er Jahren mit Sturmgewehr AKMS. Das schwarze Barett trägt das irakische Nationalsymbol.

Links: Soldat der Republikanischen Garde vor dem Krieg von 2003 an einer von Russland gelieferten Flak.

auszeichnen. Schließlich gelang es der US 1st Armored Division, Teile der Tawakalna-Division zu besiegen, während die 3rd Armored Division Reste der ebenfalls zur Republikanischen Garde gehörigen Tawalzalaa-, Madina- und Adnan-Division angriff.

Nach Ende des ersten Golfkrieges diente die Republikanische Garde der Unterdrückung von regierungsfeindlichen Kräften und jenen Teilen der Armee, die einen erfolglosen Staatsstreich gegen Saddam unternommen hatten. Alle nach dem ersten Golfkrieg vorgenommenen strukturellen Veränderungen der Republikanischen Garde erwiesen sich 2003 im Krieg gegen die Koalitionstruppen letztlich als nutzlos.

Derzeit bestehen langfristige Pläne zum Wiederaufbau der irakischen Streitkräfte, jedoch ohne Republikanische Garde. Dennoch wird der Irak später einmal die Aufstellung einer neuen Spezialeinheit in Betracht ziehen müssen.

ISR ISRAEL

Sayeret Golani
Sayeret Mat'kal
Sayeret T'zanhanim

Israels Spezialeinheiten sind unübertroffen. Angesichts ihrer seit jeher blutigen Geschichte ist die Nation militärisch weiterhin überaus gut vorbereitet und innerhalb der Landesgrenzen ständig gegen terroristische Splittergruppen aktiv.

Die israelischen Spezialeinheiten sind ungemein aktiv und versiert. Angesichts der stets drohenden Gewaltakte muss das auch so sein. Ihre Geschichte lässt sich bis in die 1930er Jahre zurückverfolgen, als Hauptmann Charles Orde Wingate spezielle Nachtpatrouillen aufstellte, um eindringende arabische Guerillas zu bekämpfen. Im Zweiten Weltkrieg kämpften Juden aus Palästina gegen die Achsenmächte – in Eritrea als Teil des britischen 51st Middle East Commando und der Special Interrogation Group in Nordafrika.

Nachdem sie die Israelis im Krieg von 1948–1949 nicht hatten besiegen können, änderten die Araber ihre Taktik und gingen zu Infiltrationsaktionen über. Als Eingangspforte diente ihnen meist die weite, offene Negev-Wüste, die von den Israelis angesichts begrenzter Ressourcen nur sehr schwer überwacht werden konnte. Israel formierte daher eine Reihe von Spezialeinheiten, darunter die aus rund 60 Freiwilligen bestehende Einheit 101, die im Nachtkampf ausgebildet wurde. Nach kaum vier Monaten wurde diese Truppe jedoch wieder aufgelöst und ihre Mitglieder wurden in das erste Regiment (890) der Israeli Defence Force (IDF) integriert. Aus dem Regiment wurde schließlich die 202. Fallschirmjägerbrigade, die sich im Oktober 1956 in der Schlacht am Mitla-Pass und bei nachfolgenden Stoßtrupp-Aktionen auszeichnen konnte.

Die trotzdem fortdauernden arabischen Angriffe erschütterten das Vertrauen der israelischen Bürger und führten zur Bildung spezieller Anti-Guerilla-Einheiten. Aus dem besonders effektiven Aufklärungstrupp Schaked (Mandel) wurde die erste

Oben: Soldat der israelischen Eliteaufklärungstruppe Sayeret Golani während des Sechstagekriegs 1967, die nach heftigem Feuergefecht den Hermon-Berg von den Syrern zurückerobern konnte.

mobile Sayeret (Aufklärungskompanie), bestehend aus sechs Teams mit je fünf Soldaten, einem Fahrer und einem Offizier. Der Shaked war die erste Sayeret, die per Hubschrauber Terroristen durch die Wüste verfolgte. Um nicht nur zu reagieren, sondern den Angriffen vorzubeugen, formierte man den Stoßtrupp Schefifon (Klapperschlange), der nach Maßgabe nachrichtendienstlicher Erkenntnisse der IDF operierte.

Nach dem Sechstagekrieg 1967 entstand für jedes Territorialkommando eine eigene Sayeret mit Namen wie „Johannisbrot" (spezialisiert auf unkonventionelle Kriegsführung im Jordantal) und „Walnuss" (im Norden stationiert). Im Abnutzungskrieg 1968–1970 führten die Sayerets zahlreiche tiefe Vorstöße gegen die Araber durch, während sie im Jom-Kippur-Krieg 1973 eher konventionell operierten.

Nach dem Krieg wurden die meisten älteren Sayerets aufgelöst, doch aufgrund ihres exzellenten Rufs ist seitdem jede reguläre IDF-Brigade dazu übergegangen, eine spezialisierte Aufklärungseinheit zu formieren. Eines der berühmtesten Beispiele ist die Sayeret Golani, die 1959 als Spezialaufklärungszug („Fliegende Leoparden") der 1. Golani-Infanteriebrigade gegründet wurde. Im Kampf erwiesen sich ihre Fähigkeiten gegenüber denen einer normalen Spezialaufklärungstruppe als weit überlegen. Eingesetzt wurde sie in Israel, Libanon („Fatah-Land" und Beirut u.a.), Syrien und sogar Uganda im Rahmen der Operation „Entebbe". Erstmals im Januar 1960 in den Golanhöhen gegen syrische Mörserstellungen operierend, erlangte die Einheit mit weiteren ähnlichen Missionen einen heute fast legendären Ruf.

Im Krieg von 1967 an der Seite der Golani-Brigade kämpfend, gelang Mitgliedern der Sayeret Golani die Stürmung der gefürchteten syrischen Verteidigungsstellung Tel Fahar in den Golanhöhen. Während des Abnutzungskrieges führte die Einheit eine langwierige, frustrierende Operation gegen PLO-Guerillas im libanesischen „Fatah-Land" und dem Gazastreifen durch. Doch ihre spektakulärste Aktion erfolgte in der Spätphase des Jom-Kippur-Krieges 1973, als man sich auf den Hermon-Berg hinaufkämpfte, um einen strategisch bedeutenden Abhörposten zurückzuerobern, der in die Hände einer syrischen Elitetruppe gefallen war. In dem erbitterten, neunstündigen Gefecht fielen 55 Golani-Soldaten und weitere 79 wurden verwundet, bevor die Syrer die Stellung schließlich aufgaben. Zu den Getöteten zählte auch der Sayeret-Hauptmann Vinnick (posthum zum Major befördert), der – obwohl bereits in der ersten Angriffsphase schwer verwundet – seine Männer bis ganz nach oben dirigierte, bevor er von Sanitätern abtransportiert wurde.

Eine weitere Hauptrolle spielte die Sayeret Golani im Juni 1982 bei der israelischen Invasion des Libanon, wo sie in einem gewagten Nachtangriff, bei dem jedoch ihr Anführer ums Leben kam, die Kreuzfahrerfestung Beaufort erobern konnte.

In den letzten Jahren operierte die Sayeret Golani nahezu ohne Unterbrechung gegen die PLO entlang dem Gazastreifen und die Hisbollah im Südlibanon, vor allem gegen Selbstmordattentäter und bewaffnete Kriminelle. Gemeinsam mit diversen weiteren Teilstreitkräften drang man 2002 auf palästinensisches Territorium vor, um dort vermutete Terroristen zu vertreiben. Im zweiten Golfkrieg 2003 wurden Teile der Sayeret Golani entlang der israelischen Grenze postiert, um die IDF bei ihren Abwehroperationen zu unterstützen, dies im Rahmen einer Strategie zur Vereitelung befürchteter irakischer Angriffe mit Boden-Boden-Raketen.

Aus verständlichen Gründen zeigt sich die Sayeret Golani äußerst schweigsam, was ihre Mitglieder angeht. Bekannt ist jedoch die überaus strenge Auslese. Wer die erste Auswahlphase überstanden hat, absolviert eine Intensivausbildung von fast 20 Monaten in Bereichen wie Fallschirmspringen, Absetzen und Ausweichen, Waf-

Oben: Elitesoldat der Golani-Brigade mit Sturmgewehr Galil 5,56 mm im Anschlag. Das Galil kann wahlweise links oder rechts angelegt werden, was bei einigen Sturmgewehren wie dem derzeit verwendeten britischen SA80 nicht ohne weiteres möglich ist.

fenkunde (einschließlich Feindwaffen), Sprengungen, Survival, Nachrichtendienst und selbstverständlich auch Fernaufklärung.

Zudem verfügt man über ein eigenes Trainingszentrum für den Häuserkampf, die so genannte „Hell Town" (Höllenstadt). Wer den Kurs bestanden hat, erhält eine kleine Anstecknadel mit einem fliegenden Tiger, dem Emblem der Sayeret.

SAYERET MAT'KAL

Ende der 1960er Jahre als spezielle Kommandotruppe innerhalb des Hauptnachrichtenkorps der IDF gebildet, ist die Sayeret Mat'kal – besser bekannt als Einheit 269 (Generalstab Aufklärung) – eine hochgeheime Gruppierung, die auf zahlreiche waghalsige und oft auch spektakuläre Operationen zurückblicken kann; besondere Berühmtheit erlangte die Rettungsaktion von Entebbe 1976. Zu den wenigen offiziell bekannten Operationen zählt die Befreiungsaktion von 1972 auf dem Flughafen Lod nach der Entführung einer Maschine der Sabena, bei der vier Mitglieder der Terrororganisation „Schwarzer September" getötet wurden und sämtliche Passagiere unverletzt gerettet werden konnten. Kaum einen Monat darauf folgte ein waghalsiges Kommandounternehmen im Libanon mit der Entführung fünf hochrangiger syrischer Nachrichtenoffiziere in der Absicht, sie gegen drei israelische Piloten auszutauschen. Auf das Attentat auf israelische Athleten bei der Münchener Olympiade 1972 reagierte die Einheit im April 1973 mit einem Vergeltungsangriff auf eine beträchtliche Zahl hochrangiger PLO-Offizieller in Beirut.

Obwohl sie nur eine kleine Truppe ist, operiert die Sayeret Mat'kal nach dem A-Team-Prinzip des britischen SAS und der US Delta Force. Offiziell der Nachrichtenabteilung unterstellt, berichtet ihr Kommandeur direkt an den Stabschef. Potenzielle Kandidaten sowie Reservisten und normale Rekruten werden aus der IDF handverlesen. Zu den ehemaligen Mitgliedern zählen je zwei Generalmajore, Stabschefs und Premierminister.

Links: Patrouille der Golani-Brigade beim Durchqueren der judäischen Wüste 1998 im Rahmen einer Großübung in Brigadestärke mit scharfer Munition.

Unten: Angesichts der fortdauernden Bedrohung vor allem durch Terrorgruppen gilt es, das Verhalten bei einem Angriff mit chemischen oder biologischen Waffen so lange zu üben, bis es verinnerlicht ist.

SAYERET T'ZANHANIM

Das Einsatzgebiet dieser Elite-Kommandoeinheit ähnelt sehr dem der US Army Ranger Force. Ebenso in Luftlande- wie Bodenoperationen geschult, hat die Einheit im Libanon seit der israelischen Invasion 1982 zahlreiche Langstreckenpatrouillen durchgeführt. Schauplatz ihrer berühmtesten Mission war der Flughafen des ugandischen Entebbe, wo sie die Sayeret Mat'kal bei der Befreiung von 103 jüdischen und israelischen Geiseln unterstützte. Bei dieser Operation war die Sayeret T'zanhanim dafür verantwortlich, den Flughafen gegen einen möglichen Angriff der ugandischen Armee abzusichern und die Rollbahnen mit Leuchtfeuern zu bestücken, da die C-130 nicht durch Positionslichter geleitet werden konnten.

Waffen

Die Sayeret verwenden folgende Waffen: die Sturmgewehre Galil, IMI Tavor CTAR 21, IMI Tavor MTAR, M16, AK-47 und Colt Commando, Karabiner Colt M4, Maschinenpistole Mini UZI, leichtes Maschinengewehr M249 SAW, mittleres Maschinengewehr FN MAG, schweres Maschinengewehr Browning M2 .50, Granatwerfer M203 sowie Panzerabwehrraketen-System Gill/Spike.

Während der Operation „Law and Order" vernichtete die Sayeret T'zanhanim eine Terrorzelle der schiitischen Hisbollah. Bei dieser Aktion kamen Granatwerfer, Maschinengewehre .50 und LAW-Raketen zum Einsatz. Es gab Dutzende Verwundeter; mehr als 50 Terroristen, zwei eigene Offiziere und ein Unteroffizier wurden getötet.

Nur 24 Prozent der Bewerber überstehen die dreitägige Auslesephase (Gibusch), in der das mentale und physische Durchhaltevermögen der Rekruten auf eine harte Probe gestellt wird. Dem folgt der strapaziöse „Barettmarsch" (Masaa Kumta) – ein Gewaltmarsch von 90 km Länge in voller Montur durch unwegsames Gelände.

ITA ITALIEN

Gruppo Intervento Speciale (GIS)

Als eine der unzähligen, in den 1970er Jahren überall in Europa gebildeten Anti-Terror-Einheiten ist die GIS eine der weltweit aktivsten Gruppen für die Terrorbekämpfung.

Die 1978 formierte Gruppo Intervento Speziale (GIS) ist eine der aktivsten Anti-Terror-Einheiten überhaupt. Aus nur 100 gut ausgebildeten Ex-Carabinieris bestehend, ist die GIS nahezu ständig in Operationen gegen die sizilianische Mafia, die Roten Brigaden und andere italienische und internationale kriminelle Organisationen involviert. Fast 40 Prozent der Bewerber scheitern bereits an der Aufnahmeprüfung, die neben umfassenden Sicherheitschecks sowie medizinischen und psychologischen Tests auch eine intensive Vernehmung durch höhere GIS-Offiziere beinhaltet.

Der Aufnahmeprüfung schließt sich ein zweiwöchiges Auswahlverfahren an, gefolgt von einem Zehnmonatskurs in Hochgeschwindigkeitsfahren (auf der Teststrecke von Ferrari), Gefechtsschießen und Nahkampf. Einer

Rechts: GIS-Operator mit Scharfschützengewehr Barrett M82 .50.

ihrer wenigen öffentlichen Einsätze fand im Mai 1997 statt, als die GIS vor den Augen von Millionen Fernsehzuschauern den 99 m hohen Campanile am Markusplatz in Venedig stürmte. Dieser war von zehn italienischen Separatisten besetzt worden. Mithilfe von Hubschraubern und Bodentruppen konnten die Besetzer im Rahmen einer spektakulären Aktion schließlich durch die GIS entfernt werden.

Die GIS verwendet folgende Waffen: Maschinenpistole HK MP5, Sturmgewehr Beretta SC70/90 5,56 mm, Scharfschützengewehre HK PSG-1, Mauser SP86 7,62 mm und Barrett M82 .50, Selbstladeflinten Franchi SPAS 12 und 15 Kal. 12, Revolver .357 Magnum und Pistole Beretta 92 SB.

JOR JORDANIEN

Special Operations Unit – SOU 17

Als Elite innerhalb der Elite ist die Anti-Terror-Einheit SOU 17 Teil der 1971 gebildeten jordanischen Spezialbrigade. Durch die zuletzt intensivierten Beziehungen zu Israel nehmen die Terroraktivitäten auf jordanischem Boden ständig zu. Jordanische Spezialeinheiten trainieren gemeinsam mit Spezialkommandos der USA, dem britischen SAS und der französischen GIGN.

Jordaniens bedeutendste Anti-Terror-Einheit, die SOU 17, ist der 1971 formierten Spezialbrigade angegliedert. Das haschemitische Königreich Jordanien kann sich in puncto Ausbildungsstand und Motivation einer der besten Armeen des Nahen Ostens rühmen. Und seine Spezialeinheiten verkörpern die Besten der Besten in der Königlich-Jordanischen Armee. Ihre Geschichte begann 1963, als man aus loyalen Beduinen, die sich für eine Fallschirmjägerausbildung gemeldet hatten, einen Trupp von Kompaniestärke zusammenstellte. Die Einheit erreichte Bataillonsstärke (rund 700 Mann) und wurde dem Royal Jordanian Special Operations Command (SOC) unterstellt.

Das SOC war 1970 in Wachdat und Amman wiederholt gegen palästinensische Guerillas („Schwarzer September") aktiv und konnte sich im Kampf auszeichnen. Anfang der 1970er Jahre fand sich auch die neu entstandene Spezialbrigade in Zusammenstöße mit den palästinensischen Guerillas verwickelt und konnte einige Anschläge vereiteln.

Die in den letzten Jahren erfolgte Annäherung an Israel hat vor allem jene Jordanier verärgert und beunruhigt, die mit dem Anliegen der Palästinenser sympathisieren. Dies führte zu einer massiven Zunahme der landesweiten Anti-Terror-Operationen seitens der SOU 17 und anderer Einheiten der Spezialbrigade, die bei den Palästinensern sehr gefürchtet sind.

Die SOU 17 trainiert gemeinsam mit diversen anderen Anti-Terror-Einheiten wie dem britischen SAS, der französischen GIGN, der ägyptischen Task Force 777 und der US 1st SOF. Die Ausbildung umfasst Scharfschießen, Sprengungen, Luftlandeaktionen per Helikopter und Nahkampf.

Folgende Waffen werden von der SOU 17 verwendet: Maschinenpistole HK MP5, Sturmgewehr M16 A2, Granatwerfer M203, Karabiner Colt M4, Pistole Browning HP und Maschinengewehr M60.

Rechts: Das am 31. Dezember 2001 entstandene Foto zeigt das Eintreffen einer Vorhut aus 45 jordanischen Elitesoldaten im afghanischen Mazar-el-Sharif zur Absicherung ihres zivilen Feldlazaretts.

Die Kampfanzüge der jordanischen Spezialeinheiten sind Abwandlungen des britischen DPM- und des amerikanischen Waldmuster-Tarnanzugs, während die Anti-Terror-Einheiten dunkelblaue Kampfanzüge tragen.

Unten: Festnahme eines mutmaßlichen Terroristen am 25. Mai 1998 in Amman nach der Ermordung von elf Menschen.

JPN JAPAN

Special Assault Team (SAT)

Mit der Bildung einer Spezialeinheit reagierte Japan auf die in den frühen 1990er Jahren erfolgten Terrorangriffe. Das SAT ist Teil der japanischen Polizei, da das Land seit dem Zweiten Weltkrieg per Verfassung keine aggressive Militärtruppe unterhalten darf.

Das Special Assault Team (SAT) entstand im April 1996. Einige Terrorakte wurden von der japanischen Roten Armee verübt, doch für den verheerendsten Angriff zeichnete die Aum-Sekte verantwortlich: Durch die Freisetzung des Giftgases Sarin in der Tokioter U-Bahn kamen 1995 zwölf Menschen ums Leben, bei über 5500 Verletzen. Aus Furcht vor weiteren Attentaten entschloss sich die japanische Regierung, rasch zu handeln und in jeder der sieben Präfekturen einen SAT-Zug aufzustellen.

Das SAT umfasst insgesamt zehn Züge mit je 20 Operatoren und besitzt somit eine Einsatzstärke von 200 Mann. Wenngleich außerhalb Japans wenig über das SAT und sein Potenzial bekannt ist, gilt es als gut ausgebildet und ausgerüstet; auch weiß man von gemeinsamem Training und Erfahrungsaustausch (Crosstraining) mit der französischen GIGN. Der bisher größte Einsatz des SAT war die Fußball-Weltmeisterschaft, die 2002 gemeinsam von Japan und Südkorea ausgerichtet wurde. Bei diesem Topereignis leistete man den verschiedenen Teams und ihren hochrangigen Besuchern Personenschutz, da man so kurz nach dem 11. September 2001 besonders um die Sicherheit der Gäste besorgt war.

KOR SÜDKOREA

707th Special Missions Battalion (SMB)

Das 707th Special Missions Battalion ist Südkoreas bedeutendste Anti-Terror-Einheit. Die sehr großzügig bezuschusste Truppe hat Zugang zu einigen der besten verfügbaren Waffen und Ausrüstungen und trainiert regelmäßig mit dem australischen SASR und den US Special Forces.

Stationiert in Songham-Stadt südöstlich von Seoul, ist das 707th Special Missions Battalion (SMB) die hochkarätigste Anti-Terror-Einheit Südkoreas. Als Teil des Kommandos für besondere Kriegsführung (ROKA SOCOM) wurde die Einheit 1972 nach der Ermordung israelischer Athleten bei der Münchener Olympiade formiert und besitzt heute eine operative Stärke von rund 250 Soldaten. Um ein Maximum an Effizienz zu erzielen, ist die Einheit in sechs Kompanien gegliedert; zwei von ihnen sind unmittelbar für Anti-Terror-Operationen zuständig.

Jede dieser beiden Kampfkompanien besteht aus vier Operationsteams mit je 14 Mitgliedern, die durch weitere Experten etwa für Sprengmittel oder Sanitätswesen unterstützt werden. Für Überwachungszwecke und verdeckte Operationen ist überdies ein weibliches Team vorgesehen. In der von Männern dominierten koreanischen Gesellschaft können Frauen sehr wirkungsvoll sein, da sie meist nicht als Bedrohung wahrgenommen werden. Und in Krisensituationen können sich Frauen beispielsweise einem entführten Flugzeug nähern oder gar an Bord gehen, ohne dass Unruhe entsteht.

Die größte Gefahr für das Land verkörpert sein nordkoreanischer Nachbar, der des Öfteren heimliche Vorstöße bis weit ins Landesinnere durchführt – mit dem Ziel, die südkoreanische Regierung zu destabilisieren und einzuschüchtern. In diverse Feuergefechte mit nordkoreanischen Agenten verwickelt, hat das 707th SMB in Nordkorea gegen wichtige Geheimdienstzentren und Militäranlagen operiert, um weiteren Übergriffen vorzubeugen. Während der Asiatischen Spiele 1986, der Sommerolympiade 1988 in Seoul und der Fußball-WM 2002, die allesamt ein hohes Gefährdungspotenzial hatten, sorgte das 707th SMB für den Schutz von VIPs und diversen Schlüsseleinrichtungen.

Die Hürden für eine Aufnahme in das 707th SMB sind hoch, denn ausschließlich qualifizierte Mitglieder anderer Spezialeinheiten sind als Bewerber zugelassen. Die Kandidaten müssen sich einer intensiven Durchleuchtung ihres Lebenslaufs unterziehen und ein strapaziöses zehntägiges

Rechts: Eine Katastrophenschutzübung in einer U-Bahn-Station in Seoul am 15. November 2001.

Links: Mitglied des Ranger-Kommandos während einer Anti-Terror-Übung am 6. März 2002 im WM-Stadion von Seoul.

Ausleseverfahren bestehen, was denn auch fast 90 Prozent der Bewerber nicht gelingt.

Die eigentliche Ausbildung dauert ein Jahr und besteht aus je sechs Monaten Infanterie-Grundausbildung und Spezialtraining mit Fallschirmspringen, Kampfsport, Abseilen, Gebirgskampf, Nahkampf und Sprengtechniken. Wer sich zum Operator qualifiziert hat, darf auf ein hartes Aufbautraining gefasst sein, etwa auf das Schwimmen in eiskaltem Wasser ohne Schutzanzug oder auf Langläufe mit schwerem Gepäck. Neumitglieder werden zudem im Gerätetauchen und im Umgang mit Booten geschult, da ein Großteil der Tätigkeit auf dem oder am Wasser stattfindet.

Das 707th SMB besitzt eines der weltweit bestausgestatteten Übungsgelände – mit dem 1:1 großen Modell einer Boeing 747, zahlreichen Schießständen und einem Nahkampfgelände.

Die Truppe kooperiert eng mit anderen südkoreanischen Spezialkräften sowie polizeilichen Anti-Terror-Einheiten. Außerdem unterhält man internationale Kontakte zu vergleichbaren Einheiten wie der Tactical Assault Group (TAG) des australischen SASR, Singapurs STAR-Team, Hongkongs SDU, dem 1st SFOD-D der US Army und den SEAL-Teams der US Navy.

Das 707th SMB verfügt über reiche Finanzmittel und hat somit Zugang zu einer breiten Palette von Waffen wie: Maschinenpistole HK MP5, Scharfschützengewehr HK PSG-1, Langstrecken-Scharfschützengewehr RAI .50, Sturmgewehre Daewoo K1 und K2, Flinte Benelli Super-90, Pistole Colt .45 und Pistole Daewoo 9 mm. Verwendet werden überdies die Maschinengewehre mit Gurtzuführung M60E3 und K3, Granatwerfer M203 und das britische Lenkwaffensystem Javelin.

Darüber hinaus muss jedes Mitglied im Taekwondo oder einer vergleichbaren Kampfsportart das dem schwarzen Gürtel entsprechende Niveau erreichen.

Die Uniform besteht aus einem schwarzen Barett mit silbernem Emblem und dem Standardtarnanzug der südkoreanischen Armee.

Rechts: Südkoreanische Kommandos am 21. Mai 2002 bei der Suche nach möglichen Bomben an den Straßenbrücken über dem Han-Fluss unweit des WM-Stadions von Seoul.

LBN LIBANON
101. Fallschirmjäger-Kompanie

Die libanesischen Spezialeinheiten sind vorrangig mit der Terrorbekämpfung beauftragt und unternehmen fortdauernd Aktionen gegen terroristische Splittergruppen wie die Hisbollah-Milizen. Die 101. Fallschirmjäger-Kompanie erhält umfassende Ausbildung und Ressourcen von den USA, Großbritannien und Israel.

Die libanesischen Streitkräfte verfügen über diverse Spezialeinheiten, die großteils für Luftlandemanöver ausgebildet und modern ausgerüstet sind. Bedeutendste Spezialeinheit ist die von Israel trainierte und für die Rebellenbekämpfung und innere Sicherheit zuständige 101. Fallschirmjäger-Kompanie. Gemäß dem Taif-Abkommen von 1989 erhielt der Libanon umfassende militärische Ausbildung und Ausrüstung von den USA, Großbritannien und Israel, wodurch das Land in kürzester Zeit vom Bürgerkrieg zu einem Status relativer Stabilität finden konnte. Israel arbeitete sehr eng mit einigen libanesischen Spezialeinheiten zusammen, da man einen gemeinsamen Feind hat: die Palästinensische Befreiungsfront PLO. Eine dieser Einheiten, die Roten Barette, wurde 1997 erfolgreich gegen Hisbollah-Guerillas im von Syrien kontrollierten Beka'a-Tal eingesetzt. Die Geschichte der libanesischen Spezialeinheiten beginnt bereits in den 1920er Jahren, als die Franzosen in Syrien und Libanon die „Troupes spéciales du Levant" aufstellten. Anfang der 1950er Jahre entstand das erste Kommandobataillon, das sich allerdings während des Bürgerkriegs wegen interner Konflikte auflöste. Nachdem diese Probleme gelöst waren, half Israel bei der Aufstellung der 101. Fallschirmjäger-Kompanie. Ihre Aufnahme- und Trainingsstandards sind vergleichbar mit jenen der israelischen Fallschirmjäger, von denen sie auch ausgebildet werden.

Die 101. Fallschirmjäger-Kompanie verwendet folgende Waffen: Sturmgewehre AK-47, AK-74, M16 und Colt Commando, Maschinenpistole HK MP5, Pistole Browning HP und Maschinengewehr M60.

Oben: Libanesische Spezialkräfte üben das Entern eines Schiffes vor Beirut am 19. März 2002 im Vorfeld des arabischen Gipfels vom 27. und 28. März 2002.

Links: Libanesischer Kommandosaldat während einer Feuerkraftdemonstration für den jordanischen König Abdullah.

LBY LIBYEN
Republikanische Garde

Libyens Republikanische Garde lässt sich noch am ehesten als Spezialeinheit bezeichnen. Sie wurde mithilfe russischer Spetsnaz-Ausbilder aufgestellt und ausgebildet, doch über Fähigkeiten und Potenzial ist ebenso wenig bekannt wie über ihre Operationen.

Die Republikanische Garde ist Libyens wichtigste Spezialeinheit. Libyen besitzt im eigentlichen Sinne keine Anti-Terror-Truppe. Terroristische Gruppen wie die IRA und PLO haben das Land als Trainingslager benutzt und sahen in Libyen bisher einen Freund und nicht etwa einen Feind. Doch dies könnte sich in Zukunft ändern.

Libyen hat inzwischen zugegeben, dass das Bombenattentat vom Dezember 1988 über dem schottischen Lockerbie, bei dem Hunderte ums Leben kamen, von seinen eigenen Agenten durchgeführt wurde, und den Hinterbliebenen eine finanzielle Entschädigung angeboten. Im Westen wird dies vielfach jedoch weniger als Akt guten Willens gewertet, sondern eher als Versuch, die internationalen Wirtschaftssanktionen zu lockern. Die Aufhebung der Sanktionen ist an Bedingungen geknüpft und setzt vor allem die sofortige Abkehr von der weltweiten Unterstützung von Terrororganisationen voraus.

Sollte Libyen sich dem beugen, wird dies bei den einstigen terroristischen Freunden nicht auf Gegenliebe stoßen, weshalb mit Terrorattacken auf libysche Bürger oder Organisationen zu rechnen wäre. Für diesen Eventualfall verfügt das Land über rund 19 kommandoartige Bataillone, zuzüglich der in Brigadestärke operierenden Republikanischen Garde.

Man darf annehmen, dass der Ausbildungsplan der Republikanischen Garde folgende Disziplinen umfasst: Rebellenbekämpfung, Sabotage, Personenschutz, Geiselbefreiung sowie tiefe, massierte Vorstöße in russischem Stil. Libyen ist verzweifelt bemüht, seine Außenseiterrolle abzulegen und hat kürzlich mit seinem Öl eine ansehnliche Menge westlicher Waffen und Ausrüstungen eingekauft. Im Westen hegt man eigene Pläne für Libyen, das man als strategisch günstigen Standort für eine US Forward Operations Base (FOB) ansieht.

Die Republikanische Garde verwendet folgende Waffen: Sturmgewehre AK-74 und AK-47, leichtes Maschinengewehr RPK, mittleres Maschinengewehr Typ 74 und den tragbaren Granatwerfer RPG-7, der auch gegen tief fliegende Hubschrauber eingesetzt werden kann.

MAR MAROKKO
Königliche Garde

Als ehemals französische Kolonie besitzt Marokko mit der Königlichen Garde eine Spezialeinheit, die stark von der französischen Armee beeinflusst ist. Die Einheit kämpfte 1973 im Jom-Kippur-Krieg an der Seite von Syrien gegen Israel.

Die Königliche Garde entstand in Reaktion auf das Bedürfnis nach einer gut ausgebildeten, rasch einsetzbaren Einheit. Sie besteht aus einem Grenadierbataillon und zwei Kavallerieschwadronen für Aufklärung und leicht bewaffnete Vorstöße. Bis 1956 dienten viele marokkanische Soldaten in der französischen Armee, dieser von Generation zu Generation weitergegebene Einfluss ist in Streitkräften und Spezialeinheiten auch heute noch spürbar.

Derzeit verfügt Marokko über zwei Fallschirmjägerbrigaden und sechs Kommandobataillone sowie diverse spezialisierte Unterstützungstrupps.

Im Jom-Kippur-Krieg von 1973 kämpften marokkanische Fallschirmjäger unter syrischem Kommando rund um den Hermon-Berg (Golanhöhen) gegen die Israelis. Marokkanische Spezialeinheiten lieferten sich 1976 Gefechte mit mauretanischen Kräften in der Westsahara und mit der Polisario bei Bir Enzaran.

Darüber hinaus wurden marokkanische Kommandoeinheiten 1977 für eine umfassende Operation in die DR Kongo entsandt.

NLD NIEDERLANDE
Bijzondere Bijstands Eenheid (BBE)

Die Anti-Terror-Einheit der Niederlande besteht aus Freiwilligen der königlich-niederländischen Marineinfanterie. Ihre berühmteste Operation war 1977 die Befreiung von 200 Geiseln aus der Gewalt von Terroristen.

Bei der niederländischen Anti-Terror-Einheit Bijzondere Bijstands Eenheid (BBE) handelt es sich um eine Ad-hoc-Truppe, die nur bei terrorbedingten Ereignissen zusammenkommt. Sie besteht aus rund 100 Freiwilligen der elitären Königlich-Niederländischen Marineinfanterie und gliedert sich in drei Züge, die allesamt mit Spezialisten in diversen Bereichen ausgestattet und wiederum in Fünf-Mann-Teams aufgeteilt sind. Bewerber müssen einen 48-wöchigen Intensivkurs absolvieren, bevor sie in diese kleine, doch höchst professionelle Truppe aufgenommen werden.

Die BBE kann überdies kurzfristig auf eine Gruppe von Psychologen zurückgreifen, die auf Verhandlungen bei Geiselnahmen spezialisiert sind. Ihr erster von zahlreichen Einsätzen erfolgte im Oktober 1974, als man nach einer Revolte durch internierte palästinensische Terroristen die Kontrolle über das Gefängnis von Scheveningen wiedererlangen konnte. Obwohl die Terroristen bewaffnet waren, beschränkte sich die BBE auf Blendgranaten und den Einsatz der bloßen Hände.

Die berühmteste Operation der BBE fand indes am 11. Juni 1977 statt, nachdem eine Gruppe von Südmolukkern mehr als 200 Geiseln genommen hatte, die sie in einem Zug und einem Schulgebäude gefangen hielten. Die BBE veranstaltete ein spektakuläres Ablenkmanöver – zwei Starfighter F-104 näherten sich dem Zug im Tiefflug mit Schallgeschwindigkeit, wobei der Überschallknall die Geiselnehmer irritierte –, während sie gleichzeitig Zug und Schule stürmte. Beim Angriff auf den Zug wurde die BBE vom britischen SAS unterstützt und tötete sechs Terroristen und unglücklicherweise auch zwei Geiseln, bevor sie die übrigen Festgehaltenen befreien konnte.

Anfang der 1990er Jahre wurden Teile der BBE an die Adria entsandt mit dem Auftrag, Schiffe zu durchsuchen, die das über Serbien verhängte Waffenembargo zu durchbrechen versuchten.

Folgende Waffen werden verwendet: Maschinenpistole HK MP5, Sturmgewehr HK G3, Scharfschützengewehr Steyr, Pistole SIG Sauer P-226 und Colt .357 Magnum.

Unten: Niederländische Spezialeinheiten üben das Eindringen in ein Gebäude. Um die Feuerkraft der Maschinenpistole HK MP5 zu erhöhen und rascher nachladen zu können, wurden zwei Magazine aneinander befestigt.

NOR NORWEGEN
7. Jägerkompanie (Finnmark)

Als Norwegische Elitetruppe besteht die 7. Jägerkompanie aus in arktischer Guerilla-Kriegsführung hervorragend ausgebildeten Experten. Zudem verfügt sie über die notwendigen Techniken, um in der Kälte zu überleben. Man weiß, dass sie eng mit den britischen Royal Marines zusammenarbeitet und auch gemeinsam mit ihnen trainiert.

Die 7. Jägerkompanie ist Teil des Finnmark-Regiments und spielt eine Schlüsselrolle in der norwegischen Verteidigungsstrategie. Dem kleine Norwegen schien, dass angesichts begrenzter militärischer Kapazitäten ein Guerillakrieg noch am ehesten das Überleben garantieren kann. So entstand die 7. Jägerkompanie.

Sie hat die Aufgabe, hinter den feindlichen Linien zu bleiben und dort mit Sabotage und Störmanövern für Unordnung zu sorgen. Ihr Hauptoperationsgebiet dürfte der waldreiche und fast acht Monate im Jahr unter einer Schneedecke liegende Norden des Landes sein, mithin ideal zum Tarnen und Verbergen der Truppe und ihrer Ausrüstung.

Die 7. Jägerkompanie gliedert sich in einen Kommando/Mörser-Zug und drei Schützen-Züge aus je drei Acht-Mann-Teams. Diese sehr mobilen Teams verwenden Langlaufskier und Yamaha-Schneemobile, um ihre Waffen und Ausrüstung in dem unwegsamen Gelände zu transportieren. Da man in der Lage sein muss, bis zu zwei Wochen ohne Nachschub und unabhängig voneinander zu operieren, besitzt die Truppe umfassende Fertigkeiten im Umgang mit Handfeuerwaffen, Sabotagetechniken, Kommunikation, Survival, Sanitätswesen, Aufklärung und Blitzattacken. Erforderlicher Nachschub kann bei der norwegischen Luftwaffe mit ihren Bell-412-Helikoptern angefordert werden.

Oben: Schützentrupp bei der Zielerfassung mit bloßem Auge während einer Übung in arktischer Kriegsführung. Optische Visiersysteme sind bei extremen Temperaturen beschlaganfällig.

Links: Ein norwegisches Carl-Gustav-Team bahnt sich während einer Übung in arktischer Kriegsführung seinen Weg durch den Pulverschnee.

Obwohl die 7. Jägerkompanie den Großteil ihres Trainings gemeinsam mit anderen norwegischen Einheiten absolviert, kooperiert sie außerdem sehr eng mit den ebenfalls in arktischer Kriegsführung versierten britischen Royal Marines.

Folgende Waffen werden verwendet: Sturmgewehr HK G3, Maschinenpistole HK MP5 und Scharfschützengewehr Vapensmia A/S NM-149. Schwere Waffen: schwere Panzerfaust Carl Gustav 84 mm, Granatwerfer 40 mm, Mörser 81 mm, Panzerabwehrraketensysteme ERYX und Stinger MANPADS. Luftunterstützung ist durch die F-16 der Luftwaffe jederzeit verfügbar.

NZL NEUSEELAND

New Zealand Special Air Service Squadron (NZSAS)

Das NZSAS, eine kleine Elitetruppe, besitzt viele Gemeinsamkeiten mit dem britischen SAS und dem australischen SASR, zu denen sie enge Kontakte unterhält. Die Einheit wurde seit ihrer Aufstellung im Jahr 1954 vielfach eingesetzt – zwischen 1968 und 1971 in Vietnam und zuletzt in Afghanistan.

Das 1st Special Air Service Squadron ist in Whenuapai stationiert und besteht nur aus fünf Zügen (120 Mann) plus Stab. Es handelt sich hier um eine kleine, doch hocheffiziente Einheit, die 1954 entstand, um in Malaya neben dem britischen SAS zu operieren. Nachdem sie sich dort auszeichnen konnte, wurde sie jedoch aufgelöst, wurde allerdings später in Zugstärke neu gebildet. Bemühungen um eine Aufstockung verliefen erfolglos, da das Verteidigungsministerium weiterhin eine kleine, durchtrainierte Truppe bevorzugte. Genehmigt wurde indes ein Fallschirmjägerkurs in Australien, bevor Neuseeland hierzu bei Auckland eine eigene Ausbildungsstätte gründete.

Im Jahr 1962 entsandte Neuseeland eine kleine Truppe von rund 35 Mann ins thailändische Korat, um die USA bei der Ausbildung der Thais in Guerillabekämpfung zu unterstützen. Ein Jahr später erfolgte die Umbenennung in 1st SAS Rangers Squadron, in Erinnerung an zwei Ranger-Trupps, die in den Maori-Kriegen eingesetzt worden waren. Als Nächstes kämpfte man 1965 in Brunei mit dem britischen SAS gegen indonesische Rebellen – eine unschätzbare Erfahrung, da man sich bald darauf in Vietnam wiederfinden sollte, um das australische SAS-Regiment im Kampf zu unterstützen. Dies war zugleich der letzte Krieg, an dem Neuseeland mit Kampftruppen teilnahm. Zwischen November 1968 und Februar 1971 wechselten sich die einzelnen Züge im jährlichen Zyklus ab, um ein Maximum an operativer Effizienz zu gewährleisten. Die Truppe erzielte in Vietnam große Erfolge und genoss auch bei ihrem nordvietnamesischen Gegner enormen Respekt für ihre Versiertheit im Dschungelkrieg.

Im Jahr 1978 erfolgte eine neuerliche Umbenennung vom 1st SAS Rangers Squadron in 1st SAS Squadron, mit Stützpunkt in Papakura. Australischer und neuseeländischer SAS verbanden sich 1991 erneut zu einem Armeekorps (ANZAC) innerhalb der alliierten Koalitionstruppen, die im ersten Golfkrieg gegen den Irak kämpften.

Nach dem 11. September 2001 wurden Teile des 1st SAS Squadron nach Afghanistan entsandt, um die gegen Al Quaida und die Taliban vorgehenden Einheiten von australischem SASR und britischem SAS zu unterstützen. Die „Kiwis“ wurden für ihre harte Arbeit in Afghanistan von den USA hoch gelobt, wenngleich ihre eigene Regierung heftig kritisiert wurde, diese langwierige und schwierige Operation nur unzureichend finanziert zu haben.

Neuseeland gibt sich bezüglich seines SAS Squadron sehr schweigsam und weigert sich, über Ausbildung und Einsatzpotenzial Auskunft zu geben. Vermutlich können jedoch folgende Missionen durchgeführt werden: Anti-Terror-Aktionen, Fernaufklärung, Rebellenbekämpfung, Sabotage, Geiselbefreiung und Blitzangriffe.

Die Auswahlkriterien und Trainingsvoraussetzungen des neuseeländischen SAS sind nicht minder anspruchsvoll wie bei ihren australischen und britischen Pendants, zumal alljährlich nur wenige Planstellen frei sind. Daher bevorzugen es viele der besseren Kandidaten, nach Möglichkeit direkt in den britischen SAS zu kommen oder einen Austauschposten zu beantragen. Neben dem gemeinsamen Training mit den Briten und Australiern übt das 1st SAS Squadron auch zusammen mit diversen Elitetruppen aus asiatischen Ländern wie Indonesien, Thailand und Singapur.

Uniform und Waffen

Die Soldaten des 1st SAS Squadron tragen Uniformen und Kampfanzüge, die sich stark an denen des britischen SAS-Regiments orientieren, einschließlich dem berühmten sandfarbenen Barett.

Vom 1st SAS Squadron bevorzugte Waffen sind: Sturmgewehr M16A2 mit Granatwerfer M203, leichtes Maschinengewehr M249 Minimi, Maschinenpistole HK MP5, Scharfschützengewehr HK PSG-1, SLR FN 7,62 mm sowie Repetierflinte Remington M870.

PAK PAKISTAN
Special Services Group (Army) – SSG (A)

Als pakistanische Spezialeinheit ist die SSG (A) für Kommandooperationen hinter den feindlichen Linien zuständig und in Guerillataktiken geschult.

Pakistans Special Services Group, oder kurz SSG (A), besteht aus drei Bataillonen und einer unabhängigen Anti-Terror-Kompanie. Primäre Aufgabe ist die Unterstützung konventioneller Einheiten bei Kommandounternehmen hinter den feindlichen Linien und Nachrichtendienst bei der Niederschlagung von Aufständen. Vermutlich trainiert man auch Guerillatrupps für Operationen in Indien und Afghanistan, was allerdings bestritten wird. Die SSG (A) erhält ihre Missionen nicht von der Armee, sondern von allen drei pakistanischen Nachrichtendiensten: der Military Intelligence (MI), dem Direktorat der Inter-Services Intelligence (ISI) und dem Intelligence Bureau (IB).

Verwendete Waffen: Maschinenpistole HK MP5, Repetierflinte Remington M870 und Pistole Glock 17.

Überdies beherrschen sämtliche SSG-Operatoren den unbewaffneten Zweikampf und diverse Kampfsportarten.

Oben: SSG-Soldaten bei einer Parade vor hochrangigen Militärs in der pakistanischen Hauptstadt Islamabad.

PHL PHILIPPINEN
Special Forces Regiment (Airborne) – SFR

Als wichtigste philippinische Spezialeinheit war das 1962 gegründete SFR noch nie in größere konventionelle Kriegshandlungen verwickelt, wird jedoch immer wieder gegen aufständische Guerillas, Piraten und in jüngerer Vergangenheit auch gegen Terroristen im Dunstkreis von Al Quaida eingesetzt.

Aufgaben des Special Forces Regiment (Airborne) sind unkonventionelle Kriegsführung, Rebellenbekämpfung und Anti-Terror-Operationen. Die Geschichte des SFR reicht zurück ins Jahr 1962, als man eine erste Spezialeinheit formierte, nachdem die USA ihre militärische Unterstützung kurz zuvor eingestellt hatten. Die als Bürgerwehr und zur Bekämpfung von Aufständischen vorgesehene Einheit wuchs rasch, bis klar wurde, dass sie für die ihr zugeteilten Aufgaben einfach zu groß war. Sie erhielt die neue, treffendere Bezeichnung Home Defense Forces Group (Airborne).

Während die Einheit ihre eigentlichen Kernfertigkeiten, darunter auch Gerätetauchen und HALO-Fallschirmtechnik, weiterentwickelte, erlitt sie einen schweren Rückschlag, da sie fast 70 Prozent ihrer Truppen für eine Friedensmission in Vietnam abstellen musste.

Ab 1973 expandierte die Einheit erneut, bis sie eine operative Stärke von fünf Kampfkompanien und einer

Rechts: Philippinische Spezialkräfte bei der Bewachung der US-Botschaft in Manila während einer Demonstration gegen die Präsenz von 1000 US-Soldaten im Süden der Philippinen.

Stabskompanie erreichte und ihren ursprünglichen Namen, Special Forces Group (Airborne), wieder annahm. Am 16. November 1989 erfolgte eine neuerliche Umbenennung in Special Forces Regiment (Airborne), das dem Special Operations Command, PA, unterstellt wurde.

Nach offizieller Auskunft des SOC hat das SFR die Aufgabe, einheimische paramilitärische Kräfte zu entwickeln, zu organisieren, zu trainieren, auszurüsten, zu befehligen und zu kontrollieren; mobile Trainingsteams (MTT) bereitzustellen, um Führungsoffiziere konventioneller Verbände beim Aufstellen paramilitärischer Truppen zu unterweisen und zu beraten; zu verhindern, dass der Feind Zugang, Einfluss und Kontrolle über ein strategisch bedeutendes Gebiet erlangt; psychologische Kriegsführung, zivile Operationen und humanitäre Hilfeleistung vorzunehmen; Angriffe durch Spezialverbände oder gemeinsam mit einheimischen Truppen zu organisieren; den Luftraum im Vorfeld von Flugeinsätzen zu kontrollieren; Sabotageakte, den Sturz oder die Entführung ausgewählter Personen sowie Such- und Bergungsoperationen vorzunehmen.

Das SFR war noch nie in einen konventionellen Krieg mit einem anderen Land verwickelt, wohl aber in zahlreiche Scharmützel mit aufständischen Guerillas und Piraten, die es auf ausländische Touristen abgesehen hatten. Nach dem 11. September 2001 haben SFR und US-Spezialeinheiten umfassende Operationen gegen lokale Guerillatruppen wie auch gegen aus Afghanistan geflohene Al-Quaida-Terroristen durchgeführt.

Verwendete Waffen: Sturmgewehre M16A2 und Colt Commando, Maschinenpistole HK MP5, Repetierflinte Remington M870, leichte Maschinengewehre Ultimax und M249 SAW, Maschinengewehr M60, Granatwerfer M203, Mörser 81 mm und schweres Maschinengewehr Browning M2 .50.

Links: Philippinische Anti-Terror-Einheit mit beeindruckendem Waffenarsenal während einer Parade am Jahrestag der Aktivierung des Special Operations Command (SOCOM) der philippinischen Armee.

PRT PORTUGAL
Grupo de Operações Especiais (GOE)

Als bedeutendste Spezialeinheit Portugals besitzt die 1979 formierte GOE eine ähnliche Struktur und Vorgehensweise wie der britische SAS. Der Aufnahme in diese „Gruppe für Spezialoperationen" geht eine lange und harte Trainingsphase voraus.

Die portugiesische Grupo de Operações Especiais (GOE) entstand im Dezember 1979 als Reaktion auf den Terrorangriff auf die israelischen Athleten während der Olympiade 1972 in München. Die GOE unterhält enge Kontakte zum britischen SAS, und seine 150 Operatoren sind auch ganz ähnlich organisiert.

Im Vorfeld der extrem anspruchsvollen Ausbildung müssen die Bewerber einen überaus harten, achtmonatigen Trainingskurs bestehen. Behandelte Themen sind: Erstürmen röhrenförmiger Strukturen (also von Flugzeugen, Zügen oder Bussen), Hausräumung, maritime Operationen und Personenschutz.

Der bisher einzige Einsatz der GOE wurde notwendig, nachdem eine Gruppe von Terroristen die türkische Botschaft in Lissabon besetzt hatte. Bevor die GOE eingreifen konnte, hatten sich die Terroristen mitsamt zweier Geiseln jedoch bereits in die Luft gesprengt.

Die GOE verwendet folgende Waffen: Maschinenpistole HK MP5, Schrotflinte HK 502 Kal. 12, Scharfschützengewehre HK PSG-1 und Galil 7,62 mm sowie Pistolen Browning, SIG Sauer und Glock.

Von der GOE eingesetzte Fahrzeuge sind: modifizierte Range Rover und Mercedes Benz (markiert oder neutral) mit Plattformen und Seilwinden zum gefahrloseren und rascheren Erstürmen von Flugzeugen und Gebäuden.

Unten: Portugiesische Spezialkräfte bei einer Parade in Lissabon.

RUS RUSSLAND
Spetsnaz

Die Spetsnaz war auf dem Höhepunkt des Kalten Krieges die gefürchtetste Spezialeinheit des Ostblocks. Als Experten für Sabotage und Aufklärung sollte sie ursprünglich dem Großangriff der Sowjets auf Westeuropa den Weg ebnen. Nach dem Zusammenbruch der Sowjetunion wurde die Einheit nach Vorbild der US Delta Force und britischem SAS umstrukturiert.

Mitten im Kalten Krieg reichte schon der Name Spetsnaz aus, um das westliche Militär schaudern zu lassen. Der Name dieser unbekannten, geheimen Einheit leitet sich vom russischen *spetsialnoe naznachenie* (besonderer Zweck) ab und ist die gebräuchlichste Bezeichnung für die russischen Spezialkräfte.

Die Spetsnaz operiert unter dem Kommando des Direktorats Hauptaufklärung des Generalstabs (Glavnoe Razvedyvatelnoe Upravlenie, GRU) und hat kein westliches Äquivalent. Ihre Hauptaufgabe besteht in dem, was die Russen als „Spezialaufklärung" *(spetsialnaya razvedka)* bezeichnen – definiert als Aufklärung mit dem Ziel, das politische, ökonomische und militärische Potenzial eines möglichen oder tatsächlichen Feindes zu untergraben. Hierzu zählt der Gewinn von Informationen über bedeutende wirtschaftliche und militärische Einrichtungen sowie deren Zerstörung oder Deaktivierung, die Durchführung von Sabotageakten, Strafkommandos gegen Rebellen, Propaganda-Aktionen sowie das Aufstellen und Ausbilden von Trupps aus Aufständischen.

Allgemein formuliert ist die Spetsnaz vor allem mit Sabotage und Aufklärung beauftragt, wenngleich be-

Rechts: Spetsnaz-Soldaten beim Üben hubschraubergestützter Luftlandetechniken (hier mit dem russischen Transporthubschrauber Mil-8 Hip). Der Mann am Boden hat das Seil geerdet, damit es sich durch die Reibungsenergie nicht statisch auflädt.

Auswahl und Training

An die Bewerber werden höchste Ansprüche gestellt. Potenzielle Rekruten müssen sich als körperlich fit, intelligent und politisch zuverlässig erweisen, um als Spetsnaz-Kandidaten überhaupt in Betracht zu kommen. Wer diese erste Hürde gemeistert hat, muss einen Treueeid unterzeichnen, in dem er bestätigt, dass ihm die Verhängung der Todesstrafe bei Verrat an der Spetsnaz bewusst ist. Die Einführungsphase endet mit der Auswahl geeigneter Kandidaten für die sechsmonatige Ausbildung zum Unteroffizier.

Neben der militärischen Grundausbildung erhalten alle Rekruten eine Spezialausbildung im unbewaffneten Nahkampf, lautlosen Töten, Fallschirmspringen (einschließlich HALO), Infiltration (mit Deaktivieren von Alarmanlagen und Verriegelungen), Sabotage, Sprengungen, Fremdsprachen, Survival, Abseilen, Präzisionsschießen, Aufklärung, Kartenlesen, Fremdwaffen, Fremdfahrzeugen sowie feindlichen Taktiken, Techniken und Prozeduren.

Während der Ausbildung stehen Hindernisläufe und Gewaltmärsche auf dem Programm, nicht selten in voller ABC-Schutzmontur einschließlich Gasmaske. Das körperliche Training ist meist überaus hart, und nicht selten werden den Rekruten Rationen vorenthalten, so dass sie sich selber etwas Essbares beschaffen müssen. Gleichzeitig jedoch bietet sich den Rekruten die Chance, als Mitglieder des russischen Olympiateams ins Ausland zu reisen und gut zu speisen und zu leben, während sie sich etwa im Bergsteigen oder Skifahren üben. Nach Abschluss der Spezialausbildung stehen eine Reihe von höchst anspruchsvollen Gefechtsübungen auf dem Lehrplan. Diese finden in sehr realistischen Umgebungen statt – etwa auf nachgebauten Cruise-missile-Basen und Flugplätzen oder Kommunikationseinrichtungen der NATO – und beinhalten den Einsatz von Sprengstoff und scharfer Munition.

kannt ist, dass sie in Afrika und Kuba Rebellen ausgebildet hat. Im Kalten Krieg bezeichnete man ihre Hauptaufgabe als „ablenkende Aufklärung“ *(diversiya razvedka);* im Wesentlichen bedeutete dies die Durchführung von Sabotageoperationen gegen lebenswichtige westliche Einrichtungen wie Cruise-missile-Standorte und Brücken im Vorfeld der Hauptangriffstruppen. Weitere denkbare Aufgaben waren das Verminen wahrscheinlicher Panzerrouten, das Töten von NATO-Piloten in ihren Unterkünften, das Markieren geeigneter Landepunkte für Fallschirmjäger und Transporthubschrauber und die Ermordung hochrangiger NATO-Befehlshaber.

Auch wenn diese Praktiken nie gegen europäische Nationen zum Einsatz kamen, wurden zahlreiche Taktiken, Techniken und Prozeduren der Spetsnaz während der sowjetischen Invasion 1979 in Afghanistan unter realen Bedingungen erprobt, als Spets-

Unten: Spetsnaz-Experten für unbewaffneten Nahkampf bei der Demonstration von Nahkampftechniken für eine Jägereinheit in Afghanistan. Besonders bekannt ist die Spetsnaz für ihre Fähigkeit, Widersacher mit den Händen oder Füßen zu töten oder doch wenigstens unschädlich zu machen.

***Oben:* Junge Spetsnaz-Rekruten posieren mit ihren Kalaschnikow-Sturmgewehren AK-74 5,45 mm mit aufgepflanztem Bajonett für ein Foto während einer Trainingspause auf ihrem Stützpunkt bei Moskau.**

***Rechts:* Spetsnaz-Patrouille mit Sturmgewehr AK-74 5,45 mm beim Absichern der russisch-finnischen Grenze.**

naz-Einheiten den Invasionstruppen höchst erfolgreich den Weg bahnten.

Zum Training der Spetsnaz gehören diverse Arten des offenen oder verdeckten, bis zu 1000 km weiten Vordringens auf feindliches Territorium ohne Unterstützung. Obwohl ihre Hauptaufgabe darin besteht, Ziele für andere Truppen wie Fallschirmjäger, strategische Bomber oder Panzer zu lokalisieren, können sie bei Bedarf auch selber angreifen. Ziele sind mobile Abschussrampen, Cruise-missile-Basen, integrierte Luftverteidigungssysteme, Radaranlagen, Kommando- und Kontrolleinrichtungen, Flugplätze, Häfen und Verbindungslinien.

Ein Spetsnaz-Trupp besteht aus acht bis zehn Soldaten unter dem Kommando eines Offiziers. In jedem Team gibt es einen Spezialisten für Kommunikation, Aufklärung, Präzisionsschießen und Sprengmittel, wobei jedes Mitglied dafür ausgebildet ist, einen ausgefallenen Spezialisten zu ersetzen, damit die Mission weitergeführt werden kann.

Bekannte Spetsnaz-Einheiten

Razvedchiki – ein Bataillon mit zwei Kompanien für Luftlande- bzw. Fernaufklärungsoperationen.
Rejdoviki – eine Formation von Brigadestärke, die mit Aufklärungseinheiten in Bataillons- oder Kompaniestärke operiert.
Vysotniki – eine Formation von Brigadestärke, die bei SAS-artigen Missionen in kleinen Trupps aus elf Mann operiert.

Unten: Spetsnaz-Operatoren beim routinemäßigen Üben des Nahkampfs mithilfe der Hände, Füße oder jeder gerade verfügbaren Waffe.

Die modernen russischen Streitkräfte sind in operative Fronten mit je einer Spetsnaz-Brigade gegliedert. Jede Brigade besteht aus drei bis fünf Bataillonen und je einer Fernmelde-, Unterstützungs- und Stabskompanie; dies entspricht einer Kampfstärke von rund 1300 Mann mit 100 operativen Teams. Neben den Brigadeeinheiten verfügen die meisten russischen Teilstreitkräfte noch über weitere kompaniestarke Spetsnaz-Truppen aus 115 Mann oder 15 operativen Teams. Ähnlich wie eine Brigade aufgebaut, besteht jede Kompanie aus drei Spetsnaz-Zügen, einem Fernmeldezug und einer Unterstützungseinheit. Neben diesen angegliederten Spezialkräften gibt es noch diverse weitere Einheiten, die dem GRU und der Spetsnaz-Marinebrigade direkt unterstellt sind, womit die Spetsnaz in Friedenszeiten insgesamt rund 15 000 Mann umfasst.

Da die Spetsnaz meist weit hinter den feindlichen Linien operiert, ist sie mit einer eher kleinen Auswahl leichter Waffen ausgerüstet – typischerweise mit dem Sturmgewehr AK-74 oder AN-94, einer schallgedämpften 9-mm-Pistole, Munition, Messer und bis zu zehn Granaten. Zur Ausrüstung jedes Teams gehören ferner: Scharfschützenkarabiner SVD, Granatwerfer RPG-16, Gewehr-Granatwerfer, MANPADS SA-14, Plastiksprengstoff, Anti-Personen-Minen und Agentenfunk-

Oben: Brennendes Hindernis auf dem Übungsgelände Balaschikha nicht weit von Moskau.

gerät R-350M mit einer Reichweite von ca. 1000 km.

Da die Spetsnaz nur Erfolg haben kann, wenn sie gute nachrichtendienstliche Informationen besitzt, meldet sie direkt an das GRU und den für den Nachrichtendienst verantwortlichen Teil des Frontstabes mit seinen drei Abteilungen für die Verarbeitung von Geheiminformationen durch Agenten, Abhörposten und Spetsnaz – Quellen sind in der Regel so genannte

Rechts: Die russische Militärausbildung ist nicht nur streng, sondern im Vergleich zum Westen auch hart und grausam, wie man von den Gesichtern dieser Rekruten deutlich ablesen kann.

„Schläfer" sowie Operatoren, die beispielsweise als Lkw-Fahrer oder im Ausland aktive Sportler getarnt sind.

Seit Ende des Kalten Krieges hat sich im russischen Militär vieles verändert, so auch die Vorgehensweise der Spetsnaz-Einheiten in Europa. Ungeachtet der kritischen Finanzlage Russlands ist jedoch zu berücksichtigen, dass die Spetsnaz weiterhin großzügig finanziert wird und derzeit in puncto Ausbildung und Umrüstung darauf hinarbeitet, sich dem britischen SAS und der US Delta Force anzunähern.

Zurzeit trainiert werden „Röhrenarbeit", Terrorbekämpfung, Häuserkampf (basierend auf den Erfahrungen in Tschetschenien) sowie mobile (fahrzeuggestützte) Kriegsführung.

Links: Spetsnaz-Beobachtungsposten mit Laser-Entfernungsmesser.

SAU SAUDI-ARABIEN

Special Forces Brigade

Die saudische Special Forces Brigade wird seit dem Golfkrieg umfassend durch US-Truppen unterstützt und kann sich die allerbesten Waffen und Ausrüstungen leisten.

Die Special Forces Brigade besteht aus einem Luftlande- und einem luftbeweglichen Bataillon, im Verband mit drei im Fallschirmspringen geschulten Spezialkompanien und einem aus drei Bataillonen zusammengesetzten Regiment der Königlichen Garde – jede dieser Einheiten ist einem anderen Ministerium unterstellt. Die Special Forces Brigade wird von den USA intensiv in Form von Ausbildung und Beratung unterstützt, da Saudi-Arabien bei Operationen außerhalb des eigenen Territoriums nur wenig Erfahrung besitzt.

Zu den bekannten Operationen mit saudischer Beteiligung zählt die Invasion von Kuwait 1961, als ein kompaniestarker Kampftrupp die britischen Royal Marine Commandos gegen die Irakis unterstützte. Hervorzuheben ist auch die Operation an der Seite syrischer Truppen auf den Golanhöhen während des arabisch-israelischen Krieges 1973.

Im Golfkrieg von 1991 wurden die alliierten Koalitionsverbände von der saudischen Special Forces Brigade dabei unterstützt, Schlüsseleinrichtungen vor möglichen Bodenattacken zu schützen. Auch soll die Special Forces Brigade an der Vertreibung irakischer Truppen aus Kuwait City mitgewirkt haben, wenngleich dies bestritten wird. Die Truppe ist jedenfalls für die moderne Kriegsführung gut gerüstet und darauf bedacht, Saudi-Arabien vor einer möglichen terroristischen oder konventionellen Bedrohung zu schützen.

Verwendete Waffen: Maschinenpistole HK MP5, Sturmgewehr M16A2 mit Granatwerfer M203, leichtes Maschinengewehr M249 Minimi sowie Repetierflinte Remington M870.

SWE SCHWEDEN

Försvarsmaktens Särskilda Skyddsgrupp (SSG) – Special Protection Group

Schwedens Spezialeinheit wahrt über ihre Operationen seit jeher strenges Stillschweigen. Ihre Mitglieder werden aus den Elite-Ranger-Einheiten der schwedischen Armee rekrutiert; wie man weiß, trainieren sie gemeinsam mit der US Delta Force und dem britischen SAS.

Schwedens SSG entstand Anfang der 1990er Jahre als Spezialeinheit nach dem Vorbild des britischen SAS und der US Delta Force. Obwohl Schweden eine Politik der Neutralität verfolgt, ist sich die Regierung des terroristischen Bedrohungspotenzials durchaus bewusst und hat Präventivmaßnahmen ergriffen.

Die SSG rekrutiert sich primär aus der hochkarätigen Ranger-Einheit sowie anderen Spezialkräften militärischer und paramilitärischer Verbände des Landes. Schweden gibt sich bezüglich seiner militärischen Kapazitäten zugeknöpft. Ehemalige wie derzeitige Mitglieder der Einheit dürfen sich nicht über Größe, Aufbau und Training äußern und müssen ein rechtsverbindliches Dokument unterzeichnen, das sie ausdrücklich zur Diskretion verpflichtet.

Der Name „Special Protection Group" impliziert eher defensive denn offensive Operationen. Man darf somit annehmen, dass die Einheit dem Schutz von lebenswichtigen Einrichtungen sowie hochrangigen Militärs und schwedischen Bürgern dient. Neben dem Ranger-Training, das die meisten SSG-Kandidaten absolviert haben dürften, werden die Neuzugänge im Fallschirmspringen (automatische Auslösung, HALO/HAHO), Umgang mit Sprengmitteln, unbewaffnetem Nahkampf, Präzisionsschießen, Personenschutz, Kampftauchen und in der Handhabung von Kleinbooten ausgebildet. Erst wenn alle Mitglieder den gleichen Ausbildungsstand erreicht haben, werden sie den entsprechenden Einheiten zugeteilt.

Darauf folgt eine Phase der Spezialisierung, etwa auf Kampfschwimmen, Präzisionsschießen, HAHO/HALO-Operationen, Sprengmittel, Sanitätswesen oder Kommunikation. Die SSG trainiert auch mit anderen Spezialeinheiten wie dem britischen SAS und der US Delta Force und absolviert einschlägige Trainingskurse in Großbritannien und den USA.

Es werden folgende Waffen verwendet: Sturmgewehr AK5, Maschinenpistole HK MP5, Scharfschützengewehr HK PSG-90 und Pistole SIG Sauer P-226.

SYR SYRIEN

14th Special Forces Division

Syrien verfügt wohl über die am besten trainierten und ausgerüsteten Streitkräfte Arabiens. Die 14th Special Forces Division wurde im Jom-Kippur-Krieg gegen Israel eingesetzt.

Die syrischen Streitkräfte dürften die am besten ausgebildete und ausgestattete Armee der gesamten arabischen Welt besitzen – und ihre Spezialeinheiten legendäre Fähigkeiten. Diese so genannten Al-Wahdat al-Khassa sind der 14th Special Forces Division unterstellt, die im Libanon stationiert ist – einschließlich ihrer vier Sonderregimenter (35, 46, 54 und 55) im Raum Beirut. Außerdem gibt es das 44th Special Forces Regiment bei Shikka, das 53rd südlich von Haibi (bei Tripoli) sowie das 41st und 804th östlich von Juniya. Jedes Regiment besteht aus drei Kompanien, die im Fallschirmspringen ausgebildet sind, und werden unterstützt durch je eine Panzerabwehr- und Mörserkompanie und einen MG-Zug.

Zusätzlich zur 14th Special Forces Division verfügt Syrien über eine schnell einsetzbare Luftlandebrigade und mit dem Saraya al Difa (Verteidigungsbrigaden) über ein kleines Luftlandebataillon. Seit ihrer Entstehung 1958 wurden die syrischen Spezialeinheiten häufig gegen Israel eingesetzt, vor allem beim Sturm auf die israelische Überwachungsstation auf dem Hermon-Berg (Golanhöhen) im Jom-Kippur-Krieg vom Oktober 1973.

Teile der 14th Special Forces Division kämpften außerdem im Libanon gegen die PLO, wo sie sich angesichts des schwierigen urbanen Umfelds ausgezeichnet behaupteten.

Auswahlverfahren und Trainingsstandards der syrischen Spezialeinheiten sind extrem anspruchsvoll, und nur die besten und zuverlässigsten Soldaten kommen für mögliche Kommandos in Betracht.

Verwendete Waffen: Sturmgewehre AK-74 und AK-47, Maschinenpistole M23/25, Scharfschützengewehr HK 69 und Granatwerfer RPG-7.

TUR TÜRKEI

1., 2. und 3. Kommandobrigade

Die Türkei besitzt eine der größten Armeen überhaupt. Die drei eigenständigen Kommandobrigaden 1nci, 2nci und 3üncü Ordu Komutanliği sind für die Operationen der Spezialeinheiten zuständig. Spezialkräfte wurden im Jahr 1974 bei der Invasion Zyperns eingesetzt.

Mit einer Million Mann verfügt die Türkei über eine der weltgrößten Armeen und besitzt überdies eine größere Zahl von Spezialeinheiten. Diese setzen sich aus drei Luftlandebrigaden mit je 5000 Mann und einem Anti-Terror-Bataillon mit rund 150 Operatoren zusammen.

Ausrüstung und Training der Spezialeinheiten des NATO-Mitglieds Türkei basieren auf westlichen Standards, etwa auf denen von SAS und US Delta Force. Die Geschichte der türkischen Spezialeinheiten beginnt

Unten: Spezialeinheit der türkischen Armee beim Training im November 1993.

1949, als US-Truppen nach Einsetzen des Kalten Krieges anfingen, die türkische Armee auszurüsten und zu trainieren. Dies führte schließlich zur Bildung des 1. Luftlande-Platoons des Garderegiments, 1958 gefolgt vom 2. und 1963 vom 3. Platoon. Alle diese Einheiten wurden 1974 im Zuge der türkischen Invasion auf Zypern vielfach eingesetzt, so dass rasch zwei weitere Brigaden entstanden.

Nach weiterer Umstrukturierung der türkischen Streitkräfte wurden die Zuständigkeiten der Brigaden erneut aufgeteilt, wobei die neu gebildeten Brigaden jeweils eine eigene Unterstützungskompanie erhielten (und die Luftlandebrigade auch eine eigene Artilleriekompanie).

Links: Türkische Spezialkräfte beim Vorbereitungstraining für Einsätze gegen militante Kurden (1990er Jahre).

TWN TAIWAN
1st Special Forces Group

Die 1958 formierte 1st Special Forces Group war Taiwans erste Spezialeinheit. Seitdem wurden diverse weitere Spezialverbände ins Leben gerufen.

Die USA unterstützten Taiwan nach dem Zweiten Weltkrieg bei der Ausbildung spezieller Truppen, so dass 1958 schließlich die 1st Special Forces Group entstehen konnte.

In Reaktion auf die wahrgenommene chinesische Bedrohung wurden seitdem weitere taiwanesische Spezialeinheiten formiert:

- 1st Peace Preservation Police Corps Special Weapons and Tactics Unit (SWAT),
- Military Police Special Service Company – 100 Mann,
- Airborne and Special Warfare Command Special Operations Unit – 100 Mann; gemeinsames Training mit US Delta Force und US Rangers,
- Chinese Marine Corps Special Operations Unit – 100 Mann, zuständig für maritime Sicherheit.

Alle diese Einheiten sind dem Stab der Security Task Force unterstellt.

Rechts: Mitglieder einer taiwanesischen Spezialeinheit beim Funkhalt während einer routinemäßigen Dschungelpatrouille.

USA VEREINIGTE STAATEN VON AMERIKA
US Special Operations Command (USSOCOM) US Army Special Operations Command (USASOC) 75th Ranger Regiment Green Berets

Die Operationen der Spezialeinheiten der US-Streitkräfte sind unter dem Dach des USSOCOM zusammengefasst. USASOC ist die Heereskomponente von USSOCOM. Eliteeinheiten innerhalb des USASOC sind die Special Forces Group – im Vietnamkrieg als Green Berets bekannt geworden – und das 75th Ranger Regiment als das älteste Regiment der US Army.

Bereits seit dem 18. Jahrhundert gehören Spezialeinheiten zur amerikanischen Geschichte. Damals nämlich kam Major Robert Rogers zu dem Schluss, dass unkonventionelle Kriegsführung in den Streitkräften seiner Zeit repräsentiert sein müsse, weshalb mit den Rangers die erste amerikanische Spezialeinheit entstand. Auch wenn einzelne Offiziere und Mannschaften schon seit Jahrhunderten auf unkonventionelle Taktiken und Strategien zurückgreifen, wurde die Notwendigkeit einer offiziellen Anerkennung solcher Kräfte erst während des Zweiten Weltkrieges offenkundig. Für die Koordinierung unkonventioneller Aktionen gab es zwar das Office of Strategic Services (OSS), doch seine anerkanntermaßen begrenzten Möglichkeiten führten Anfang der 1950er Jahre zur Bildung der 10th Special Forces Group (Airborne).

Erste Veränderungen sollten indes erst eintreten, als die USA in Vietnam auf den Plan traten. Diese resultierten zum Teil aus dem Interesse Präsident

Unten: Das Schlauchboot bietet diesem Soldaten einer US-Spezialeinheit Deckung.

Kennedys an den Special Operations Forces (SOF), und er war es auch, der den von ihm angeregten „Green Berets“ erlaubte, jenes markante Barett zu tragen, für das sie inzwischen berühmt sind.

Nach Vietnam ging es mit den SOF in der US Army so weit bergab, dass ihre gesamte Zukunft fraglich war. Nach dem Scheitern der Operation „Eagle Claw“ (siehe Delta Force) wurden schließlich im Jahr 1980 eine gemeinsame Task Force für Terrorbekämpfung und ein Beratungsgremium für Spezialoperationen gebildet.

Nach vielen Jahren der Planung und internen Neubesinnung über die Rolle der Spezialeinheiten innerhalb der US-Streitkräfte wurde dann das USSOCOM vom Verteidigungsministerium ins Leben gerufen. Es umfasst einschließlich Reserve rund 46000 SOF-Soldaten aus Heer, Marine und Luftwaffe und ist wie folgt gegliedert:

US Army Special Forces – 75th Ranger Regiment, 160th Special Operations Aviation Regiment (SOAR) sowie Einheiten für psychologische Kriegsführung und zivile Angelegenheiten.

US Navy – SEALs (für: Sea-Air-Land), Spezialboot-Einheiten und SEAL-Transporteinheiten.

US Air Force – Special Operations Squadrons, Foreign Internal Defence Squadron und Combat Weather Squadron.

US ARMY SPECIAL OPERATIONS COMMAND (USASOC)

USSOCOM hat die Aufgabe, gut ausgebildete, rasch entsendbare und regional fokussierte SOF-Truppen bereitzustellen – dies als Beitrag zur Erfüllung allgemeiner Forderungen, wie sie seitens der nationalen Kommandostellen, der regionalen Oberkommandierenden und der US-Botschafter mit ihren Länderteams gestellt werden. Im Jahr 1999 wurden SOF-Einheiten in 152 Länder entsandt (ohne Geheimmissionen und Sonderprogramme). An einem beliebigen Tag sind rund 5000 SOF in 60 Ländern präsent. Trotz aller aufgabentypischen Besonderheiten müssen die SOF-Truppen folgende Voraussetzungen erfüllen: Fremdsprachenkenntnisse, Orientierung im Gelände, Kenntnisse in Spezialausrüstung, -training und -taktik, Wendigkeit und Verständnis des politischen Kontexts der Mission.

Am 1. Dezember 1989 gebildet und von einem Generalleutnant befehligt,

Links: Operator der taktischen Luftüberwachung am Luftwaffenstützpunkt Pope in North Carolina beim Training für Afghanistan. Der Stellenwert des vorgeschobenen Luftraumbeobachters wird immer größer, zwei Augen am Boden sind einfach unschlagbar.

Oben: Ein LSV (Light Strike Vehicle) mit beeindruckendem Waffenarsenal.

ist USASOC als Heereskomponente von USSOCOM zuständig für:

• fünf aktive und zwei Army National Guard (ARNG) SF-Gruppen, mit insgesamt 15 aktiven und sechs ARNG-Bataillonen,

• ein aktives Ranger Regiment (75th) aus drei Bataillonen,

• ein aktives Special Operations Aviation Regiment (160th SOAR) mit einem Kommando in Puerto Rico,

• vier „Civil Affairs“ (CA) Reserve-Kommandos, sieben CA-Reserve-Brigaden sowie ein aktives und 24 Reserve-CA-Bataillone,

• eine aktive und zwei Reserve-PSYOP-Gruppen, mit insgesamt fünf

Rechts: Während der Operation „Desert Storm“ in Kuwait/Irak im Februar 1991 kamen auch geländetaugliche Motorräder zum Einsatz.

Oben: US-Spezialeinheiten demonstrieren philippinischen Soldaten bei einer Nahkampfübung, wie man ein Gebäude stürmt.

aktiven und acht Reserve-PSYOP-Bataillonen,

- ein aktives Unterstützungskommando, bestehend aus einem Fernmeldebataillon (112th), einem Versorgungsbataillon (528th) und sechs Einheiten für Gefechtsunterstützung,
- zwei aktive und zwei Reserve-CRDs (Chemical Reconnaissance Detachment),
- John F. Kennedy Special Warfare Center and School, zuständig für Militärdoktrin und laufende Trainingskurse für die Spezialeinheiten der Army in Civil Affairs (technische Hilfsleistungen), psychologischer Kriegsführung, Absetzen und Ausweichen, Survival und Standhaftigkeit beim Verhör.

75th RANGER REGIMENT

Als eine der weltbesten leichten Infanterietruppen verkörpert das 75th Ranger Regiment eine Schlüsselkomponente des US Army Special Operations Command (USASOC). In Fort Benning (Georgia) stationiert, besteht das Ranger Regiment aus drei Bataillonen mit 2300 toptrainierten Soldaten. Jedes Bataillon enthält drei Kampfkompanien mit je drei Platoons (Zügen), die von einem Waffen-Platoon unterstützt werden.

Das Regiment definiert seine Mission wie folgt: Die Mission des Ranger Regiment besteht in der Planung und Durchführung von Spezialoperationen und Operationen der leichten Infanterie in jedem operativen Umfeld. Hauptaufgabe des Regiments ist Direct Action (DA). DA-Operationen der Ranger können der Unterstützung anderer Spezialverbände dienen oder durch diese unterstützt werden. Sie können diese Missionen alleine oder im Rahmen konventioneller Militärhandlungen durchführen. Auch können die Ranger als spezielle leichte Infanterie operieren, wenn die konventionelle leichte Infanterie oder Luftlandetruppen für eine besondere Mission ungeeignet oder zur Durchführung nicht in der Lage sind. Die heutigen Ranger tun im Grunde nichts anderes als ihre Vorväter vor rund 300 Jahren.

Das Ranger Regiment wird durch die US Army gut unterstützt und früher entsandt als andere Einheiten. Sein

Budget entspricht dem einer ganzen Infanteriedivision. Die Ranger arbeiten sehr eng mit anderen US-Spezialverbänden zusammen, etwa mit der Delta Force und dem 160th Special Operations Aviation Regiment (SOAR alias „Night Stalkers“). Dank ihrer Bereitschaftskompanie sind die Ranger innerhalb weniger Stunden überall auf der Welt einsetzbar. Sie sind darin trainiert, auf dem Land-, See- oder Luftweg in feindliches Territorium vorzudringen und können bis zu fünf Tage ohne fremde Hilfe operieren. Um jederzeit maximale Feuerkraft und taktische Flexibilität zu wahren, müssen alle verwendeten Waffen von einem Mann getragen werden können. Bei aller Vielseitigkeit sind die Ranger spezialisiert auf Rettung und Evakuierung, Greifkommandos, leicht bewaffneten Angriff und taktische Aufklärung. Vor allem nachts operierend, sind sie zudem Experten im Häuserkampf und hierfür auch gut ausgerüstet.

Elf von zwölf Monaten jedes Jahres bestehen aus Training, unterbrochen nur durch zwei Urlaubsblöcke. Das extrem harte Trainingsprogramm findet überall auf der Welt statt – im Dschungel, in der Wüste, in arktischer Kälte wie im Gebirge – und sorgt dafür, dass die Soldaten körperlich an unterschiedliche klimatische Bedingungen angepasst sind. Der Trainingsschwerpunkt liegt bei den Rangern derzeit in vier Grundbereichen: Scharfschützenausbildung, Drill, medizinische Kenntnisse und Kondition.

Da die Ranger einen Ruf zu verteidigen haben (ganz zu schweigen von den hohen Standards), sind sie extrem wählerisch. Theoretisch ist jedem Soldaten der US Army die Option auf einen Wechsel zu den Rangern garantiert, doch die Wirklichkeit sieht etwas anders aus: Zunächst nämlich gilt es, die dreiwöchige Ranger Indoctrination Phase (RIP) zu überstehen, in der die Soldaten bewertet und auf einen achtmonatigen Aufenthalt in einem Ranger-Bataillon vorbereitet werden, bevor es dann auf die Ranger School geht. Vor der RIP ist eine Grundausbildung und Infanterieschule zu absolvieren, gefolgt von einem dreiwöchigen Fallschirmjägerkurs an der Airborne School in Fort Benning (Georgia).

Wer die RIP besteht, verbleibt in dem Bataillon und arbeitet an seinen Fertigkeiten und Kräften als Vorbereitung auf die Ranger School, in der es um alles oder nichts gehen wird.

Der Besuch der Ranger School gliedert sich in drei – durchweg harte – Phasen, die an unterschiedlichen Orten im Südosten der USA absolviert werden. Der Kurs beginnt bei der 4th Ranger Training Brigade (RTB) in Fort Benning mit einer Reihe langer Märsche mit vollem Gepäck unter realistischen Gefechtsbedingungen, stets verbunden mit wenig Essen oder Schlaf. Nächster Schauplatz ist die 5th RTB in Dahlonega (Georgia), wo man ein Gebirgstraining absolviert, um schließlich bei der 6th RTB (Eglin Air Force Base) in Dschungel/Sumpf-Techniken ausgebildet zu werden. Während des gesamten Kurses werden keine Rangabzeichen getragen, da man von allen Teilnehmern Führungsqualitäten erwartet.

Absolventen der Ranger School dürfen sich auf eine abwechslungsreiche und nicht leichte, doch ungemein lohnende Karriere freuen. Aufbaukurse gibt es für folgende Disziplinen: verdeckte Aufklärung, Sprengungen, Kommunikation, Sanitätswesen, Präzisionsschießen, Fahrzeugoperationen,

Rechts: US-Ranger mit Karabiner Colt M4 im Anschlag. Die Ranger verkörpern die beste leichte Infanterietruppe, die man sich überhaupt vorstellen kann.

Bekenntnis der Ranger

Ranger bin ich freiwillig geworden. Ich kenne die Gefahren und werde stets Ruhm, Ehre und Corpsgeist meines Regiments wahren.

Auch weiß ich um die Tatsache, dass ein Ranger zu jenen ausgewählten Soldaten gehört, die zu Lande, zu Wasser oder in der Luft als Vorhut im Gefecht eintreffen. Ich akzeptiere die Tatsache, dass mein Land von mir als Ranger erwartet, weiter und schneller voranzugehen und härter zu kämpfen als jeder andere Soldat.

Nie werde ich meine Kameraden enttäuschen. Ich will stets wachsam, stark und redlich sein und jederzeit mehr als meinen Teil der Last schultern, was es auch sei, und mehr als hundert Prozent geben.

Gerne will ich der Welt zeigen, dass ich ein speziell ausgewählter und gut ausgebildeter Soldat bin. Meine Höflichkeit gegenüber Vorgesetzten, meine untadelige Kleidung und Sorgfalt beim Umgang mit der Ausrüstung sollen anderen ein Beispiel sein.

Energisch werde ich den Feinden meines Landes entgegentreten. Ich werde sie auf dem Schlachtfeld besiegen, denn ich bin besser trainiert und werde mit aller Kraft kämpfen. Ein Ranger kapituliert nie. Niemals werde ich zulassen, dass ein gefallener Kamerad dem Feind anheimfällt, und unter keinen Umständen werde ich jemals mein Land in Verlegenheit bringen.

Rundum will ich die nötige innere Stärke beweisen, um weiterzukämpfen, bis das Ziel erreicht und die Mission erfüllt ist. Auch wenn ich der einzige Überlebende bin. „Rangers lead the way" (Ranger voran).

Wassertüchtigkeit, Gerätetauchen und Infiltration per Fallschirm (HALO/HAHO). Der Dienst bei den Rangern gilt zudem als logische Karrierestufe auf dem Weg von der konventionellen Infanterie zu den Spezialeinheiten, zumal viele Ranger später bei der Delta Force landen.

EINSATZGESCHICHTE DES 75th RANGER REGIMENT

Als ältestes Regiment der US Army kann das Ranger Regiment mit einigem Stolz auf eine rund 300 Jahre währende Geschichte zurückblicken. Der Name „Ranger" stammt aus dem 18. Jahrhundert; das Verb „to range“ diente den frühen europäischen Siedlern zur Beschreibung der an einem Tag in unwegsamem Gelände zurückgelegten Wegstrecke.

Unten: Ranger des 1st Ranger Battalion im Dezember 1989 beim Besteigen einer C-141 auf dem Hunter Army Airfield (Georgia) vor dem Abflug nach Panama im Rahmen der Operation „Just Cause".

Oben: US-Ranger beim Abfeuern einer Panzerabwehrrakete auf ein gepanzertes irakisches Ziel während der Operation „Iraqi Freedom" im Jahr 2003.

1754–1763

Erstmals formiert durch Major Robert Rogers aus Connecticut, der für die Briten gegen die Franzosen und Indianer kämpft. Seine berühmteste Operation richtet sich gegen die Abenaki-Indianer südlich von Montreal.

Rogers und seinen 200 Rangern gelingt es, vom Feind unbemerkt per Kanu und zu Fuß 644 km in 60 Tagen zurückzulegen. Am 29. September 1759 attackieren die Ranger das Lager der Abenaki und töten Hunderte. Dieser spektakuläre Sieg bringt Rogers einen Posten bei den Royal Americans (60th Foot) ein, für die er seine 19 Vorschriften für Ranger verfasst.

1774–1776

Ranger kämpfen im Nordamerikanischen Unabhängigkeitskrieg auf der Seite der Briten.

1861–1867

Ranger kämpfen im Sezessionskrieg auf der Seite der Union wie der Konföderierten sowie in Mexiko gegen die Franzosen (Napoleon III.).

1942–1945

Im Zweiten Weltkrieg wird der Ranger-Titel wiederbelebt, als sechs Bataillone in Europa und Fernost eingesetzt werden. Die erste Einheit entstand 1942 im nordirischen Carrickfergus unter dem Kommando von Major William Derby und kämpfte in Dieppe neben britischen Kommandos.

Weitere Schauplätze sind Nordafrika, Sizilien und Salerno, wo das 1st und das 3rd Ranger Battalion beim Kampf um Cisterna praktisch ausgelöscht werden. Ihre besten Stunden haben die Ranger ab dem D-Day im Juni 1944, als die Ranger Force A des 2nd Battalion die gut verteidigten Betonfestungen auf den Klippen von Point du Hoc stürmen. Zwei Tage lang können sie die Stellung halten und das 914. Infanterieregiment der Wehrmacht abwehren, wobei allerdings 135 der insgesamt 225 Mann getötet oder verwundet werden.

Am Strandabschnitt Dog White von Omaha werden Soldaten der Ranger Force C, 2nd Ranger Battalion, durch starken Feindbeschuss festgehalten. In der Nähe befindet sich Brigadegeneral Norman Cota, stellvertretender Kommandeur der 29th Infantry Division. Er ruft die inzwischen zum Motto der

Oben: Soldat der US Special Forces mit Granatwerfer 40 mm, montiert auf einem HMMWV „Heavy Hummer", während der Operation „Desert Storm".

Ranger gewordenen Worte „Ranger voran!", um die Männer anzutreiben, aus der Todeszone auszubrechen und den Strand zu räumen.

Neben den besser bekannten Aktionen in Europa kämpfen die Ranger auch im pazifischen Raum, wo sie bei einem gewagten Angriff auf das Kriegsgefangenenlager Cabanatuan auf Luzon (Philippinen) 500 Amerikaner befreien können. Nach dem Zweiten Weltkrieg werden die Ranger-Einheiten aufgelöst, doch das Ranger-Training geht weiter und wird schließlich zu einer nicht minder geschätzten Qualifikation wie die Fallschirmjäger- oder Taucherausbildung.

1950

Im Koreakrieg werden Ranger-Kompanien jeder kämpfenden Heeresdivision angegliedert und führen Aufklärungsmissionen, Blitzattacken und Sabotageaktionen durch.

1969

Nach dem Koreakrieg werden sämtliche Ranger-Einheiten aufgelöst und ihre Mitglieder anderen Einheiten mit Fernaufklärungspatrouillen (LRRP) zugeordnet. Letztere haben mehr oder weniger die gleiche Funktion wie die Ranger und können sich im Vietnamkrieg auszeichnen, wo ihre Fertigkeiten sehr geschätzt sind.

Auf dem Höhepunkt des Krieges werden die LRRPs dem 75th Infantry Regiment (und späteren 75th Ranger Regiment) als spezielle Kompanien zugeordnet – die O Company Rangers dem 82nd Airborne und die L Company Rangers dem 101st Airborne. In Vietnam werden die Ranger primär für Aufklärung und Nachrichtendienst eingesetzt; daneben versuchen sie wiederholt, amerikanische Kriegsgefangene zu befreien.

1980

Im Rahmen der von der Delta Force angeführten, unglückseligen Operation „Eagle Claw" wird ein kleines Ranger-Team in den Iran entsandt. Iranische Terroristen hatten in Teheran die US-Botschaft besetzt und 53 Geiseln in ihre Gewalt gebracht. Die Ranger sichern den Treffpunkt „Desert One" (von wo aus die Befreiungsaktion starten soll) und beschlagnahmen einen zufällig vorbeikommenden Bus mit Zivilisten, bevor die Operation abgeblasen wird.

1983
Ranger der 1-75th und der 2-75th werden für die Operation „Urgent Fury“ nach Grenada entsandt und in zahlreiche Aktionen eingebunden.

1989
Während der Operation „Just Cause“ in Panama landen zwei Ranger-Bataillone mit dem Fallschirm ca. 80 km westlich von Panama City am Flugplatz Rio Hato, den sie erobern und halten.

1991
Im Rahmen der Operation „Desert Storm“ patrouillieren Ranger in schwer bewaffneten Fahrzeugen hinter den irakischen Linien und zerstören ein Kommunikationszentrum unweit der jordanischen Grenze.

1993
Im Zuge von Greifkommandos in Mogadischu gegen somalische Warlords werden die Ranger plötzlich von Hunderten bewaffneter Somalis attackiert.

Der erbitterte Schusswechsel erweist sich als die intensivste Kampfhandlung, in die amerikanische Soldaten nach Vietnam verwickelt waren. Innerhalb der knapp zehn Stunden fallen 18 Amerikaner und 70 werden verwundet, während die Somalis über 500 Mann verlieren, bei mehr als 1000 Verwundeten. Bei dieser Aktion kommen sämtliche Aspekte des Ranger-Trainings zum Einsatz wie Straßenkampf, nächtliches Schießen, Bergung im Gefecht, Greifaktionen, Präzisionsschießen, Feuergefechte und die Evakuierung Verwundeter unter Beschuss.

1995
Teile des Ranger Regiment werden für Operationen gegen serbische Kräfte auf den Balkan entsandt.

1999
Ranger werden in den Kosovo beordert, um US-Verbände bei ihren Operationen gegen serbische Feldtruppen zu unterstützen.

2001
Im Rahmen der Operation „Enduring Freedom“ werden Ranger in Afghanistan und einigen Nachbarländern eingesetzt, um sich an der Suche nach Al-Quaida-Terroristen und vor allem nach ihrem Anführer, Osama bin Laden, zu beteiligen.

2003
Während der Operation „Iraqi Freedom“ werden Ranger in den Irak entsandt, wo sie bei mehreren Missionen eine Schlüsselrolle spielen, so vor allem

Unten: Aufklärungspatrouille im Rahmen einer Aufwärmübung im Vorfeld eines Einsatzes.

Links: Schulterabzeichen der Ranger des 2nd Ranger Battalion.

bei der spektakulären Befreiung einer amerikanischen Kriegsgefangenen.

Neben den Standard-Kampfanzügen der US Army kommen auch spezielle Tarnanzüge (Lizard, Ghillie) zum Einsatz, außerdem eine Körperarmierung und Nachtsichtgeräte wie das AN/PVS-7 sowie auf offenen Flächen die Schießbrille Bolle T800.

Die Ranger verwenden folgende Waffen: Karabiner Colt M4, Sturmgewehre M16A2, Mini 14, Steyr AUG, HK G3, SOPMOD M4A1, CAR 15, Stoner SR-25 und Colt Model 733, Maschinenpistolen Walther MPK, HK MP5 SD, MAC 10 und UZI, leichte Maschinengewehre M249 SAW und HK 13E, Maschinengewehre M60 und M240B, schweres Maschinengewehr Browning M2 .50, Repetierflinten Remington M870 und Mossberg Cruiser 500, Scharfschützengewehre HK PSG, M40A1 und M24 sowie schweres Scharfschützengewehr Barrett M82A1 .50.

Unterstützend werden eingesetzt: Granatwerfer M203 und M79 „Blooper“ 40 mm, Mörser 81 mm, Panzerfaust Carl Gustav 84 mm, automatische Granatwerfer LAW 66 mm und Mk-19 40 mm, Stinger MANPADS, Panzerabwehrrakete M136 AT-4 sowie Pistolen Beretta 92F und SIG Sauer P-228.

Als Spezialvisiere werden verwendet: Leuchtpunktvisier Aimpoint Comp M, Visiere M68 und M28 Aimpoint sowie Zweistrahl-Zielgerät AN/PEQ2 IPITAL (Infrared Target Pointer/Illuminator/Aiming Laser). Zum umfassenden Fuhrpark der Ran-

Major Robert Rogers – 19 Vorschriften

Wenngleich diese Vorschriften aus dem 18. Jahrhundert stammen, sind viele der taktischen Anweisungen bis heute relevant:

1. Vergiss nie etwas.
2. Halte deine Muskete sauber und dein Beil blitzblank, halte Pulver und Kugeln für 60 Schuss auf Vorrat und sei in einer Minute marschbereit.
3. Beim Marschieren handle so, als wenn du dich an ein Stück Wild heranpirschen würdest. Sieh stets den Feind zuerst.
4. Sage die Wahrheit über das, was du siehst und tust. Von der Richtigkeit unserer Informationen hängt eine ganze Armee ab. Lügen kannst du nach Belieben, wenn du anderen Leuten von den Rangern erzählst, doch belüge nie einen Kameraden oder Vorgesetzten.
5. Gehe niemals eine vermeidbare Gefahr ein.
6. Beim Marschieren gehen wir in einer Reihe und weit genug auseinander, damit kein Schuss durch zwei Männer gehen kann.
7. Im Morast oder auf weichem Grund fächern wir uns auf, damit unsere Fährte schwer zu erkennen ist.
8. Marschiert wird bis Einbruch der Dunkelheit, um dem Feind eine möglichst geringe Chance für einen Angriff zu geben.
9. Im Lager hält die eine Hälfte Wache, während die andere Hälfte schläft.
10. Gefangene halten wir so lange voneinander getrennt, bis wir Zeit haben, uns mit ihnen zu befassen, damit sie sich nicht absprechen können.
11. Gehe niemals auf dem gleichen Weg zurück, damit du nicht in einen Hinterhalt gerätst.
12. Jeder Trupp, klein oder groß, muss eine Vorhut haben, die 20 m vorausgeht.
13. Lass dir jede Nacht einen Treffpunkt mitteilen, falls ihr von einem überlegenen Feind umringt seid.
14. Setze dich nie ohne Wachtposten zum Essen hin.
15. Verschlafe niemals die Morgendämmerung, denn dann pflegen die Franzosen und Indianer anzugreifen.
16. Überquere nie einen Fluss an einer normalen Furt.
17. Falls dir jemand auf den Fersen ist, gehe im Kreis, bis du auf deine eigene Fährte stößt und lauere denen auf, die dir auflauern wollen.
18. Bleibe nicht stehen, wenn der Feind heranrückt. Knie dich hin, lege dich auf den Bauch oder verstecke dich hinter einem Baum.
19. Lass den Feind herankommen, bis er fast zum Greifen nah ist. Dann gib es ihm, schnelle hervor und erledige ihn mit dem Beil.

***Links:* Green Beret in voller Montur mitsamt dem berühmten Barett. Die von John F. Kennedy geschaffenen Green Berets haben sich im Vietnamkrieg durch ihre unkonventionelle Kriegsführung hervorgetan.**

***Unten:* Captain der 5th Special Forces Group 1965 in Südvietnam im klassischen Look der Green Berets. Er trägt den grünen Dschungelkampfanzug der US Army und ein M2-Karabiner .30.**

ger gehören: Land Rover Defender 110 SOV (Special Operations Vehicle), Humvee, Quad ATV (All Terrain Vehicle) und Harley-Davidson Track Bike. Am Fahrzeug montierte Waffen sind: automatischer Granatwerfer MK-19 40 mm, Maschinengewehre M60 und M240B sowie schweres Maschinengewehr Browning M2 .50. Neben einigen Spezialbooten kommen auch modifizierte Fallschirme für HALO- und HAHO-Operationen zum Einsatz.

Die Ranger greifen außerdem auf die Helikopter MH-47 D/E Chinook, MH-60 K/L Blackhawk und MH-6 Little Bird zurück, die vom 160th Special Operations Aviation Regiment der US Army geflogen werden.

GREEN BERETS

Die Hauptaufgabe der Green Berets besteht darin, je nach Anweisung Operationen der unkonventionellen Kriegsführung, Operationen zur Herstellung der inneren Sicherheit anderer Staaten, Fernaufklärung und Direkte Aktionen durchzuführen, und zwar zur Unterstützung der nationalen politischen Ziele innerhalb der zugewiesenen Verantwortungsbereiche. Grundformation der Green Berets ist das zwölfköpfige Operations Detachment A oder „A-Team“. Mehrere A-Teams können zu einem B-Team zusammengefasst werden, das von einem Major befehligt wird. Eine Kompanie besteht aus zwölf A-Teams, ein Bataillon aus fünf Kompanien und ein Regiment („group“) aus drei Bataillonen. Derzeit gibt es sieben Regimenter.

Die Green Berets setzen sich durchweg aus Freiwilligen zusammen, die spätestens nach dem Eintritt eine Ausbildung zum Fallschirmjäger absolvieren müssen. Die akzeptierten Bewerber nehmen an einem harten Trainingsprogramm teil, das rund 60 Wochen dauert. Wer dies überstanden hat, absolviert ein Aufbautraining in Spezialdisziplinen wie Sprengungen, Fernmeldetechnik, Pionierwesen, Fremdsprachen, Kommunikation und Nachrichtendienst. Jeder muss wenigstens zwei Fachgebiete beherrschen und kann weitere Springerkurse, etwa in HALO- und HAHO-Techniken, besuchen.

Unten: Eine Aufklärungspatrouille mit unterschiedlichen Handfeuerwaffen während einer Übung.

Das berühmte Motto der Green Berets lautet „De oppresso liber“ (Frei von Unterdrückung).

Außer den Standard-Kampfanzügen der US Army kommen spezielle Tarnanzüge (Lizard, Ghillie, Jungle Tiger) zum Einsatz, außerdem vielfach eine Körperarmierung und Nachtsichtgeräte wie das AN/PVS-7. Zusätzlichen Schutz auf freien Flächen bietet die Schießbrille Bolle T800.

Die Green Berets verwenden folgende Waffen: Karabiner Colt M4, Sturmgewehre M16A2, Mini 14, SOPMOD (Special Operations Peculiar Modification) M4A1, CAR 15 und Colt Model 733, Selbstladegewehr Stoner SR-25, Maschinenpistolen Walther MPK, HK MP5SD, MAC 10 und UZI, leichte Maschinengewehre M249 SAW und HK 13E, Maschinengewehr M60, mittleres Maschinengewehr und M240B, schweres Maschinengewehr Browning M2 .50, Repetierflinten Remington M870 und Mossberg Cruiser 500, Scharfschützengewehre HK PSG, M40A1 und M24 sind ebenso im Einsatz wie schweres Scharfschützengewehr Barrett M82A1 .50.

Unterstützend kommen zum Einsatz: Granatwerfer M203 und M79 „Blooper“ 40 mm, Mörser 81 mm, Panzerfaust Carl Gustav 84 mm, automatische Granatwerfer LAW 66 mm und MK-19 40 mm, Stinger MANPADS, Panzerabwehrrakete M136 AT-4 sowie Pistolen Beretta 92F und SIG Sauer P-228.

Als Spezialvisiere werden verwendet: Leuchtpunktvisier Aimpoint Comp M, Visiere M68 Aimpoint und M28 Aimpoint sowie Zweistrahl-Zielgerät AN/PEQ2 IPITAL (Infrared Target Pointer/Illuminator/Aiming Laser).

Der reichhaltige Fuhrpark der Green Berets umfasst: Land Rover De-

fender 110 SOV (Special Operations Vehicle), Humvee, Quad ATV (All Terrain Vehicle) und Harley-Davidson Track Bike. Am Fahrzeug montierte Waffen sind: automatischer Granatwerfer MK-19 40 mm, mittlere Maschinengewehre M60 und M240B, Minigun General Electric 7,62 mm, Kanone 20 mm sowie schweres Maschinengewehr Browning M2 .50.

Außer diversen Spezialbooten kommen auch stark modifizierte Fallschirme für HALO- und HAHO-Operationen zum Einsatz. Häufigstes Transportmittel der Green Berets ist der Hubschrauber. Eingesetzt werden die Helikopter MH-47 D/E Chinook, MH-60 K/L Blackhawk und MH-6 Little Bird, die vom 160th Special Operations Aviation Regiment der US Army geflogen werden. Für Langstreckenmissionen verwendet man den MH-53J der USAF Special Operations Group (SOG).

Bekenntnis der US Special Forces

Ich bin ein Soldat der amerikanischen Special Forces. Ein Profi!
Ich werde alles tun, was meine Nation von mir verlangt.
Ich bin Freiwilliger und kenne die Gefahren meines Berufes genau.
Ich diene im Gedenken an jene, die vor mir gegangen sind: die Roger's Rangers, Francis Marion, die Mosby's Rangers, das 1st SSF und das Ranger Battalion des Zweiten Weltkriegs und die Airborne Ranger Companies von Korea.
Ich gelobe, meine Ehre und Integrität hochzuhalten – in all meinem Tun.
Ich bin Berufssoldat.
Ich werde mein Wissen vermitteln und kämpfen, wo immer es nötig ist.
Ich versuche stets, mich in jeder Kriegskunst und Kriegslist hervorzutun.
Ich weiß, dass ich ganz auf mich gestellt Aufgaben erledigen muss, weit weg von vertrauten Gesichtern und Stimmen, doch mit Gottes Hilfe.
Ich will Körper und Geist rein, wachsam und stark halten, denn dies schulde ich jenen, die auf mich angewiesen sind.
Ich werde jene nicht enttäuschen, mit denen ich diene.
Ich werde mir selbst oder der Truppe keine Schande bereiten.
Ich werde mich selbst, meine Waffen und Ausrüstung in einem tadellosen Zustand halten, wie es sich für einen Soldaten der Special Forces gehört.
Ich werde nie kapitulieren, auch nicht, wenn ich der Letzte bin. Sollte ich dem Feind in die Hände fallen, so bete ich um die Kraft, ihn anzuspeien.
Mein Ziel ist es, jede Mission erfolgreich zu beenden.
Ich wurde von meiner Nation als besonderer Soldat ausgewählt. Gebe Gott, dass ich mich dieses höchsten Vertrauens würdig erweise.

Unten: Die vielseitigen Soldaten einer US-Spezialeinheit in Afghanistan während der Operation „Enduring Freedom" neben Mitgliedern der Nordallianz.

ZAF SÜDAFRIKA
South African Special Forces Brigade

Die South African Special Forces Brigade entstand 1996 als Zusammenschluss der in die späten 1970er Jahre zurückreichenden Aufklärungskommandos. Ihre Soldaten wurden bereits in Nachbarländern wie Angola und Namibia eingesetzt.

Die südafrikanischen Spezialeinheiten haben folgenden Auftrag:

Als strategischer Verband führen die Special Forces besondere Operationen durch, sei es unabhängig von oder in Kooperation mit anderen staatlichen Stellen oder Diensten, zur Erreichung nationaler Zielsetzungen im Inneren und Äußeren und in Friedens- wie in Kriegszeiten. Diese Operationen sind unter Aufsicht und mit Zustimmung der operativen Führung in Übereinstimmung mit der Verfassung, den geltenden Beschlüssen und internationalem Recht durchzuführen.

Die South African Special Forces Brigade entstand 1996 als Zusammenschluss jener berühmten Aufklärungseinheiten, die in den späten 1970er und frühen 1980er Jahren mit großem Erfolg in Angola aktiv waren. Die Geschichte der Brigade beginnt bereits am 1. Oktober 1972 mit der Bildung des „1. Aufklärungskommandos" in Durban. Die südafrikanischen Streitkräfte (SADF) hatten schon seit langem die Notwendigkeit einer solchen Einheit erkannt, da ihre Luftlandetruppen stärker in konventionelle Kriegsführung und weniger in Spezialoperationen einbezogen wurden.

Oben: Typischer Soldat eines Aufklärungskommandos mit israelischem Sturmgewehr Galil 5,56 mm, zwei Gewehrgranaten, Nebelbüchse und Feldflasche.

Unten: Südafrikanische Special Forces üben die Geiselbefreiung auf dem Stützpunkt Phalaborwa nördlich von Johannesburg.

Links: Die südafrikanischen Spezialeinheiten sind Meister im Spurenlesen, Survival und Buschkampf. Abgebildet ist eine Patrouille, die ihr Camp in der Strauchsavanne absichert.

Das am britischen SAS orientierte 1 Reconnaissance Commando war mit Fernaufklärungspatrouillen (LRRP) weit hinter den feindlichen Linien und mit Blitzangriffen beauftragt. Da es sich als sehr fähig und nützlich erwies, folgten rasch weitere Kommandos wie das auf amphibische Operationen spezialisierte 4 Recce (Kürzel für Reconnaissance, d. h. Aufklärung).

Die Spezialeinheiten wurden 1981 zu einem unabhängigen, nur den SADF und nicht dem Heer unterstellten Verband. Noch wichtigere Veränderungen folgten zehn Jahre darauf, als anstelle des eigenen Stabes ein „Direktorat für Aufklärung" gebildet wurde, das allein dem Oberbefehlshaber des Heeres unterstellt war. Unterdessen wurde auch der Name geändert – in 45 Parachute Brigade, weshalb alle Aufklärungskommandos der Nummer ihrer Einheit die Zahl 45 voranstellen mussten. Aus dem 1 Reconnaissance Commando wurde so das 451 Reconnaissance Commando.

Im Jahr 1996 folgte die (bisher letzte) Umbenennung in Special Forces Brigade. In puncto Einsatzerfahrung gibt es weltweit nur sehr wenige Einheiten, die ähnlich versiert und gefürchtet sind wie die Recces. So etwa trugen die Recces maßgeblich zum Sieg über die SWAPO bei, die für die Unabhängigkeit Namibias von Südafrika kämpfte.

Die SWAPO-Guerillas waren gut ausgebildet und ausgerüstet und durchaus ernst zu nehmen. Wenn die Recces hinter den feindlichen Linien patrouillierten, malten sie sich die Gesichter schwarz an, um sich als Guerillakämpfer auszugeben. SWAPO-Guerillas starteten 1979 einen Großangriff auf südafrikanische Truppen, der jedoch von den Recces und einigen konventionellen Truppen zurückgeschlagen wurde. Die Recces beteiligten sich 1982 an der Operation „Mebos", einem tiefen Vorstoß nach Angola, bei dem das Hauptquartier der SWAPO und ein Großteil der terroristischen Infrastruktur zerstört wurde. Den Schlusspunkt bildete das Jahr 1994, als die Recces zu Pferde in Angola eindrangen und die Versorgungslinien der SWAPO weitgehend durchtrennten.

Wie so viele Spezialeinheiten auf der ganzen Welt sind auch die Recces dem ständigen Druck ausgesetzt, Missionen durchzuführen, die jenseits ihres operativen Auftrags liegen. Ihre Hauptaufgabe ist die Gewinnung strategisch wichtiger Informationen, wenngleich sie auch vielfach, vor allem in Angola, taktische nachrichtendienstliche Missionen erledigt haben. Die toptrainierte und gut ausgerüstete Truppe ist zu wertvoll für riskante Kampfeinsätze und operiert daher, ihrem Auftrag entsprechend, inzwischen eher als verdeckter Beobachter.

Die SADF schweigen sich über operative oder taktische Aspekte der Special Forces Brigade beharrlich aus. Man weiß aber, dass die Recces sehr erfahren darin sind, kleine Teams hinter die feindlichen Linien einzuschleusen, sei es per Hubschrauber, Fallschirm, zu Pferde, mit kleinen Fahrzeugen, Booten oder – bevorzugt – zu Fuß. Ein typisches LRRP-Team (Long-Range Reconnaissance Patrol) besteht aus sechs unterschiedlich spezialisierten Soldaten, meist aus einem Spurenleser, Scharfschützen, Sanitäter, Navigator, Funker und Sprengmittelexperten. Darüber hinaus ist bekannt, dass die Recces auch schon mit Zwei-Mann-Teams als verdeckte Beobachter weit hinter den feindlichen Linien operiert haben.

TERROR-BEKÄMPFUNG

Die Ära des neuzeitlichen Terrorismus begann in den 1970er Jahren. Flugzeugentführungen, Geiselnahmen, Bombenattentate und politische Morde waren bald weltweit an der Tagesordnung. Nur ein Jahrzehnt später wurden alljährlich rund 1000 Terroraktionen registriert. Die Regierungen erkannten rasch die Notwendigkeit eines wirksamen Korrektivs in Form entsprechender Anti-Terror-Einheiten. Ihre Mitglieder werden meist aus hochkarätigen Armee- oder Polizeiverbänden ausgewählt, wobei durchschnittlich nur ungefähr 80 Prozent der Bewerber angenommen werden, die dann eine harte Ausbildung durchlaufen. Die Absolventen stehen rund um die Uhr in Bereitschaft, damit rasch auf jegliche terroristische Bedrohung reagiert werden kann. Ihre Talente umfassen so unterschiedliche Disziplinen wie Geiselbefreiung, Präzisionsschießen, das Knacken von Schlössern und verdeckte Überwachung. Einheiten wie SAS, Delta Force und GSG-9 verkörpern wirksame Instrumente gegen ungewöhnliche Feinde. Ob sie nun im Häuserdschungel Geiseln befreien oder in den afghanischen Bergen ein Terroristencamp stürmen – ihre tödliche Professionalität macht das Leben jedes Terroristen ziemlich unsicher.

Links: Die Maschinenpistole HK MP5 9 mm ist eine beliebte CRW-Waffe – CRW steht für „counter-revolutionary warfare" (konterrevolutionäre Kriegsführung), also für Terrorbekämpfung.

TERRORBEKÄMPFUNG

Das Massaker an israelischen Athleten bei der Münchener Olympiade 1972 offenbarte ein internationales Defizit in puncto Terrorbekämpfung. Spezielle Anti-Terror-Einheiten sollen diese Lücke schließen.

Anfang der 1970er Jahre sahen sich die westlichen Demokratien unvermittelt durch eine Fülle terroristischer Organisationen bedroht, die ihre extremistischen Ansichten unbedingt gewaltsam durchsetzen wollten. Nicht damit zufrieden, in ihren Ländern Gewalt und Einschüchterung zu säen, verfolgten viele dieser Gruppen das Ziel, ihren Hass auch gegen den Westen und seine Werte zu richten, nicht selten mithilfe von Sponsoren im Nahen Osten und kommunistischen Osteuropa. Im September 1972 zeigten sie der Welt, wozu sie fähig waren.

Das mit Blick auf maximale Publizität ausgewählte Ereignis waren die Olympischen Spiele in München. Am 5. September 1972 nutzten bewaffnete Mitglieder der palästinensischen Gruppierung „Schwarzer September" die freizügigen Kontrollen im olympischen Dorf und nahmen elf israelische Sportler als Geiseln. Sie forderten die Freilassung von 234 Gesinnungsgenossen und den sicheren Abzug nach Ägypten. Falls man dies nicht erfüllte, begännen sie mit der Hinrichtung der Geiseln. Die Polizei war erstmals mit einer solchen Lage konfrontiert und beschloss, scheinbar auf die Forderungen einzugehen und die Terroristen per Hubschrauber zum Flughafen zu bringen. Dort aber eröffneten verborgene Scharfschützen das Feuer, töteten zwei Palästinenser und verwundeten mehrere weitere Personen, darunter auch die Hubschrauberpiloten. Dem folgte ein erbitterter Schusswechsel zwischen den Terroristen in den Helikoptern und deutschen Einheiten, die mit Panzerwagen bereitstanden. Bei der Explosion eines Helikopters kamen mehrere Menschen ums Leben. Kurz darauf wurden fünf Geiseln in einem anderen Hubschrauber von den Terroristen hingerichtet, bevor auch dieser in die Luft gesprengt wurde.

ERSTE ANTI-TERROR-EINHEITEN

Die Rettungsaktion erwies sich für die deutschen Sicherheitskräfte als komplettes Desaster: elf israelische Athleten und fünf Terroristen waren ums Leben gekommen. Außerdem beherrschte der Vorfall wochenlang weltweit die Schlagzeilen. Deutschland reagierte darauf mit der Schaffung der Grenzschutzgruppe 9, oder kurz GSG-9.

Die Münchener Ereignisse veranlassten praktisch jedes Land der Welt zum Nachdenken. Obwohl viele europäische Länder bereits Spezialeinheiten besaßen, war keine eigens für die Terrorbekämpfung ausgebildet. Für viele Regierungen war München ein heilsamer Schock, denn nun erkannte man, dass der Terrorismus eine zunehmende Gefahr darstellte und die am wenigsten gerüsteten Länder wahrscheinlich die nächsten Ziele waren.

Während überall auf der Welt entsprechende Anti-Terror-Einheiten geschaffen wurden, die angemessene Taktiken, Techniken und Prozeduren entwickelten, erwiesen sich einige CRW-Teams als besonders versiert in dieser neuen Art der Kriegsführung. Teams wie der britische SAS und die deutsche GSG-9 wurden so zu einer Elite der Elite.

Anfang der 1980er Jahre hatten die meisten CRW-Teams unabhängig von ihrer organisatorischen Zugehörigkeit einen hohen Ausbildungsstandard erreicht. Zusammensetzung, Organisation, Ausbildung und Waffen sind bei den meisten westlichen Einheiten ähnlich und vielfach am britischen SAS oder der US Delta Force orientiert. Die Tage der ad hoc gebildeten CRW-Teams sind indes seit langem passé, denn kein modernes Land kann es sich leisten, auf eine ständig bereite Anti-Terror-Einheit zu verzichten.

Rechts: Die schwarze Montur der heutigen Anti-Terror-Teams verstärken meist noch den Einschüchterungseffekt.

Terroristische Organisationen

Der Terrorismus ist seit einigen Jahren weltweit auf dem Vormarsch, weshalb weitere Anti-Terror-Einheiten umso notwendiger sind. Nachstehend sind einige der bekanntermaßen aktiven Terrororganisationen aufgeführt.

TERRORISTISCHE ORGANISATION	NATIONALE ZUORDNUNG
Abu-Sayyaf-Gruppe (ASG)	Philippinen
Al Gama'a al Islamiyya (Islamische Gruppe)	Ägypten
Al Quaida (Die Basis)	international
Armata Corsa	Frankreich
Bewaffnete Islamische Gruppe (GIA)	Algerien
Aum Shiri Kyo	Japan
Baskenland und Freiheit (ETA)	Spanien
Chukaku-Ha (Nukleus oder Mittlere Kerngruppe)	Japan
Demokratische Front zur Befreiung Palästinas (DFLP)	Palästina
Fatah – Revolutionärer Rat (Organisation Abu Nidal)	Libanon
Fatah Tanzim	Palästina
Force 17	Palästina
Hamas (Islamische Widerstandsbewegung)	Palästina
Harakat ul-Mujahedin (HUM)	Pakistan
Hisbollah (Partei Gottes)	Libanon
Hizb-ul Mujehideen	Pakistan
Irisch-Republikanische Armee (IRA)	Nordirland
Jamaat ul-Fuqra	Pakistan
Japanische Rote Armee (JRA)	Japan
Jihad-Gruppe	Ägypten
Kach und Kahane Chai	Israel
Kurdische Arbeiterpartei (PKK)	Türkei
Lashkar-e-Toiba	Pakistan
Jugendbewegung Lautaro (MJL)	Chile
Liberation Tigers of Tamil Eelam (LTTE)	Sri Lanka
Loyalist Volunteer Force (LVF)	Nordirland
Patriotische Front Manuel Rodriguez (FPMR)	Chile
Moranzanistische Patriotische Front (FPM)	Honduras
Organisation Mujahedin-e Khalq (MEK oder MKO)	Iran
Nationale Befreiungsarmee (ELN) Kolumbien	Kolumbien
Nat. Korsische Befreiungsfront (FLNC)	Frankreich
Kommission Nestor Paz Zamora (CNPZ)	Bolivien
New People's Army (NPA)	Philippinen
Palästinensische Befreiungsfront (PLF)	Irak
Palästinensicher Islamischer Jihad (PIJ)	Palästina
Partei des Dem. Kampuchea (Rote Khmer)	Kambodscha
Volksfront zur Befreiung Palästinas (PFLP)	Palästina
Kämpfende Volksfront (PSF)	Syrien
Qibla und People against Gangsterism and Drugs (PAGAD)	Südafrika
Real IRA	Nordirland
Rote Armee Fraktion (RAF)	Deutschland
Rote Brigaden (BR)	Italien
Revolutionäre Streitkräfte Kolumbiens (FARC)	Kolumbien
Revolutionäre Organisation 17. Nov.	Griechenland
Revolutionäre Volksbefreiungspartei/Front (DHCP/F)	Türkei
Revolutionärer Volkskampf (ELA)	Griechenland
Sendero Luminoso (Leuchtender Pfad)	Peru
Sipah-e-Sahaba Pakistan (SSP)	Pakistan
Revolutionäre Bewegung Tupac Amaru (MRTA)	Peru

ARG ARGENTINIEN
Brigada Especial Operativa Halcon

Die Brigada Halcon ist eine kleine Anti-Terror-Truppe aus ehemaligen Mitgliedern von Spezialeinheiten und wird bei Operationen im gesamten lateinamerikanischen Raum eingesetzt.

Die Brigada Especial Operativa Halcon übernimmt als taktische Einheit diverse Aufgaben jenseits polizeilicher Möglichkeiten, beispielsweise die Befreiung von Geiseln aus Flugzeugen oder Gebäuden, Operationen gegen Drogenterroristen, VIP-Eskorten und die punktuelle Unterstützung der Sicherheitskräfte. Die 1986 gebildete Einheit besteht aus 75 Kommandosoldaten in fünf Teams à 15 Mann. Sie ist dem Justiz- und Sicherheitsministerium der Provinz Buenos Aires unterstellt und hat ihren Stützpunkt beim 601. Bataillon in Campo de Mayo. Die 15-köpfigen Teams bestehen aus zwei Scharfschützen, einem Sanitäter, einem Unterhändler, je einem Experten für Sprengmittel und Kommunikation und acht Angriffsspezialisten. Bewerber müssen sich strengen physischen und psychologischen Tests unterziehen. Rund 40 Prozent der Kandidaten bestehen die erste Phase, der sich ein Intensivtraining in Selbstverteidigung und der Handhabung diverser Waffen und Sprengmittel anschließt. Nur etwa zehn Prozent der Bewerber schaffen diesen Ausbildungsabschnitt, der in eine 18-monatige Konsolidierungsphase bei der Haupteinheit übergeht.

Die Brigada Halcon (= Falke) verwendet u.a. folgende Ausrüstung: passive IR-Brillen, Kevlar-Helme, Nomex-Kopfschutz und -Handschuhe sowie kugelsichere Westen.

Verwendete Waffen: Messer Glock Modell 8, autom. Pistole Glock 18, Pistole Browning HP35 9 mm, Scharfschützengewehr Barrett M82 mit Zweibein, Sturmgewehr HK 33E.

AUS AUSTRALIEN
Tactical Assault Group (TAG)
Offshore Assault Team (OAT)

Australiens Anti-Terror-Einheiten haben ihren Ursprung in den nationalen SAS-Truppen. Man trainiert regelmäßig gemeinsam mit ausländischen CRW-Verbänden.

Die Tactical Assault Group (TAG) und das Offshore Assault Team (OAT) sind aus dem 1957 gebildeten australischen Special Air Service Regiment (SASR) hervorgegangen. Die TAG wurde mit Blick auf einschlägiges Anti-Terror-Training geschaffen. Beispiele hierfür sind Kampfoperationen in bebautem Gelände und das Erstürmen von Flugzeugen. Die 200 Mann starke Einheit unterhält enge

Rechts: Dreiköpfiger Trupp der Tactical Assault Group (TAG) in voller Kampfmontur mit HK MP5 beim Demonstrieren einer Hausdurchsuchung.

Oben: Ein Sturmtrupp der TAG seilt sich aus zwei Blackhawk-Hubschraubern auf ein Flachdach ab (Übung in Sydney im Vorfeld der Olympiade 2000).

Rechts: Vierköpfiges TAG-Team in typischer Straßenkampfmontur mit feuerhemmenden Overalls, Kevlar-Sturmhelmen und vorgeschnallten Munitionstaschen.

Kontakte zum britischen SAS, dem neuseeländischen SAS und auch der deutschen GSG-9. Die TAG steht bei internationalen Großereignissen wie der Olympiade von Sydney in Bereitschaft. Abgesehen davon wird das terroristische Bedrohungspotenzial für Australien nicht als sehr hoch eingestuft, wenngleich auf diesem Gebiet kein Platz für Selbstgefälligkeit ist.

AUT ÖSTERREICH
Gendarmerieeinsatzkommando (GEK) „Cobra"

Ungeachtet der Tatsache, dass Österreich kaum terroristische Aktivitäten zu verzeichnen hat, gibt es mit dem Gendarmerieeinsatzkommando „Cobra" eine erstklassige Anti-Terror-Einheit. Die derzeit rund 200 Aktiven sind in zahlreichen Bereichen urbaner Kampftechnik unerreicht.

Die Einheit rekrutiert sich aus Ex-Gendarmen und entstand 1978 im Zuge der Umstrukturierung des Gendarmeriekommandos Bad Vöslau infolge zunehmender Terrorangriffe. „Cobra" unterhält enge Kontakte zur deutschen GSG-9 und der französischen GIGN, einschließlich gemeinschaftlichem Training. Primär für die Terrorbekämpfung ausgebildet, ist man ausreichend flexibel, um die unterschiedlichsten Spezialaufgaben zu erfüllen. Besonders renommiert ist die Einheit für ihre Seiltechniken.

Zum Einsatz kommen bevorzugt: Revolver Manurhin MR-73 .357 Magnum, Pistole Glock 17 und Sturmgewehre Steyr AUG 5,56 mm und Steyr 7,62 mm.

Oben: Zwei „Cobra"-Scharfschützen beim Übungsschießen.

BEL BELGIEN
Escadron Spécial d'Intervention (ESI)

Der Escadron Spécial d'Intervention ist nicht allein auf nationaler Ebene aktiv. Beispiele für Auslandsmissionen sind das Erstürmen eines IRA-Verstecks in Antwerpen im Vorfeld eines Belgienbesuchs von Prinzessin Diana und die Neutralisierung bewaffneter Bankräuberbanden.

Der ESI, mit dem flämischen Namen SIE (Speciaal Interventie Eskadron) bezeichnet, trug früher den Namen der römischen Jagdgöttin Diana, die weiterhin das Emblem der Einheit ziert.

Der ESI/Diane entstand nach den tragischen Ereignissen der Olympiade 1972 als Einheit der dem Militär unterstellten Reichsgarde und ist für unterschiedliche militärische und zivile Aufgaben geschult. Gelegentliche Kooperationen bestehen mit der nicht uniformierten Groupe de Répression du Terrorisme (GRT) und der Sécurité de l'État.

Die aus 200 männlichen und weiblichen Mitgliedern zusammengesetzte Einheit gliedert sich in je eine Angriffs-, Beobachtungs- und Inhaftierungsgruppe, ergänzt durch einen Logistiktrupp. Einer strengen zweiwöchigen Vorauswahl schließt sich ein dreimonatiges Intensivtraining an.

Als typische Anti-Terror-Einheit kann ESI/Diane neben den eigenen Waffen und Ausrüstungen auch auf diverse neutrale Fahrzeuge zurückgreifen. Zu den Standardaufgaben gehört neben der Terrorbekämpfung das Abfangen von Drogenhändlern und die Bekämpfung des organisierten Verbrechens.

BRA BRASILIEN

1st Special Forces Battalion and Counterterrorist Detachment

Brasiliens 1st Special Forces Battalion and Counterterrorist Detachment muss mit so verschiedenartigen Umgebungen fertig werden wie den Stadtlandschaften der Ballungsgebiete und den riesigen tropischen Regenwäldern. Entsprechend hart gestaltet sich die Ausbildung, bei der bis zu 90 Prozent der Bewerber scheitern.

Diese Anti-Terror-Einheit mit portugiesischsprachigem Titel 1° Batalhão de Forças Especiais ist 1983 aus einer Gruppe für Dschungelinfiltration und Rettungsoperationen hervorgegangen. Obgleich die brasilianische Armee für ähnliche Aufgaben noch weitere Elitetruppen besitzt, verkörpert das 1st Special Forces Battalion die bedeutendste Spezialeinheit des Landes.

Am Beginn der an der US Delta Force orientierten Ausbildung steht eine strenge, zweiwöchige Vorauswahl, gefolgt von einem 13-wöchigen Anti-Terror-Ausbildungskurs, der an einem geheimen Ort stattfindet. Zur Ausbildung gehören das Abspringen aus dem Helikopter, Fernaufklärungspatrouillen, Sabotage und Operationen in Dschungelregionen wie dem Amazonasbecken. Das 1st Special Forces Battalion besteht aus fünf Kompanien, mit einer Stabs- und Versorgungskompanie, zwei Kampfkompanien, einer Kommando- und einer Anti-Terror-Kompanie.

Waffen

Das 1st Special Forces Battalion verwendet folgende Waffen: Pistolen Colt .45, Beretta und Imbel M-976, Sturmgewehre der Baureihe FN FAL, Karabiner Colt M4, die schwere Maschinenpistole HK53, Flinten Franchi, Remington und Mossberg, Maschinenpistolen HK MP5 und UZI, Scharfschützengewehr HK PSG-1, Granatwerfer M79 40 mm, leichter Mörser Imbel 60 mm und Flammenwerfer Hydroar 11M1.

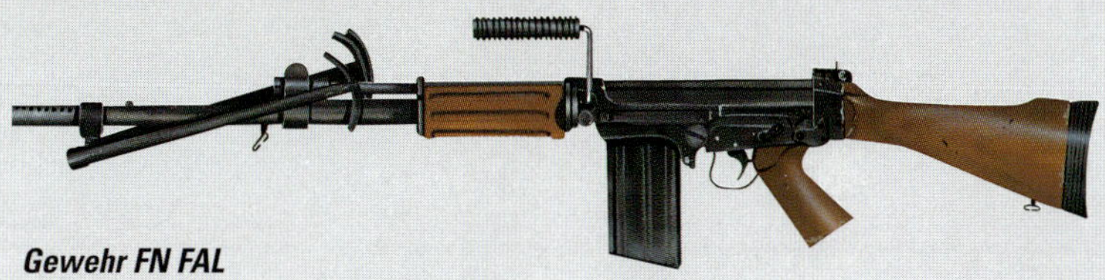

Gewehr FN FAL

CAN KANADA

Joint Task Force Two (JTF2)

Die Joint Task Force Two ist eine geheime Einheit, die auf den Anti-Terror-Fähigkeiten des Special Emergency Response Team (SERT) der Royal Canadian Mounted Police aufbaut. Die SERT-Operatoren kamen während der sieben Jahre, die dieses Team existierte, nie zum Einsatz; das dürfte indes bei der JTF2 anders sein.

Die Joint Task Force Two wurde 1993 aufgestellt, um die Anti-Terror-Aufgaben der Royal Canadian Mounted Police zu übernehmen. Wenngleich offiziell kaum Details verlautbarten, dürfte die Einheit rund 200 Mann aus allen drei Teilstreitkräften umfassen und an einem geheimen Ort unweit der kanadischen Hauptstadt Ottawa stationiert sein.

Die JTF2 ist für massive Anti-Terror-Operationen im Inland ausgebildet und wurde unbestätigten Spekulationen zufolge im Kosovo für Zielidentifizierung nach SAS-Vorbild eingesetzt.

Dem Vernehmen nach soll die Einheit außerdem in Alarmbereitschaft gestanden haben, um von den Serben gefangen genommene kanadische Soldaten zu retten.

CHE SCHWEIZ
Gruppe „Stern"

Gruppe „Stern" ist der gängige Name des Anti-Terror-Teams der Kantonspolizei Bern. Zusammen mit der Gruppe „Enzian" der Stadtpolizei Zürich gewährleistet sie innerhalb der Landesgrenzen eine Anti-Terror-Überwachung rund um die Uhr und ist auf nicht tödliche Waffen spezialisiert.

Wie so oft, wurde auch die Gruppe „Stern" formiert, um einer terroristischen Bedrohung entgegenzutreten, wie sie die Welt 1972 während der Münchener Olympiade schockiert hatte. Die 1975 entstandene Einheit rekrutiert sich aus den Polizeikräften sämtlicher Kantone.

Die besten Bewerber – mindestens fünf Jahre untadeliger Polizeidienst sind Voraussetzung – absolvieren eine sechsmonatige Probezeit mit Trainingseinheiten im Bergsteigen, Gerätetauchen und defensiven Fahren plus Waffenkunde einschließlich Präzisionsschießen.

Die nationalen Formationen wie die Gruppe „Stern" werden durch nicht minder renommierte lokale Kantonsverbände unterstützt. So etwa gelang der Genfer Anti-Terrror-Einheit die Befreiung von Geiseln aus einem gekaperten Jet der Air France.

Oben: Die Scharfschützen der Schweizer Anti-Terror-Einheiten verwenden meist die Scharfschützengewehre SIG Sauer 2000 7,62 mm oder SIG Sauer SG550 Sniper 7,62 mm.

CHL CHILE
Unidad Anti-Terrorista

Chile wurde massiver mit dem Terrorismus konfrontiert als die meisten anderen Länder Amerikas. Die mit US-Spezialeinheiten in Kontakt stehende Unidad Anti-Terrorista bildet die Speerspitze der chilenischen Terrorbekämpfung.

Die führende chilenische Anti-Terror-Einheit besteht aus 120 Operatoren, die in siebenköpfige Teams aufgeteilt sind. Alle Bewerber müssen zunächst den Kommandokurs der chilenischen Armee absolviert haben. Der 1962 mit Hilfestellung der US Rangers eingerichtete Kommandokurs dauert fünf Monate und soll die Soldaten für die unterschiedlichsten Geländeformen und Witterungsbedingungen fit machen. Durchgeführt wird er an einer Fachschule, in der Rekruten für Spezialaufgaben innerhalb von Marine, Heer und Luftwaffe trainiert werden, wie etwa See/Luft/Boden-Operationen oder Präzisionsschießen.

CHN CHINA
Special Operations Unit (SOU)

Das tatsächliche Potenzial der chinesischen Anti-Terror-Truppen bleibt fraglich, denn trotz der guten Ausbildung ist ihre Ausrüstung oftmals überholt oder gar minderwertig. Bisher gibt es keine verlässlichen Informationen über aktive Einsätze.

Die Special Operations Unit, kurz SOU, wurde Mitte der 1980er Jahre gebildet und hat ihren Stützpunkt im Militärbezirk Peking. Struktur und Zusammensetzung weisen große Ähnlichkeiten zur US Delta Force auf, ebenso die zugewiesenen Aufgaben wie Terrorbekämpfung, leicht bewaffnete Angriffe, Befreiung von Geiseln und Kriegsgefangenen, Blitzattacken, CSAR und Bekämpfung von Piraterie.

Obwohl die SOU bei der Auswahl ihrer Waffen und Ausrüstung größere Freiheiten besitzt als andere Spezialeinheiten der Volksbefreiungsarmee (PLA), ist der westliche Standard noch lange nicht erreicht.

Auslese und Trainingsstandards indes sind mit den westlichen Gegebenheiten vergleichbar, so auch die angeblich bei 50–90 Prozent liegende Abbruchquote. Die meist aus den besten PLA-Einheiten ausgewählten Rekruten absolvieren ein Training im Fallschirmspringen, Infiltration und Rückzug per Helikopter, Präzisionsschießen, Abseilen, Gerätetauchen, Umgang mit Booten, Kampfsport, Aufklärung und Fremdsprachen.

Oben: Chinesische Soldaten demonstrieren ihre Fertigkeiten im Kampfsport.

COL KOLUMBIEN
Lanceros

Die kolumbianischen Anti-Terror-Truppen zählen zur Weltspitze und verfügen über fundierte Erfahrungen durch häufige Operationen zur Bekämpfung des Drogenhandels, die nicht selten mit Unterstützung oder nach einem Training durch Spezialeinheiten der US Army erfolgen.

Konfrontiert mit La Violencia – einer Periode organisierter Gewalt nach Ausbruch des Bürgerkriegs im Jahr 1955 –, schuf Kolumbien die Escuela de Lanceros, um Luftlandetruppen zur Niederschlagung von Aufständen auszubilden, wobei die Ausbilder zuvor die Ranger School der US Army besucht hatten. Als durchtrainierte, mobile Truppe erwerben die Lanceros in einem zehnwöchigen Kurs Fertigkeiten im Bergsteigen, Dschungelkrieg, Kampfsport und Luftlandeoperationen sowie die Planung und Durchführung von Aktionen gegen Aufständische.

Die Lanceros-Schule genießt einen derart guten Ruf, dass sie auch von Trainees aus anderen lateinamerikanischen Ländern und sogar Europa besucht wird.

***Rechts:* Mitglied einer polizeilichen Anti-Terror-Einheit mit Kevlar-Helm und Sturmgewehr Galil 5,56 mm aus israelischer Produktion.**

DEU DEUTSCHLAND
Grenzschutzgruppe 9 (GSG-9)

Ihr hohes Anti-Terror-Potenzial erhebt die GSG-9 auf eine Stufe mit dem britischen SAS. Wie dieser gelangte auch die GSG-9 mit einer Einzelaktion in den Blick der Öffentlichkeit: die Beendigung einer Geiselnahme an Bord einer Lufthansa-Maschine im Jahr 1977.

Die GSG-9 war bereits sechs Monate nach dem Massaker von 1972 während der Münchener Olympiade einsatzbereit. Als Bewerber kommen nur Mitglieder des Bundesgrenzschutzes in Betracht. Die akzeptierten Kandidaten absolvieren ein 22-wöchiges Grundtraining in taktischer Terror-

***Unten:* Gute Schützen sind gefragt. Das Scharfschützentraining der GSG-9 soll auf Entfernungen bis 600 m eine tödliche Erstschussmöglichkeit eröffnen.**

***Oben:* Aus der Lufthansa-Maschine in Mogadischu befreite Geiseln werden von Mitgliedern der GSG-9 in Sicherheit gebracht.**

bekämpfung. Die Einheit besteht aus den drei Gruppen GSG-9/1 für Terrorbekämpfung, GSG-9/2 für maritime Terrorbekämpfung und GSG-9/3 für luftbewegliche Terrorbekämpfung.

Die bekannteste Operation war die erfolgreiche Befreiung der Geiseln aus der Boeing 737 „Landshut" 1977 im somalischen Mogadischu, bei der drei Terroristen getötet wurden.

Eine der Operationen der GSG-9 wird bis heute kontrovers diskutiert: die Erschießung des mutmaßlichen Terroristen Wolfgang Grams am 27. Juni 1993, nachdem dieser ein Mitglied der GSG-9 erschossen und einen weiteren Mann verwundet hatte.

Zu den bereitstehenden Fahrzeugen zählen auch neutrale Pkws, Kleinbusse und Lastkraftwagen. Für den Transport in entlegenere Einsatzgebiete existiert zudem eine eigene Fliegergruppe.

Verwendete Waffen: Modellreihe der Maschinenpistole MP5, Sturmgewehr Steyr, Scharfschützengewehr PSG-1, Allzweckmaschinengewehr HK G3, Pistolen P7 und P9 sowie Glock und .357 Magnum.

Links: Übung der GSG-9 im Schnellabseilen und Sichern der Stellung.

DNK DÄNEMARK

Aktionsstyrken (Eingreiftruppe)

Die dänischen Spezialeinheiten trainieren intensiv gemeinsam mit US-amerikanischen und anderen europäischen Anti-Terror-Teams. Ihr Spezialgebiet sind maritime und amphibische Operationen, um die lange, stark zerklüftete Küste vor eindringenden Terroristen zu schützen.

Die der Landespolizei unterstellte Einheit ist primär in der Befreiung von Geiseln aus der Hand von Terroristen geschult, wenngleich ihre Klientel eher aus Schwerverbrechern bestehen dürfte. Achtköpfige Angriffsteams bilden den Kern der aus rund 70 Mann bestehenden Truppe. Man trainiert gemeinsam mit dem Jaegerkorpset, wobei diese militärische Elitetruppe auch für polizeiliche SWAT-Aufgaben eingesetzt werden kann.

Das 1961 nach dem Vorbild von britischem SAS und US Rangers gegründete Jaegerkorpset ist in Fernaufklärung, Sabotage und Terrorbekämpfung ausgebildet, die in Kooperation mit der Aktionsstyrken erfolgt.

EST ESTLAND

Special Operations Group (SOG)

Estlands aufstrebendes CRW-Team, die Special Operations Group (SOG), profitiert wie so viele andere Anti-Terror-Teams überall auf der Welt von der Ausbildung durch Spezialeinheiten der US Army. Für die Truppe gilt derzeit noch die Devise „Klein, aber fein".

In Tallinn stationiert und erst Mitte der 1990er Jahre gegründet, besteht die Special Operations Group (SOG) aus rund 30 Operatoren, deren mangelnde Einsatzerfahrung jedoch durch ihren großen Enthusiasmus wettgemacht wird.

Das Training erfolgt derzeit weitgehend durch US-Spezialeinheiten (in der Regel die Green Berets). Bewerber für die SOG müssen extrem fit sein und mindestens eine Fremdsprache beherrschen. Der Aufnahme geht eine einjährige Rekrutenphase voraus, gefolgt von einem harten neunmonatigen Training etwa im Präzisionsschießen, Abseilen, Klettern, Fallschirmspringen, Gerätetauchen, unbewaffneten Zweikampf und Personenschutz. Die Springerausbildung beginnt mit automatischer Auslösung (sowjetisches System D-5) und führt bis zum freien Fall, bisweilen auch zu Spezialkursen (HALO/HAHO) in den USA. Weitere Qualifizierungskurse im Präzisionsschießen, Umgang mit Sprengmitteln und Geiselbefreiung werden auch angeboten.

Folgende Waffen werden verwendet: Maschinenpistolen HK MP5 und UZI, Sturmgewehr Steyr AUG, Scharfschützengewehr SIG Sauer, Repetierflinte Remington M870 sowie sämtliche Modelle der Pistolen Makarow und Tokarew.

Oben: Estnische Soldaten kauern hinter einem Transporter M923 bei einer internationalen Übung in den USA, 1998.

FIN FINNLAND

Osasto Karhu („Bärentruppe")

Angesichts der skandinavischen Winter verwundert es kaum, dass die Mitglieder von Osasto Karhu in der Kriegsführung bei Minusgraden versiert sind. Neben der üblichen Kampfausbildung erreicht die Truppe ein professionelles Niveau im Skifahren, Eislaufen und Schwimmen unter Gefechtsbedingungen.

Die Osasto Karhu, was aus dem Finnischen übersetzt „Bärentruppe" heißt, ist aus der so genannten ETY hervorgegangen, die wiederum nach den tragischen Ereignissen während der Münchener Olympiade von 1972 geschaffen worden war. Die Einheit besteht aus 40 Polizisten mit Zusatzausbildung etwa im Überlebenstraining unter arktischen Bedingungen, Kampfsport und Präzisionsschießen.

Zu den verfügbaren Transportmitteln zählen neutrale Pkws Saab 900, VW-Busse und ein Helikopter vom Typ Bell Huey.

Folgende Waffen werden verwendet: Pistolen Smith & Wesson .357 Magnum, Glock 17 Kal. 9 mm, Maschinenpistole HK MP5 sowie Scharfschützengewehr HK PSG-1 7,62 mm.

FRA FRANKREICH

Groupe d'Intervention Gendarmerie Nationale (GIGN) Escadron Parachutiste d'Intervention de la Gendarmerie Nationale (EPIGN); Recherche Assistance Intervention Dissuasion (RAID)

Französische Anti-Terror-Einheiten haben sich bei der Bewältigung mehrerer Flugzeugentführungen und Geiselnahmen bewährt. Die meisten dieser Einheiten entstanden in den 1970er Jahren zur Bekämpfung des proarabisch-antifranzösischen Terrorismus.

Die 1974 formierte GIGN besteht aus 82 Unteroffizieren und fünf Offizieren, gegliedert in vier operative Gruppen aus 15 Mann (mit Freifall- und Tauchexperten) und ein vierköpfiges Verhandlungsteam. Berühmt ist die GIGN indes für ihre Schießkünste; die angesehene Schießschule der GIGN wird auch von Mitgliedern ausländischer Anti-Terror-Organisationen besucht. Das Training zielt nicht darauf ab, die Zielperson zu töten, sondern sie nach Möglichkeit nur zu neutralisieren, was eine erhebliche Präzision voraussetzt. Die GIGN übt den Umgang mit unterschiedlichen Waffen, um auch mit den potenziellen Waffen des Gegners vertraut zu sein.

Angenommen werden nur solche Bewerber, die mindestens fünf Jahre

Oben: Mitglieder eines RAID-Teams bei einer Übung in einem Pariser Fußballstadion während der sicherheitstechnischen Vorbereitungen für die WM 1998.

Rechts: GIGN-Operator mit Schnellabseilausrüstung, Nachtsichtbrille und Scharfschützengewehr Giat FR-F2 mit Präzisionszielfernrohr.

Oben: Französische Spezialkräfte überwachen eine Menschenmenge während der Festnahme eines führenden korsischen Nationalisten.

bei der Gendarmerie gedient haben und ein erstklassiges Führungszeugnis vorweisen können. Wer die strenge Vorauswahl überstanden hat, absolviert eine zehnmonatige Ausbildung.

Die GIGN wurde mehrfach eingesetzt, so etwa 1976 in Dschibuti bei der Befreiung von Kindern aus einem Bus und 1994 bei der Rettung von Geiseln aus einer Maschine der Air France auf dem Flughafen Marseille/Marignane. Die GIGN steht in Dauerbereitschaft für Aktionen gegen Terroristen, Drogenhändler und Bankräuber.

Verwendete Waffen: Pistolen SIG Sauer P-228, HK P7 und Manurhin MR-73 .357, Maschinenpistolen UZI 9 mm, HK MP5 SD, Sturmgewehr

EPIGN

Der mit 140 Mann in vier Zügen organisierte und 1984 gebildete EPIGN kooperiert oft mit der GIGN. So etwa unterstützte man die GIGN 1994 bei der Befreiung von Geiseln aus einer Maschine der Air France auf dem Flughafen Marseille/Marignane. Da die Einheit überdies für Sicherheits- und Schutzaufgaben ausgebildet ist, wird sie häufig auch an der Seite des französischen Geheimdienstes (GS PR) eingesetzt.

Zur Ausbildung gehören ferner: Observation, Nachrichtendienst, Kampfschwimmen, Bergsteigen, defensives Fahren und die Handhabung modernster Waffen.

Der EPIGN wurde in diversen Krisengebieten eingesetzt (Libanon, Tschad, Kongo, Ruanda) und hat wiederholt Missionen gegen die baskische Terrorgruppe ETA durchgeführt.

Folgende Waffen werden verwendet: Maschinenpistolen der Baureihe HK MP5, Revolver Manurhin MR-73 .357 Magnum und Smith & Wesson Chief 60, halbautomatische Pistolen Glock 19 und 26, Repetierflinte Remington M870, Gewehr FAMAS, Scharfschützengewehre PGM 7,62 mm, Barrett L82A1 und PGM Hecate .50, OICW-Gewehr HK M29 und Granatwerfer HK69 40 mm.

SIG Sauer SG551, FAMAS 5,56 mm und Ruger HB 308, Karabiner 7,62 mm, Repetierflinten Remington M870 Kal. 12 und Benelli Kal. 12, Scharfschützengewehre Giat FR-F1 und Barrett oder McMillan sowie Granatwerfer HK 40 mm.

RAID

Die 1985 von der Police Nationale als Speerspitze gegen Terrorismus und Kapitalverbrechen aufgestellte Einheit umfasst 60 Operatoren und gliedert sich in vier zehnköpfige Angriffsgruppen, eine zehnköpfige Gruppe von Spezialisten und eine Führungsgruppe.

Bewerber müssen wenigstens fünf Jahre bei der Polizei gedient haben. Der strengen Vorauslese schließt sich ein neunmonatiger Kurs an, der eine Topkondition voraussetzt und in dem das Erstürmen von Flugzeugen und anderen Fortbewegungsmitteln, Fallschirmspringen, Kampftauchen und Observieren trainiert wird.

Rechts: Mitglieder einer französischen Anti-Terror-Einheit mit Ausrüstung für urbane Operationen einschließlich Seilzeug für das Schnellabseilen von Hausdächern.

Links: Ein Vater bringt seine Kinder in Sicherheit, während sich Spezialeinheiten der Polizei im nordfranzösischen Roubaix einen Schusswechsel mit einer Verbrecherbande liefern.

Beispielhafte RAID-Operationen waren die Rettung von Schulkindern aus der Hand eines Terroristen (1993) und die Zerschlagung islamischer Terrororganisationen in Frankreich (1994).

Folgende Waffen werden verwendet: Machinenpistole HK MP5, Sturmgewehr SIG Sauer SG551 5,56 mm, Revolver Manurhin MR-73 .357, Pistole Beretta 92FS und halbautomatische Pistole Glock 19.

GBR GROSSBRITANNIEN
Special Air Service (SAS)
SO19 Firearms Unit (Metropolitan Police)

Während der SAS für die Bekämpfung hochgefährlicher Terrorereignisse vorgesehen ist, widmet sich die SO19 als bewaffnete Reaktionstruppe der Polizei der Schwerkriminalität und sekundären terroristischen Vorkommnissen.

Nach der Münchener Olympiade 1972 beschloss Großbritannien den Aufbau einer Anti-Terror-Kapazität und beauftragte den 22 SAS mit der Bildung eines Counter-Revolutionary Warfare (CRW) Wing. Binnen kurzem hatte der SAS ein 20-köpfiges, unter dem Kommando von Lieutenant Colonel Anthony Pearson stehendes CRW-Team formiert. Dieses „Pagoda Squadron" hatte drei Hauptaufgaben: Gewinnen von Informationen über mögliche terroristische Bedrohungen, Vereiteln terroristischer Aktivitäten und Durchführen direkter Anti-Terror-Operationen.

Hinzu kam die Entwicklung konkreter Taktiken hinsichtlich denkbarer Terrorziele, also Geiselbefreiungen aus Flugzeugen, Schiffen, Gebäuden, Ölplattformen, Kernkraftwerken und auch öffentlichen Unterhaltungseinrichtungen. Um diesen Aufgaben wirklich gerecht zu werden, wurden neue Kommunikationssysteme und hochempfindliche Überwachungsanlagen angeschafft. Neben der internen Ausbildung trainierte man auch mit regionalen britischen Polizeiverbänden und mit auswärtigen Anti-Terror-Truppen wie der deutschen GSG-9, der französischen GIGN und der US Delta Force.

Noch im Aufbau begriffen, wurde das „Pagoda Squadron" 1975 wegen einer Flugzeugentführung auf dem Londoner Flughafen Stansted in Bereitschaft gesetzt, doch der Vorfall nahm ein friedliches Ende, ohne dass es zu einem Einsatz kam. Noch im gleichen Jahr wurde eine vierköpfige Gruppe der IRA von der Polizei enttarnt, worauf die Männer ein älteres Ehepaar in einer Londoner Wohnung als Geiseln nahmen. Da es für die Terroristen keinen Fluchtweg gab, verschanzten sie sich für fast sechs Tage in dieser Privatwohnung, bis sie schließlich aus dem Radio erfuhren, dass der SAS vor Ort im Einsatz sei, um die Krise zu beenden.

Oben: Gasmasken dienen in erster Linie dem Schutz vor Rauch aus Blendgranaten oder Behältern mit CS-Gas, die im Vorfeld des Angriffs eingesetzt werden.

Unten: Jedes SAS-Mitglied ist für die Neutralisierung von Gefahren in einem speziellen Raumsektor verantwortlich. Der Zugang erfolgt durch die Tür oder ein in die Wand gesprengtes Loch.

Dies stimmte nur zum Teil. Zwar hatte man das „Pagoda Squadron“ tatsächlich nach London beordert, doch man stand in Wartestellung, während die Polizei die Lage allmählich entschärfte. Für die Geiselnehmer der IRA war indes der bloße Name SAS einen Anlass zum Umdenken: Davon überzeugt, dass ein paar Jahre Knast besser seien als der Versuch, einen Sturmangriff der SAS zu überleben, ergaben sich die vier Männer.

MOGADISCHU

Im Mai 1977 erbaten die niederländischen Behörden die Hilfe der SAS, nachdem südmolukkische Terroristen einen Zug gekapert hatten. Der SAS reagierte mit der Entsendung eines kleinen Beraterteams, das sich auf eine rein passive Rolle beschränkte.

Ganz anderes gestaltete sich dagegen die nächste Operation des SAS im somalischen Mogadischu. Deutschland hatte um Unterstützung durch die SAS angefragt, nachdem palästinensische Terroristen eine Lufthansa-Maschine auf dem Flug von Mallorca nach Frankfurt gekapert hatten. Nach einem Tankstopp in Rom absolvierte die Boeing 737 mit ihren 86 Passagieren und der fünfköpfigen Crew eine Irrfahrt, die schließlich in Mogadischu endete. Eine weitere Maschine der Lufthansa mit deutschen Unterhändlern und 30 Mann der GSG-9 war der gekaperten Boeing dicht auf den Fersen. Sie wurden bereits von zwei Mitgliedern des SAS (Major Alastair Morrison und Segeant Barry Davies) erwartet, die man entsandt hatte, um die Befreiungsaktion zu unterstützen.

Nachdem die Terroristen den Piloten ohne Vorwarnung ermordet hatten, kam der Entschluss, die Maschine zu stürmen. Die Männer des SAS standen mit Lärm-Blend-Granaten bereit, während sechs fünfköpfige Teams der GSG-9 sich rund um die Maschine postiert hatten. Die Erstürmung verlief überaus erfolgreich, da drei der vier Terroristen getötet und nur vier Passagiere verletzt wurden.

Wie der SAS später zu erkennen gab, hatte der vierte Terrorist, eine junge Frau, nur überlebt, weil nicht in Tötungsabsicht geschossen wurde. Einige Jahre später kam es zu einer Begegnung zwischen dem SAS-Mann und der Terroristin. Inzwischen glücklich verheiratet und Mutter, dankte sie ihm, dass er ihr Leben geschont hatte.

PRINCES GATE

Danach setzte das „Pagoda Squadron“ ihr Training fort, um für jeglichen Vor-

Unten: Während der Operation „Nimrod“ hat sich ein SAS-Mitglied beim Abseilen verheddert und ist kurzzeitig den Flammen ausgesetzt.

Oben: Um durch die Fenster in die Botschaft einzudringen, werden geformte Trennladungen angebracht.

fall gewappnet zu sein, wo auch immer in der Welt er sich ereignen sollte. Monat für Monat wurden die Geiselbefreiungstechniken eingeübt, bis man sie im Schlaf beherrschte. Was nun noch fehlte, war eine Bewährungsprobe. Diese kam am 5. Mai 1980. Am Morgen des 30. April 1980 hatten sechs Terroristen die iranische Botschaft am Londoner Princes Gate durch den Haupteingang betreten. Es handelte sich um Mitglieder der kaum bekannten, vom Irak finanzierten Demokratischen Revolutionären Front zur Befreiung von Arabistan. Für Trevor Lock, den vor dem Gebäude Wache stehenden Polizisten, war der Anblick der sechs Araber nichts Ungewöhnliches. Als er ihnen gerade die Tür öffnen wollte, versuchte einer der Terroristen mit gezückter Waffe, ins Gebäude zu stürmen. Der Polizeibeamte stieß ihn jedoch instinktiv zurück und knallte ihm die Tür vors Gesicht. Nun eröffneten einige der Angreifer aus diversen Kleinpistolen und Skorpion-MPs das Feuer auf die Botschaft, während andere die schwache Tür eindrückten. Während sie schießend in die Botschaft eindrangen, konnten zwei Mitarbeiterinnen durch eine Hintertür fliehen und ein dritter Botschaftsangehöriger durch das Fenster eines angrenzenden Büros entkommen. Für das restliche Personal waren die Angreifer zu schnell; eine Person verletzte sich beim Versuch, durch ein Fenster im Obergeschoss zu entkommen und wurde von einem der Terroristen rasch ins Gebäude zurückgezerrt.

Die Terroristen hatten nun 26 Geiseln, einschließlich des Polizisten, der zuvor jedoch noch Alarm schlagen konnte. Binnen kurzem wimmelte die gesamte Umgebung von Spezialeinheiten, mit Scharfschützen D11 der Polizei, Anti-Terror-Beamten C-13, Special Patrol Group (SPG) und Mitgliedern von Scotland Yards Abteilung C7 für technische Unterstützung. Gemäß dem operativen Standardverfahren (SOP) war auch der SAS benachrichtigt worden und bereits im Anmarsch.

Damals hatte der SAS für die Terrorbekämpfung durch das Special Projects Team (SPT) rund 20 Mann in Dauerbereitschaft. Um jederzeit einen unverzüglichen Einsatz zu garantieren, stand eine C-130 Hercules der RAF bereit, ergänzt durch einige Helikopter Agusta A-109 des Army Air Corps (AAC).

OPERATION „NIMROD"

Die Männer des SAS wurden in die Nähe der Botschaft gebracht, um sich für die Operation „Nimrod" bereitzuhalten. Unterdessen hatten die Terroristen folgende Forderungen an die britische Regierung gerichtet: sofortige Freilassung von 91 Arabern aus iranischen Gefängnissen (in der iranischen Region Arabistan leben kaum Iraner, sondern vor allem Araber). Sämtliche Ex-Häftlinge sollten nach Großbritannien geflogen werden und dort politisches Asyl erhalten. Die Verhandlungen sind unter Aufsicht arabischer Botschafter zu führen. Vollständige Erfüllung bis spätestens 1. Mai, 12 Uhr, ansonsten Tötung der Geiseln. Es stand jedoch völlig außer Frage, dass man auch nur eine der Forderungen erfüllen würde.

Selbst wenn sich die britische Regierung verhandlungsbereit gezeigt hätte, waren die diplomatischen Beziehungen nach dem Sturz des prowestlichen Schahs stark angespannt. Über-

Oben: Die Operation in der iranischen Botschaft machte die Männer des SAS über Nacht zu Helden, wobei diese ungewollte Publizität zugleich die nötige Geheimhaltung gefährdete.

dies war Premierministerin Thatcher entschlossen, dass sich Großbritannien unversöhnlich gegenüber dem Terrorismus zeigen müsse, um nicht weiteren Vorfällen dieser Art Tür und Tor zu öffnen.

Inzwischen konnten polizeiliche Unterhändler die Terroristen überreden, auf die Forderung zur Freilassung der Gefangenen zu verzichten. Unterdessen konferierte Thatcher mit Mitgliedern von SAS, MI5, MI6 und des Verteidigungsministeriums und leitete entsprechende Empfehlungen an das Joint Operations Centre (JOC).

Ungefähr zeitgleich diskutierten Planer des SAS mit ihren Polizeikollegen von C7 über Möglichkeiten, in die Botschaft einzudringen. In der iranischen Botschaft hatte man bereits überaus raffinierte Überwachungsvorrichtungen installiert, einschließlich Mikrofonen in den Räumen und Minikameras für hochauflösende Bilder. Zu einem bestimmten Zeitpunkt benötigte man außerhalb der Botschaft eine Lärmquelle, um die bei der Installation der Überwachungsgeräte entstehenden Bohrgeräusche zu übertönen. Als Margaret Thatcher von diesem Problem erfuhr, wies sie die zivile Luftfahrtbehörde CAA unverzüglich an, alle Flüge über London auf einer weit geringeren Höhe als üblich über die Botschaft umzuleiten. Und sie gab Order an British Gas, zur Tarnung der C7-Operationen die Straße beim Hintereingang der Botschaft aufzureißen.

AKTIONSPLAN

Die Männer des SAS warteten nun gespannt auf den Startschuss für den Sturm auf die Botschaft. Ihr Plan war simpel: Zwei vierköpfige Teams würden sich hinten am Gebäude vom Dach abseilen, während ein drittes Team durch die Fenster im ersten Stock eindrang. Da die Scheiben kugelsicher waren, würde man die Fensterrahmen sprengen. Blendgranaten und CS-Gas sollten die Terroristen verwirren, während die Räumungsteams des SAS eindrangen.

Aus Sicherheitsgründen trugen die SAS-Männer in den rauchgeschwängerten Räumen schwarze Overalls. Ergänzt wurde die Ausrüstung durch Splitterwesten, S6-Gasmasken sowie HK MP5 und Pistole Browning Hi-Power 9 mm.

Am Montag, dem 5. Mai, sprach Awn Ali Mohammed, der Anführer

Oben: Kleidung und Ausrüstung der SAS-Soldaten bei der erfolgreichen Erstürmung der iranischen Botschaft in London.

der Terroristen, wie gewohnt mit den Unterhändlern, doch seine Stimme wirkte gereizt. Um 18 Uhr 50 gab es im Inneren der Botschaft drei Schüsse und der Leichnam des leitenden Presseattachés wurde auf die nach außen führende Treppe geworfen. Von nun an war SAS-Kommandeur Lieutenant Colonel Michael Rose für die Botschaftsoperation verantwortlich.

ERSTÜRMEN DES GEBÄUDES

Es war nun an der Zeit, die Krise zu beenden. Um 19 Uhr 20 seilten sich drei vierköpfige Teams seitlich am Gebäude ab, um über die Fenster im zweiten und dritten Stock einzudringen. Zeitgleich kletterten weitere SAS-Mitglieder von einem angrenzenden Gebäude auf den Balkon im ersten Stock und platzierten Sprengladungen an den Fensterrahmen, während sich ein weiteres Team durch die hinteren Kellerfenster vorkämpfte. Das Geräusch von splitterndem Glas versetzte die Terroristen in Panik. In einem Büro entspann sich ein Kampf zwischen ihrem Anführer und dem wachhabenden Polizisten. Wenige Sekunden später stürmte ein SAS-Soldat durch die Tür und erschoss den Terroristenführer auf der Stelle. Ein weiterer, mit einer Pistole bewaffneter Terrorist rannte in den hinteren Gebäudeteil, wo er von SAS-Soldaten niedergeschossen wurde, bevor er selbst abdrücken konnte.

Inzwischen hatten Männer des SAS im zweiten Stock das Hauptbüro betreten, in dem sich die meisten Geiseln aufgehalten hatten. Diese waren jedoch in den Telexraum umquartiert worden. Während der SAS versuchte, die verschlossene Tür zu öffnen, kletterte einer der Soldaten auf den angrenzenden Balkon, um durchs Fenster in den Raum einzudringen. Dabei bemerkte er, wie einer der Terroristen versuchte, das Zimmer in Brand zu setzen; wegen einer Ladehemmung vermochte er jedoch nicht einzugreifen. Im Telexraum hatten zwei der vier restlichen Terroristen mit der Erschießung der Geiseln begonnen. Als die Männer endlich in den rauchgeschwängerten Raum eindringen konnten, mussten sie feststellen, dass sich die Terroristen unter die Geiseln gemischt hatten. Einen von ihnen erkannte man rasch und zog ihn von den echten Geiseln fort. Nachdem er dabei eine verdächtige Bewegung gemacht hatte, wurde er kurzerhand erschossen. Nach Umdrehen des Leichnams stellte sich heraus, dass eine Hand eine Granate umfasst hielt, wodurch das Vorgehen gerechtfertigt war und eine Mordanklage hinfällig wurde. Ein zweiter bewaffneter Terrorist wurde erschossen, als er versuchte, sich unter die Geiseln zu mischen, die aus dem brennenden Gebäude evakuiert wurden. Den letzten Terroristen fand man unbewaffnet zwischen den Geiseln verborgen.

MISSION ERFÜLLT

Die gesamte Operation – von der Übernahme der Verantwortung durch den SAS bis zu ihrer Rückgabe an die Polizei – dauerte nur 46 Minuten. Alles in allem war dies eine beachtliche Leistung und besonders spektakulär, da die Aktion live im Fernsehen übertragen und auf der ganzen Welt ausgestrahlt wurde. Die Männer des SAS wurden anschließend in bereitstehende Vans verfrachtet und in rasanter Fahrt zu einer verdienten Feier gebracht.

Insgesamt waren rund 50 Mitglieder mittelbar oder unmittelbar an der Operation beteiligt. Die Aktion endete mit zwei ermordeten und zwei verwundeten Geiseln und einem SAS-Soldaten mit leichten Verbrennungen infolge eines verhedderten Seils während der ersten Angriffsphase. Bilanz für die Terroristen: Sechs hatten die Botschaft betreten, doch nur einer kam lebend heraus.

SO19 Firearms Unit (Metropolitan Police)

Die Einheit entstand 1966 als Reaktion auf die zunehmende Gefährdung durch bewaffnete Angriffe auf die Polizei. Da man in Großbritannien weiterhin am Prinzip der unbewaffneten Polizisten festhält, soll die SO19 Firearms Unit mit ihren Schusswaffen nur im Bedarfsfall unterstützend tätig werden.

Mit Blick auf höchstmögliche operative Effizienz der SO19 Firearms Unit wurden 1991 so genannte ARVs (Armed Response Vehicles) eingeführt. Ständig patrouillierend, sollen die Fahrzeuge bei Geiselnahmen im Rahmen der Erstreaktion eingesetzt werden. Je nach Art der Krise kann die Polizei mit der Armee kooperieren und ihr eventuell auch die Befehlsgewalt übergeben. Genau dies geschah, als das Regiment des Special Air Service 1980 durch den Innenminister ermächtigt wurde, die iranische Botschaft in London zu stürmen.

Im Zentrum der SO19 in Lippitts Hill werden diverse Schießkurse abgehalten, von der Grundausbildung an der Schusswaffe bis zum ABC des taktischen Stürmens von Gebäuden.

IDN INDONESIEN
Detachment 81 (Det 81)

Das Detachment 81 als solches existiert nicht mehr, doch seine Elitesoldaten sind in anderen indonesischen Spezialeinheiten weiterhin tätig. Angesichts der zahlreichen extremistischen religiösen und politischen Gruppierungen werden die Special Forces häufig eingesetzt.

Das Detachment 81 entstand 1981 nach der Befreiung von Geiseln, die von muslimischen Fundamentalisten an Bord einer indonesischen Maschine auf einem thailändischen Flughafen gefangen gehalten wurden.

Die an vergleichbaren britischen und US-amerikanischen Verbänden orientierte Einheit bestand damals aus 300 Mann. Aufgrund der ethnischen Spannungen in einem Land mit etwa 13000 Inseln und vielfältigen Kulturen und Religionen stand Det 81 in Dauerbereitschaft für Operationen gegen Aufständische – womöglich auch in Osttimor, wo das indonesische Militär an einer umstrittenen Präsenz festhielt. In den 1990er Jahren wurden die Anti-Terror-Truppen neu gegliedert und Det 81 ging in einer übergeordneten Organisation auf.

Unten: Indonesische Kommandos bei einer Demonstration. Negativ ist die Ungleichartigkeit der verwendeten Waffen: Zwei Männer tragen Kalaschnikow-Gewehre, der Dritte (Mitte) ein israelisches Galil.

IND INDIEN
National Security Guards (NSG) „Black Cats"

Indiens erstes CRW-Team war die in den 1970er Jahren gebildete, 12000 Mann starke Special Frontier Force (SFF). Während die SFF zahlreiche operative Probleme hatte, konnten die späteren National Security Guards einige hochriskante Operationen erfolgreich abschließen.

Die NSG wurden 1985 von der indischen Regierung formiert und sind mit rund 7500 Mitgliedern ein ansehnlicher Verband. Ihre Aufgaben konzentrieren sich vor allem auf Terrorbekämpfung und Geiselbefreiung. Die NSG sind in zwei Gruppen gegliedert: die Special Action Group (SAG) und die Special Rangers Group (SRG). Wer die 90-tägige Grundausbildung besteht, wird in die NSG aufgenommen, um weiteres Intensivtraining zu absolvieren.

Eine der Operationen unter Beteiligung der NSG war die Erstürmung des Goldenen Tempels von Amritsar 1986 und 1988. Beim Sturm auf eine gekaperte Boeing 737 der Indian Airlines im Jahr 1974 wurden der Luftpirat getötet und die Geiseln unverletzt befreit. Wie es heißt, führen die NSG tiefe Vorstöße nach Kaschmir durch. Auf einigen Schlüsselflughäfen sind ihre Teams jedenfalls in Dauerbereitschaft.

Verwendete Waffen: Maschinengewehre HK 9 mm, Scharfschützengewehr HK PSG-1, Schrotflinte HK 512.

Rechts: Die Finanzierung der National Security Guards ist eher bescheiden, wie an dem einfachen Sturmgewehr Kalaschnikow AKM zu sehen.

ISR ISRAEL
Sayeret Golani
Sayeret Mat'kal
Caesarea

Die israelischen Spezialeinheiten haben mehr Kampferfahrung als jede andere CRW-Einheit. Sie haben das gesamte Spektrum der Anti-Terror-Techniken perfektioniert und bringen sie gegen straff organisierte Terrornetzwerke in Israel und der arabischen Welt regelmäßig zum Einsatz.

Der Staat Israel ist seit seiner Gründung mit Terrorismus und begleitenden Gewaltakten konfrontiert. Langjährige bittere Erfahrungen führten zur Erarbeitung einer durchgreifenden politischen und militärischen Anti-Terror-Strategie. Die von Israel entwickelten Grundlagen der Terrorbekämpfung umfassen:

• Operative Maßnahmen – vorgreifende Aktionen durch Armee- und Sicherheitsverbände gegen bekannte terroristische Ziele. Typische Maßnahmen sind Präzisionsluftangriffe, Schiffsbombardements und Vorstöße am Boden.
• Defensive Operationen – technische Unterbindung von Terrorattacken, etwa durch Straßensperren, Elektrozäune, Anhalten und Durchsuchen sowie Bau befestigter Siedlungen.
• Strafmaßnahmen – legale Aktivitäten gegen terroristische Planer, Aktivisten, Finanziers und Helfer, beispielsweise durch Festnahme von Verdächtigen, Beschlagnahmung, Einschränkung der Bewegungsfreiheit, Ermordung sowie Versiegeln oder Zerstören von Häusern nachweislicher Terroristen.

Diese Aktionen werden meist von speziell trainierten Einheiten der israelischen Streitkräfte durchgeführt, wie der Golani-Brigade, Mat'kal-Brigade oder Caesarea (siehe auch Seite 57ff.).

Rechts: Soldatin beim Scharfschützentraining einer Anti-Terror-Einheit. Weibliche Operatoren erweitern die taktischen Optionen für verdeckte Überwachung oder Infiltration.

CAESAREA

Diese Spezialeinheit hat die besondere Aufgabe, ausländische Kommandeure, Kontrolleure und Finanziers der Feinde Israels zu eliminieren. Nach dem gescheiterten Versuch der Ermordung des Hamas-Führers Khaled Masha'al vor einigen Jahren aufgelöst, wurde die Einheit im September 2002 reaktiviert – nach fast zwei Jahren ständiger Gewalt gegen israelische Bürger und Soldaten durch palästinensische Terroristen von Islamischem Djihad und Hamas. Die israelische Regierung und ihre Sicherheitsberater sahen keine andere Wahl, als drastische Maßnahmen gegen die Terroristen und ihre Helfer zu ergreifen.

Ceasarea wird derzeit von Meir Degan kommandiert. Der ehemalige Kommandosoldat und Agent untersteht dem israelischen Geheimdienst Mossad. Nach seiner Aussage werden islamische Extremisten im Ausland nunmehr ebenso angreifbar sein wie jene, die vom israelischen Militär im Westjordanland und im Gazastreifen getötet wurden – was keine leere Drohung sein dürfte.

Caesarea besteht aus rund 30 bestqualifizierten Kämpfern der israelischen Sicherheitsdienste. Die meisten Mitglieder sind ehemalige Kommandosoldaten, die mindestens eine Fremdsprache beherrschen und sich ihrer jeweiligen Umgebung anpassen können. Aus Sicherheitsgründen werden ihre Gesichter niemals gezeigt, nicht einmal anderen Mossad-Agenten. Viele von ihnen leben jahrelang als „Schläfer" im Ausland, um dann unverzüglich und präzise zu agieren.

Bereits die Hürden für eine Aufnahme in den Mossad sind ungemein

Links: Nach der Operation „Isotope" am 9. Mai 1972 werden befreite Geiseln von Mitgliedern der Sayeret Mat'kal eskortiert. Links im Bild steht Ehud Barak, der spätere israelische Premierminister.

Operation „Defensive Shield“

Im März 2002 ereignete sich eine Flut von Terrorattacken durch palästinensische Kämpfer und Selbstmordattentäter, bei denen 80 israelische Bürger getötet und Hunderte verletzt wurden. Unter der Führung von Premierminister Ariel Sharon entschloss sich die israelische Regierung zu einer Reihe einschneidender Aktionen gegen palästinensische Stellungen im Westjordanland. Brennpunkt der Operation „Defensive Shield“ (Schutzschild) war das palästinensische Flüchtlingslager Jenin – seit Jahren Keimzelle gewaltsamen Widerstands gegen die israelische Besatzung und Hochburg islamischer Terroristen.

Im Schutz der Dunkelheit startete die Golani-Brigade am 2. April 2002 einen Angriff auf Jenin. Zunächst verlief alles planmäßig, da die den Vorstoß anführenden Soldaten gut mit Nachtsichtgeräten, gepanzerten Mannschaftswagen (APC) und Panzern ausgerüstet waren. Dann brach der Tag an. Und von nahezu jedem Dach und Hinterhof eröffneten palästinensische Schützen plötzlich das Feuer – eine straff koordinierte Aktion, bei der mehrere ungeschützte Soldaten binnen Sekunden getötet oder verwundet wurden. Als die Israelis nach einiger Zeit ihren Vorstoß fortsetzten, bemerkten sie, dass sie sich inmitten zahlreicher Sprengfallen befanden, die ihren Aufklärungstrupps entgangen waren.

Was nun folgte, kann nur als eine Reihe kurzer, brutaler und blutiger Kontakte beschrieben werden, da die Männer der Golani-Brigade Straße für Straße um jedes Haus kämpften, bis sie den Panzerwagen einen Weg gebahnt hatten. Als die Israelis gerade die Oberhand zu gewinnen schienen, trat ein palästinensischer Selbstmordattentäter aus dem Eingang eines zerstörten Gebäudes, lief mitten in eine Gruppe israelischer Soldaten und zündete die Bombe. Zeitgleich explodierten einige kleinere Sprengsätze, die in nahe stehenden Abfallkübeln und Autowracks verborgen waren. Während sich Sanitäter vergeblich um ihre Kameraden bemühten, eröffneten palästinensische Scharfschützen aus den beschädigten Gebäuden das Feuer und töteten oder verwundeten alle Soldaten in der Umgebung.

Für die Israelis brachte dies das Fass zum Überlaufen. Bisher hatten sie sorgsam darauf geachtet, zivile Opfer zu vermeiden und wegen des zu hohen Risikos eine Luftunterstützung abgelehnt. Nun aber war man entschlossen, die getöteten oder verwundeten Kameraden zu rächen. Während sich die Golani-Brigade neu zum Angriff formierte, säuberten Apache- und Cobra-Kampfhubschrauber die Gebäude, um die Palästinenser aus ihren Verteidigungsstellungen zu treiben.

Nach tagelangen heftigen Gefechten ergaben sich die Palästinenser schließlich. In vier Tagen waren 23 israelische Soldaten getötet (meist Reservisten) und 75 verwundet worden, während auf palästinensischer Seite von 50 Toten und 130 Verletzten ausgegangen wird.

Links: Bewaffnete Palästinenser auf Patrouille im Flüchtlingslager Jenin (Westjordanland). Nachdem die Zahl der Terrorattacken und Selbstmordattentate seit März 2002 angestiegen war, wollte Israel unbedingt die Kontrolle über die seit langem als militante Hochburg geltende Stadt erlangen.

hoch, denn nur einer von tausend Bewerbern wird akzeptiert. Und aus dieser Elitetruppe bringt es nur einer von hundert Kandidaten bis zum Operator der Caesarea.

Die in der Vergangenheit von Caesarea durchgeführten Operationen unterliegen weitgehend höchster Geheimhaltung. Bekannt ist jedoch, dass jene palästinensischen Terroristen, die für die Ermordung von elf israelischen Sportlern während der Olympischen Spiele 1972 in München verantwortlich waren, von Mitgliedern der Caesaera umgebracht wurden.

Unten: Scheich Ahmad Yassin, ehedem Führer der islamischen Hamas und am 22. März 2004 von Israel liquidiert, auf dem Weg ins Gericht (Januar 1991).

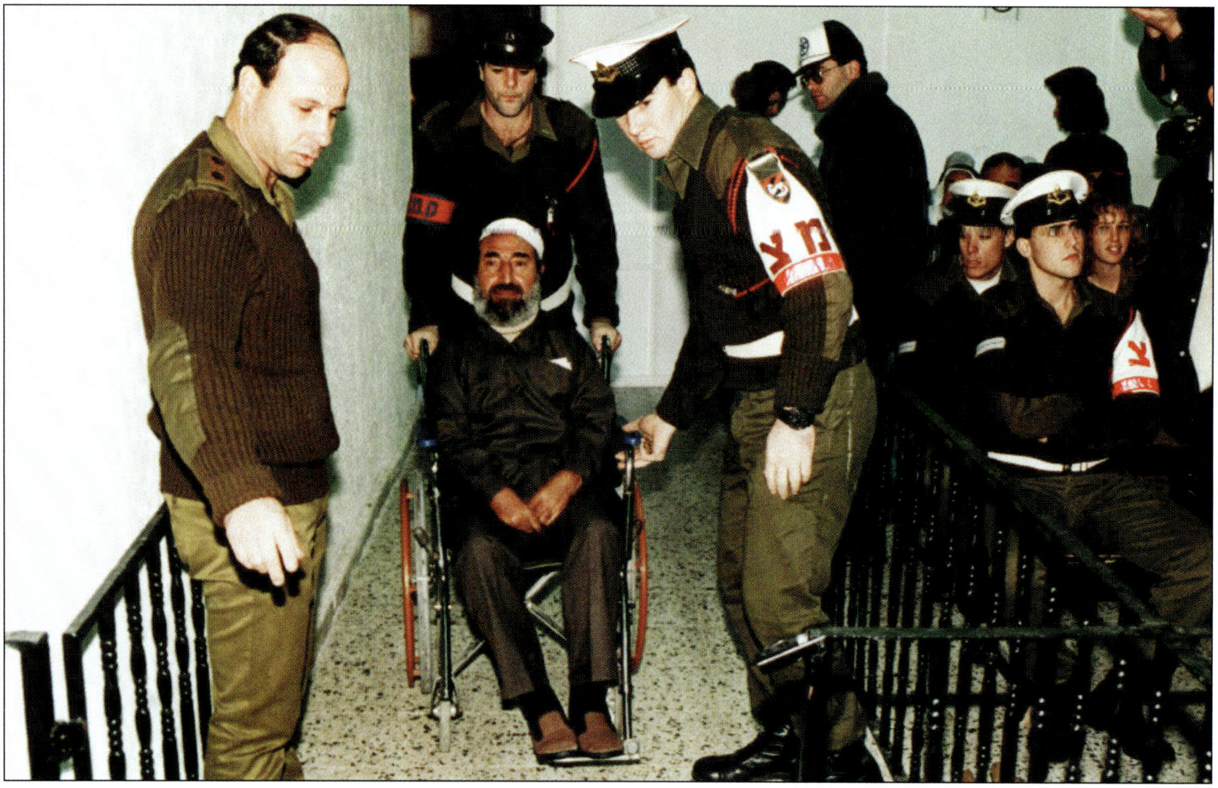

ITA ITALIEN

Gruppo Intervento Speciale (GIS) Nucleo Operativo Centrale di Sicurezza (NOCS)

Das nationale terroristische Bedrohungspotenzial geht in der Hauptsache auf linksradikale revolutionäre Gruppierungen zurück. Die 1978 gebildeten Spezialeinheiten GIS und NOCS gehören inzwischen zur Weltspitze der CRW-Kräfte und konnten die terroristischen Aktivitäten in Italien eindämmen.

Um der wachsenden Terrorgefahr zu begegnen, formierten die Carabinieri im Jahr 1978 die Gruppo Intervento Speciale (GIS), bestehend aus 100 Mann in vier Sektionen einschließlich einer Scharfschützen/Aufklärungseinheit. Die Bewerber rekrutieren sich allesamt aus dem 1. Fallschirmbataillon der Carabinieri (Tuscania) und besuchen einen zweiwöchigen Auslesekurs, bei Bestehen gefolgt von einem zehnmonatigen

Trainingskurs mit Gefechtsschießen, Sprengmittelkunde und Kampfsport.

Folgende Waffen werden verwendet: Beretta 92F, HK MP5, Beretta M12, Steyr TMP, Smith & Wesson Patrolman .357 Magnum, Beretta SCP 70/90, Steyr AUG, Scharfschützengewehre Mauser 86SR und Barrett M82 .50 sowie Flinten Franchi SPAS 12 und 15 Kal. 12.

NOCS

Der Nucleo Operativo Centrale di Sicurezza (NOCS) ist die Anti-Terror- und Geiselbefreiungseinheit der italienischen Staatspolizei. Die rund 100 Mann sind in einzelne Sektionen aufgeteilt, etwa für operative Interventionen, Personenschutz und Logistik. Bewerber müssen mindestens vier Jahre Polizeidienst absolviert haben. Dem Auswahltest schließt sich ein sechsmonatiges Basistraining an, mit Ausbildung im Schießen, Klettern, unbewaffneten Nahkampf und defensiven Fahren.

Je nach individueller Eignung kann dies später durch spezielle Trainings-

Oben: Das auf eine Distanz von 300 m bis auf 8 cm treffgenaue Scharfschützengewehr HK PSG-1 wird von den italienischen Anti-Terror-Einheiten bevorzugt.

Rechts: NOCS-Operator in der urbanen Standardmontur der Spezialeinheiten einschließlich Schutzhelm mit Visier und Maschinenpistole Beretta 12S 9 mm.

einheiten, etwa im Fahren unter Gefechtsbedingungen, ergänzt werden.

Der NOCS pflegt enge Kontakte und Kooperationen mit vergleichbaren europäischen Einheiten wie dem belgischen ESI (Diane) und der deutschen GSG-9.

Zu den bevorzugten Waffen zählen: Maschinenpistole HK 9 mm, halbautomatische Pistole Beretta 92FS 9 mm, Colt Python .357 Magnum, Revolver .38 Special, Sturmgewehre Beretta AR 70/90, Galil SAR und HK G41 sowie Scharfschützengewehr Barrett M82.

***Oben:** Zu jedem CRW-Team des italienischen Nucleo Operativo Centrale di Sicurezza (NOCS) gehört in der Regel eine Flinte, um bei gewaltsamen Eindringaktionen Schlösser und Riegel zu sprengen.*

***Unten:** Scharfschütze der italienischen Polizei hinter einem offenen Fenster. Wie trainiert, nutzt er die vorhandenen Schatten, anstatt sich unmittelbar im Fenster zu postieren.*

JOR JORDANIEN
Special Operations Unit

Als Elitetruppe wird die jordanische Special Operations Unit nach ähnlichen Prinzipien trainiert wie die Anti-Terror-Einheiten von US Delta Force und britischem SAS. Die kampferprobten Männer wurden häufig gegen radikale palästinensische Splittergruppen eingesetzt.

Im Zentrum des Nahostkonflikts gelegen, hat Jordanien bereits eine Unzahl terroristischer Vorfälle erlebt, darunter auch Flugzeugentführungen und die Ermordung von Diplomaten. Um den Gefahren angemessen begegnen zu können, schuf die jordanische Armee aus dem 101st Special Forces Battalion eine Special Operations Unit.

Diese Eliteeinheit ist berühmt für ihre Meisterschaft im Kampfsport und Nahkampf. Das breit gefächerte Training der 150 Operatoren, die in Teams aus rund 40 Mann aufgeteilt sind, umfasst den Umgang mit Sprengmitteln, Scharfschießen, Klettern, Abseilen und Infiltration per Helikopter – und nicht zuletzt auch die Befreiung von Geiseln aus Gebäuden, Flugzeugen und anderen Verkehrsmitteln.

JPN JAPAN
Special Assault Team (SAT)

Mehr als 50000 der in Japan lebenden Personen gelten als potenziell oder tatsächlich in terroristische Aktivitäten involviert. Deren Bekämpfung ist Aufgabe des polizeilichen SAT.

Das Special Assault Team (SAT) entstand im April 1996 vor allem infolge des Giftgasangriffs 1995 in der Tokioter U-Bahn durch die Aum-Sekte, bei dem zwölf Menschen ums Leben kamen. Die 200 Mann des SAT sind in zehn Zügen organisiert und auf unterschiedliche Polizeipräfekturen verteilt.

Das umfassende Anti-Terror-Training der SAT konzentriert sich vor allem auf die Befreiung von Geiseln aus Flugzeugen, Gebäuden und Verkehrsmitteln. Es wird angenommen, dass die Einheit gemeinsam mit dem britischen Special Air Service (SAS), der deutschen GSG-9 und der französischen GIGN trainiert hat.

Rechts: Mitglieder eines polizeilichen Anti-Terror-Teams üben die Festnahme einer Person im Rahmen der Sicherheitsvorbereitungen für die Fußball-WM 2002.

KOR SÜDKOREA
Einheit 868 (Nationalpolizei)

Vornehmlich als Anti-Terror-Truppe für die Olympischen Spiele 1988 in Seoul geschaffen, ist die überaus kompetente Einheit 868 bis heute einsatzfähig.

Unten: Mitglieder der Einheit 868 bei der Vorbereitung auf die Fußball-WM 2002. Die Einheit wird vor allem gegen sekundäre oder lokale Gefahren eingesetzt.

Aufgabe der 1982 formierten Einheit ist die Terrorbekämpfung und Geiselbefreiung. Ihre ca. 90 Mitglieder sind in zwölf Teams aufgeteilt. Das Training umfasst den Häuserkampf und die Befreiung von Geiseln aus Flugzeugen und weiteren Verkehrsmitteln.

Die Einheit 868 kooperiert mit dem 707th Special Missions Battalion, der Anti-Terror-Truppe der Armee. Dieser rund 200 Mann starke Verband ist unter anderem im Kampfschwimmen und für Luftlandeoperationen ausgebildet. Für Übungen unter realistischen Bedingungen stehen der südkoreanischen Spezialeinheiten modernste Trainingsanlagen zur Verfügung.

MEX MEXIKO
Force F – „Zorros"

Mexikos Force F besteht aus Freiwilligen mit polizeilichem oder militärischem Hintergrund. Es gibt grenzübergreifende Trainings mit US-amerikanischen Sicherheits- und Militäreinheiten.

Die mexikanische Anti-Terror-Einheit Force F – besser bekannt unter dem Namen „Zorros" – ist nördlich von Mexico City stationiert. Hinsichtlich Struktur und Ausrüstung militärisch orientiert, besteht die Polizeieinheit aus rund 350 gut trainierten Kommandosoldaten, die auf Disziplinen wie Nahkampf, Geiselbefreiung, Scharfschießen, Bombenentschärfung

Rechts: Mitglieder der „Zorros" (Füchse) bilden eine Postenkette (November 1997).

oder Kommunikation spezialisiert sind und auch entsprechend eingesetzt werden, daneben auch zur Bekämpfung des Drogenhandels. Folgende Waffen werden verwendet: Maschinenpistole Heckler & Koch MP5, Sturmgewehre M16A2 und CAR-15, Flinte Smith & Wesson Kal. 12 sowie Pistole Beretta 9 mm.

NLD NIEDERLANDE

Korps Commandotroepen (KCT) Bijzondere Bijstands Eenheid (BBE)

Kaum eine andere Elitetruppe arbeitet mit strengeren Auswahlkriterien als die niederländischen CRW-Einheiten.

Auch Holland ist der ständigen Gefahr des Terrorismus ausgesetzt. Anders als viele seiner Nachbarn verfügt das Land indes mit dem Korps Commandotroepen (KCT) über ein ernst zu nehmendes Abschreckungsmittel. Der Verband umfasst die drei Kommandokompanien 104, 105 und 109. Letztere hat die besondere Aufgabe der Planung und Durchführung von Spezialoperationen in Krisenfällen. Eher ungewöhnlich ist die Tatsache, dass alle drei Kompanien neben Spezialisten für alle Aspekte der Infiltration standardmäßig auch über eigene Anti-Terror-Teams verfügen.

Training des KCT

Das KCT-Training ist sehr anspruchsvoll: Jeder Rekrut muss eine Kommandoausbildung von zwölf Monaten (Soldaten) oder 14 Monaten (Zivilisten) absolvieren. Diese gliedert sich in ein Vorbereitungstraining (vier oder zwölf Wochen, je nach Erfahrung), eine 14-wöchige Kommandogrundausbildung und eine 26-wöchige fortgeschrittene Kommandoausbildung. In Phase zwei erhält man das ersehnte grüne Barett. Die 26-wöchige Abschlussphase des operativen Trainings beinhaltet Fallschirmspringen (Freifall), Fahren unter Gefechtsbedingungen, Scharfschießen, Sprengmittelkunde, Sanitätswesen und Fernmeldetechnik.

Oben: BBE-Sturmtrupp des königlich-niederländischen Marinekorps bei der Vorbereitung auf den Einsatz in einer Schiffswerft.

Dieses System funktioniert extrem gut. Dadurch profizieren sowohl Regierung wie auch Streitkräfte von einer größeren Flexibilität bei der Planung und Durchführung proaktiver (= Angriff) und reaktiver (= Verteidigung) Missionen auch gegen im Ausland operierende Terrorzellen.

Das KCT ist imstande, rasch auf Krisen zu reagieren und arbeitet sehr eng mit der 11. Luftbeweglichen Brigade (11e Luchtmobiele Brigade) und anderen schnellen Reaktionstruppen der niederländischen Streitkräfte zusammen.

Jedes der hochqualifizierten Teams verfügt über je zwei Scharfschützen, Fernmeldetechniker, Sanitäter und Experten für Sprengungen.

BIJZONDERE BIJSTANDS EENHEID (BBE)

Die zum königlich-niederländischen Marinekorps gehörende Bijzondere Bijstands Eenheid umfasst 90 toptrainierte Freiwillige in drei Zügen. Das Training besteht aus einem Kurs von 48 Wochen, mit Themen wie Sprengungen, Waffenkunde und weiteren Fertigkeiten der Terrorbekämpfung wie das Stürmen von Gebäuden, Flugzeugen, Schiffen und Zügen. Mustergültiges Beispiel für innovative CRW-Methoden war die erfolgreiche Befreiung der mehr als 200 Geiseln, die im Mai 1977 von südmolukkischen Extremisten in einem Zug und einer Schule gefangen gehalten wurden.

Die BBE kooperiert mit der niederländischen Polizei und unterhält enge Kontakte zu Anti-Terror-Einheiten wie dem belgischen ESI (Diane), der deutschen GSG-9 und der französischen GIGN.

NOR NORWEGEN

Beredskaptrop

Forsvarets Spesialkommando (FSK)

Norwegen blieb während der gesamten Nachkriegszeit vom Terrorismus verschont. Dennoch verfügt das Land über CRW-Truppen, bei denen amphibische und arktische Kriegsführung einen hohen Stellenwert haben.

Die 1975 geschaffene Beredskaptrop soll es Norwegen gestatten, rasch auf mögliche Terrorakte und Geiselnahmen zu reagieren. Die Einheit untersteht der Osloer Polizei, kann jedoch von sämtlichen Teilen des norwegischen Polizeisystems angefordert werden.

Die rund 50 Operatoren der Beredskaptrop arbeiten die meiste Zeit in diversen Funktionen als reguläre Polizisten. Sie müssen jedoch alljährlich ein beachtliches, breit gefächertes Trainingspensum absolvieren, um für den Eventualfall gerüstet zu sein. Bedingt durch die lange, stark zerklüftete Küstenlinie und die Bedeutung der Ölvorkommen im Meer legt man viel Wert auf Seemannskenntnisse und das Entern von Schiffen und Bohrplattformen.

Die Beredskaptrop steht im engen Kontakt zu vergleichbaren Einheiten wie der britischen SO19 und der deutschen GSG-9.

FSK

Das 1952 formierte Forsvarets Spesialkommando ist der norwegischen Armee unterstellt. Wenngleich es auch für militärische Spezialoperationen wie etwa Fernaufklärung ausgebildet ist, hat das FSK in Friedenszeiten die Terrorbekämpfung als Hauptaufgabe. Die Einheit rekrutiert ihre Mitglieder aus dem Jægerkommando des Heeres und dem Marinejægertropp.

Das Erstürmen der für Norwegen strategisch wichtigen Ölbohrplattformen bildet einen besonderen Trainingsschwerpunkt. Das FSK trainiert zudem die Befreiung von Geiseln aus Flugzeugen und Gebäuden und bietet Mitgliedern der königlichen Familie und der Regierung Personenschutz.

Das FSK ist eng mit dem britischen SAS verbunden und trainiert auch gemeinsam mit weiteren auswärtigen Gruppen.

NZL NEUSEELAND

1st Special Air Service Squadron (SAS)

Auch wenn Neuseeland keine militärische Großmacht darstellt, genießt sein 1st Special Air Service Squadron (SAS) international einen ausgezeichneten Ruf.

Als kleiner Bruder des britischen und des australischen SAS verkörpert Neuseelands 1st Special Air Service Squadron (SAS) eine sehr professionelle Einheit mit hohem Ausbildungsstand. Genaueres lässt sich nur äußerst schwer in Erfahrung bringen, da man sorgsam auf die Wahrung der Geheimhaltung bedacht ist.

Das Squadron besteht aus rund 120 Aktiven plus Unterstützungseinheiten. Typische Missionen sind Terrorbekämpfung, Geiselbefreiung, taktische Aufklärung, Blitzattacken und leicht bewaffnete Angriffe. Bereits in Brunei, Borneo, Indonesien und Vietnam eingesetzt, wurde die Einheit 1991 im Rahmen des australischen SAS-Kontingents in die Golfregion entsandt.

Folgende Waffen werden verwendet: Maschinenpistole HK MP-5 (CRW), Sturmgewehr M16A2, Repetierflinte Remington M870 und Scharfschützengewehr HK PSG-1.

POL POLEN

Grupa Reagowania Operacyjno Mobilnego (GROM)

Polen ist ein noch recht junges Mitglied in der Welt der modernen CRW-Einheiten. Dennoch ist seine 1991 von dem passionierten Special-Forces-Offizier Oberst Slawomir Petelicki gegründete Grupa Reagowania Operacyjno Mobilnego (GROM) nicht minder versiert als jede westliche Einheit.

Ungeachtet ihres recht geringen Alters hat sich die polnische Anti-Terror-Einheit GROM in Fachkreisen einen exzellenten Ruf erworben. Ihre Mitglieder werden aus anderen polnischen Spezialeinheiten rekrutiert, darunter das 1. Heereskommandoregiment und die 7. Marinekampfbrigade Lujcka. Einen Großteil ihres Erfolgs verdankt die GROM ihrem Kommandeur Oberst Slawomir Petelicki, der für sein Engagement ebenso bewundert und geachtet wird wie für seine hohen Ansprüche.

Größe und Struktur der GROM werden nicht bekannt gegeben, doch man geht von rund 250 Aktiven aus. Neben einer militärischen Standardausbildung wird von den Operatoren verlangt, dass sie wenigstens zwei Fremdsprachen beherrschen und gute medizinische Kenntnisse besitzen.

Unten: GROM-Operatoren beim Erstürmen eines Flugzeugs im Rahmen einer Geiselbefreiungsübung.

Oben: Zwei GROM-Operatoren leisten einem Geiselbefreiungsteam Feuerunterstützung – Anti-Terror-Übung am 22.11.2001 in der Nähe von Warschau.

In der Tat sind fast 75 Prozent der GROM-Mitglieder ausgebildete Sanitäter oder Krankenpfleger, was die Arbeit der ebenfalls zur Einheit gehörenden Ärzte enorm erleichtert.

Für Nachrichtendienst und Observation verfügt die GROM außerdem über weibliche Operatoren.

In der Regel operiert die GROM ähnlich wie der britische SAS in Vier-Mann-Teams, unterstützt durch Spezialteams, die oftmals aus ehemaligen Operatoren bestehen, welche aufgrund von Invalidität oder Alter ausgeschieden sind, jedoch der Truppe verbunden bleiben möchten.

Beste Kenntnisse im Umgang mit Waffen werden vorausgesetzt, da grundsätzlich mit scharfer Munition trainiert wird. Das Training ist möglichst realitätsnah angelegt und besteht vielfach aus Übungsangriffen auf Schiffe, Flugzeuge und Gebäude.

Im Jahr 1994 wurde die GROM für die Teilnahme an der von den USA angeführten Invasion von Haiti im Rahmen der Operation „Restore Democracy" ausgewählt. Im Vorfeld waren 55 Mann nach Puerto Rico entsandt worden, um mit Mitgliedern der US 3rd Special Forces Group zu trainieren und mit der haitianischen Politik und Gesellschaftsstruktur vertraut gemacht zu werden.

In Haiti eingetroffen, war es Aufgabe der GROM-Operatoren, VIPs wie UN-Generalsekretär Buthros Buthros Ghali und US-Verteidigungsminister William Perry zu beschützen.

Außerdem nahm die GROM an einer Geiselbefreiungsaktion teil, bei der ein Gebäude gestürmt, ein Brand gelöscht und ein Junge aus den Händen einer Gruppe von Schwerbewaffneten gerettet wurde.

Der Knabe konnte ohne Blutvergießen befreit werden und die GROM erhielt viel Lob für ihen Einsatz, während ihr Gründer und Kommandeur Oberst Petelicki stellvertretend mit der US Army Commendation Medal ausgezeichnet wurde, die hiermit erstmals in der amerikanischen Geschichte an eine ausländische Einheit verliehen wurde.

Weitere Einsätze waren der Personenschutz für Papst Johannes Paul II. bei seinem Polenbesuch 1995 und ein Patrouillengang in Bosnien, bei dem man einen bosnischen Kriegsverbrecher dingfest machen konnte.

Folgende Waffen werden verwendet: Maschinenpistole HK MP5, Sturmgewehr Tantal 5,45 mm, Scharfschützengewehre HK PSG-1 und Mauser 86 7,62 mm; die persönliche Seitenwaffe wird individuell gewählt.

RUS RUSSLAND

Gruppen Alpha und Beta

Ungeachtet der seit 1989 auch beim Militär zu beobachtenden allgemeinen Struktur- und Versorgungskrise konnte Russland die Qualität seiner Spezialeinheiten erhalten. Die für CRW-Missionen im Kalten Krieg geschaffenen Gruppen Alpha und Beta wurden zuletzt auch in Tschetschenien und Georgien eingesetzt.

Im Zuge zunehmender Terroraktivitäten innerhalb der Sowjetunion entstanden die Gruppen Alpha und Beta 1974 als Teil des 7. KGB-Direktorats (Überwachung). Die Alpha-Gruppe zeichnet vor allem für Anti-Terror-Operationen innerhalb Russlands verantwortlich, während die an der US Delta Force orientierte Beta-Gruppe im Ausland operiert.

Beide Gruppen rekrutieren sich aus ausgewählten Freiwilligen der Spetsnaz. Dem aufwändigen Ausleseverfahren schließt sich eine neunmonatige Infanteriegrundausbildung an, ergänzt etwa durch Fremdsprachen, unbewaffneten Zweikampf, Aufklärung, Präzisionsschießen, Spurenlesen,

Unten: Spetsnaz-Operatoren bei der Leibesvisitation im Rahmen einer Häuserkampfübung. Im Vordergrund ein Sturmgewehr AK-74 5,45 mm.

***Oben:* Beim Training russischer Spezialeinheiten geschehen mehr Unfälle als bei allen anderen Eliteverbänden. Sie ereignen sich meist beim Schießen mit scharfer Munition und bei Sprengübungen.**

***Rechts:* Soldat der Alpha-Gruppe nach der dreitägigen Belagerung des Moskauer Musical-Theaters durch tschetschenische Rebellen im Oktober 2002. Bei der Erstürmung des Gebäudes kamen tragischerweise auch 67 Geiseln ums Leben.**

In- und Exfiltration per Helikopter und Fallschirmspringen (auch HALO).

Obwohl die meisten Operationen beider Einheiten der Geheimhaltung unterliegen, weiß man, dass die Alpha-Gruppe innerhalb Russlands wiederholt gegen Verbrecherbanden und tschetschenische Terroristen aktiv war, während die Beta-Gruppe vielfach in Afghanistan und Tschetschenien eingesetzt wurde.

SGP SINGAPUR

Special Operations Force

Polizei und Armee verfügen in ihren Reihen über jeweils rund 200 Anti-Terror-Spezialisten. Seit Anfang der 1990er Jahre sind sie gemeinsam für den Schutz des Landes vor Terrorakten zuständig.

Die 1992 eingerichtete Special Operations Force ist für vielfältige Aufgaben der Terrorbekämpfung ausgebildet, inklusive der Stürmung von Fahrzeugen. Die operative Befehlsgewalt liegt beim Oberkommando der nationalen Streitkräfte.

Zum Einsatz kam die Einheit bei der Rettung von 123 Geiseln aus einem Airbus 310 der Singapore Airlines auf dem Flughafen Changi. Die (anscheinend nur mit Küchenmessern bewaffneten) Luftpiraten forderten die Freilassung des Ehemanns der ehemaligen pakistanischen Ministerpräsidentin Benazir Bhutto. Nach neunstündigen Verhandlungen und Vorbereitungen stürmten Mitglieder der Special Operations Force die Maschine und töteten alle vier Geiselnehmer. Sämtliche Geiseln konnten unverletzt befreit werden. Der Vorfall demonstriert das hohe Risiko von Kriminellen, gegen eine gut trainierte Anti-Terror-Truppe anzutreten, nicht zuletzt angesichts der relativ belanglosen politischen Forderung.

SWE SCHWEDEN

Ordningspolisens Nationella Insatsstyrka (ONI)

Das beschauliche Schweden besitzt nur eine kleine CRW-Einheit als Bestandteil der Landespolizei. Die Mitglieder der in Stockholm stationierten ONI absolvieren jeweils die Hälfte ihres Dienstes bei der Einheit und in regulären SWAT-Teams.

Die insgesamt nur 48 Mitglieder der schwedischen ONI (Ordningspolisens Nationella Insatsstyrka) sind ausgebildete Polizisten und in fünf Gruppen aufgeteilt: Neben zwei aktiven Kampfgruppen ist jeweils eine Gruppe für Präzisionsschießen, Kommando und Kontrolle sowie für Nachrichtendienst zuständig.

Intensiv trainiert wird die Befreiung von Geiseln – sei es in einem urbanen Umfeld oder auch aus Verkehrsflugzeugen. Gemäß den allgemein in Skandinavien geltenden hohen Anforderungen an die Verhältnismäßigkeit der Mittel ist die ONI ausgebildet, Gewalt erst zuletzt einzusetzen, wobei tödliche Gewaltanwendung erst nach Durchlaufen einer straffen Befehlskette genehmigt werden kann.

USA VEREINIGTE STAATEN VON AMERIKA

Delta Force
Task Force 11

Trotz einiger Fehlschläge gilt die Delta Force weiterhin als eine der international führenden Anti-Terror-Einheiten. Zahlreiche Delta-Mitglieder dienen inzwischen auch bei der Task Force 11 – einer echten Elitetruppe, die nach den Attentaten vom 11. September 2001 aufgestellt wurde.

Die Delta Force ist wohl die am besten trainierte und ausgerüstete Anti-Terror-Einheit überhaupt. Erst 1977 formiert, ist sie seither rasch angewachsen und umfasst derzeit rund 800 ausgebildete Operatoren. Fort Bragg in North Carolina, der Stützpunkt der Delta Force, ist durch hohe Stacheldrahtzäune und eine Reihe bewaffneter Kontrollpunkte mit Bewegungsmeldern und Infrarotkameras geschützt und somit praktisch von der Außenwelt abgeschottet.

Offiziell gegründet wurde die Delta Force am 19. November 1977 durch Colonel Charles A. Beckwith, der die Einheit zunächst auch kommandierte. Die Anregung zur Schaffung einer toptrainierten Spezialeinheit hatte Beckwith bereits in den frühen 1960er Jahren durch seinen Austauschposten beim britischen SAS (Special Air Service) erhalten. Was ihn faszinierte, war die Fähigkeit des SAS, in unkonventioneller Weise zu operieren. Was man damit erreichen konnte, hatte er unmittelbar erfahren können, da er während der Malaya-Krise (1950–1960) mit der Truppe nach Malaya entsandt worden war. Beckwith hegte große Bewunderung für die Vielseitigkeit jedes einzelnen SAS-Soldaten, die es den kleinen Vier-Mann-Teams ermöglichte, mehr Wirkung zu erzielen als ein größerer konventioneller Verband.

Beckwith war vom SAS beeindruckt und beschloss, ein amerikanisches Pendant ins Leben zu rufen – mit identischer Ausbildung und Vorgehensweise, jedoch anderen Waffen, Uniformen und Befehlsstrukturen.

Die Anfänge gestalteten sich jedoch nicht einfach, denn Beckwith musste die Notwendigkeit einer weiteren Spezialeinheit begründen – und zwar in einer Zeit, da die existierenden Sonderverbände in Vietnam nicht gerade glänzten. Nach intensiver Lobbyarbeit gaben Pentagon und US-Kongress schließlich dem Antrag statt und das 1st Special Forces Operational Detachment Delta (SFOD-Delta) war geboren.

DIE ANFÄNGE

Die Delta Force wurde unter höchster Geheimhaltung zunächst auf Geiselbefreiung spezialisiert und für Auslandsoperationen formiert. Bald jedoch wurde klar, dass die Männer von Delta auch andere Aufgaben erledigen konnten, etwa als verdeckte Fernaufklärer oder Greifkommandos.

Oben: Das Emblem der Delta Force besteht aus einem grünen Dreieck mit gelbem Blitz über einem weißen Dolch.

Auslese und Trainingsprogramme basierten anfangs auf den bewährten

Unten: Vorbereitung der Helikopter für die Operation „Eagle Claw" (1980). Mit acht toten und fünf verletzten Soldaten galt Deltas erster Einsatz als Fehlschlag.

Methoden des SAS. Später wurde das Training besser an die in den USA bestehende Nahkampf-Philosophie angepasst, wodurch der Einsatz der Feuerkraft weitaus stärker betont wurde.

Deltas erster Einsatz erfolgte im April 1980, nachdem Anhänger des Ayatollah Khomeini am 4. November 1979 die US-Botschaft in Teheran besetzt und 66 US-Bürger als Geiseln genommen hatten. Man wollte die USA zwingen, den abgesetzten, prowestlichen Schah auszuliefern.

OPERATION „EAGLE CLAW"

Nachdem sämtliche politischen Mittel ausgereizt waren, gab US-Präsident Carter der Delta Force grünes Licht, eine geheime Rettungsaktion zu starten. „Eagle Claw" war ein überaus ambitionierter Plan, der voraussetzte, dass Delta mit einigen Maschinen des Typs C-130 in eine entlegene Wüstenregion flog, um dort acht Sea-Stallion-Helikopter zu übernehmen, die beim eigentlichen Rettungsvorhaben eingesetzt werden sollten.

Doch es gab bereits im Vorfeld Probleme: Zwei Helikopter gingen auf dem Weg zum Treffpunkt verloren, bei einem Dritten gab es noch am Boden technische Probleme. Zudem war man gezwungen, einen Bus mit Zivilisten anzuhalten, der an den geparkten Maschinen vorbeifahren wollte.

Doch damit nicht genug: Eine weitere Gruppe von Beckwiths Männern musste das Feuer auf einen Tanklastwagen eröffnen, der an einer der errichteten Straßensperren nicht angehalten hatte. Der Truck explodierte und der nächtliche Himmel war kilometerweit erleuchtet.

Für die Rettung der Geiseln war man auf wenigstens sechs einsatzfähige Helikopter angewiesen – Beckwith hatte aber nur noch fünf und die weiteren Probleme zwangen ihn, die Operation abzubrechen. Das größte Desaster sollte indes noch folgen: Im Schwebeflug kollidierte einer der Helikopter mit einer startenden C-130. Trotz aller heldenhaften Bemühungen der überlebenden Crew und der Delta-Operatoren, die in den brennenden Wracks eingeschlossenen Männer zu befreien, gab es acht Tote und fünf Schwerverletzte.

Die Operation „Eagle Claw" war gescheitert, jedoch weniger durch menschliches Versagen, als vielmehr durch technische Ausfälle und einfach durch Pech. Während der offiziellen Untersuchung der Begleitumstände von „Eagle Claw" durch den US-Kongress wurde die Delta Force, deren Existenz bis zum heutigen Tag nicht offiziell eingeräumt wird, mit keinem Wort erwähnt.

PANAMA

Nach „Eagle Claw" intensivierte man das Training. Im Rahmen der Operation „Just Cause" wurde Delta dann 1989 nach Panama entsandt. Hier verlief alles nach Plan, und Delta konnte einige Schlüsseloperationen höchst erfolgreich durchführen, etwa die Gefangennahme von General Noriega und die Befreiung eines US-Bürgers, der vom panamaischen Militär im Gefängnis Carcel Modelo von Panama City festgehalten wurde. Im Vorfeld der Invasion führte Delta in dem Land einige Missionen zur Gewinnung von nachrichtendienstlichen Informationen über General Noriega und seine Militärs durch.

Oben: Hubschrauber vom Typ Sea Stallion starten zur Operation „Eagle Claw". Zwei von ihnen kamen vom Weg zum Treffpunkt mit Delta-Operatoren ab.

In diesem Zusammenhang erhielt Delta eine Information über Noriega und einige seiner bekannten Komplizen, wonach diese die Insel Bocas del Toro als Operationsbasis verwendeten. Ein Spähtrupp konnte dort jedoch außer einem alten Schuppen und einigen quiekenden Schweinen nichts Interessantes finden.

Viele Delta-Operationen unterliegen weiterhin der Geheimhaltung. Man weiß aber, dass die Einheit in Südamerika an einer beträchtlichen Zahl von Missionen gegen kolumbianische Drogenkartelle beteiligt war, die bekanntlich das organisierte Verbrechen in den USA finanzieren.

Im ersten Golfkrieg von 1991 war Delta maßgeblich an der Aufspürung der mobilen irakischen Abschussrampen für Scud-Raketen beteiligt, die den alliierten Koalitionstruppen erhebliche Kopfschmerzen bereiteten. Gemeinsam mit dem britischen SAS unternahm man Patrouillen in den vom Feind bevorzugten Operationsgebieten. Innerhalb weniger Wochen mussten die Irakis schließlich die Region verlassen, da sie nicht mehr unbehelligt agieren konnten.

Im Jahr 1999 suchten einige kleinere Delta-Trupps in Bosnien und im Kosovo nach serbischen Kriegsverbrechern, was sich jedoch als nicht einfach erwies. Schauplatz ihrer bisher größten Suchaktion war allerdings Afghanistan, wo sie nach dem 11. September 2001 Jagd auf den Topterroristen Osama bin Laden und seine Al-Quaida-Gefolgschaft machten.

ORGANISATION

Ähnlich organisiert wie der britische SAS, besteht Delta aus den drei operativen Squadrons A, B und C, die in so genannte Troops aufgeteilt sind. Jeder Troop deckt ein bestimmtes Spezialgebiet ab, wie etwa Bergsteigen, HALO oder Gerätetauchen. Aus Effizienzgründen kann ein Troop zudem in Vier-Mann-Teams aufgeteilt werden, die allein oder im Verband operieren.

Delta verfügt über ein eigenes Unterstützungs-Squadron, das für Auswahl und Training, Logistik, Finanzen, Technik und medizinische Belange zuständig ist. Besonders wichtig ist die technische Einheit, da sie hochempfindliche IR- und Akustik-Sensoren bereitstellt, die bei Geiselbefreiungsaktionen zum Einsatz kommen. Auch die Trainingsanlagen gehören zum Besten, das weltweit verfügbar ist: Es gibt ein Schwimmbecken mit olympischen Abmessungen, einen Tauchtank, eine dreistöckige Kletterwand und zahlreiche Schießplätze für die unterschiedlichsten Distanzen.

Die überwiegende Mehrheit der Delta-Rekruten stammt aus den elitären Ranger- und Airborne-Bataillonen. Nicht wenige Kandidaten kommen jedoch auch aus konventionellen Verbänden wie der Heeresreserve und der Nationalgarde. Strenge Auslese und anspruchsvolle Ausbildung berücksichtigen nur die besten Bewerber. (Nähere Einzelheiten zu den hohen Trainingsansprüchen der Delta Force siehe Seite 237ff.).

Rechts: Die Delta Force verwendet meist den Karabiner M4 5,56 mm, die kurzläufige, mit einer beiklappbaren Schulterstütze versehene Version des Standardgewehrs M16A2.

NEUES KOMMANDO

Nach dem 11. September 2001 wurden einzelne Elemente der Delta Force einem neuen Kommando, der Task Force 11, zugeteilt. Diese ist Teil der Operation „Enduring Freedom" und zuständig für alle Aktivitäten von Spezialeinheiten im Zusammenhang mit dem fortdauernden Krieg, den die USA dem Terrorismus erklärt haben. Die aus Delta-Operatoren und Navy SEALs bestehende Task Force 11 ist in den USA unter dem Namen „Super Force" bekannt, da sie zwei der weltbesten Spezialeinheiten in ihren Reihen vereint.

Obwohl die meisten Missionen dieses Verbandes geheim sind, ist doch bekannt, dass Delta an der Operation „Anaconda" beteiligt war, einer umfassenden Such- und Vernichtungsoperation gegen Al Quaida und die Taliban in den Bergen Ostafghanistans. An der 16-tägigen Mission nahmen 1200 US-Soldaten teil, darunter 200 Mitglieder von Spezialeinheiten.

Wie man weiß, war Delta zuvor auch in einige Gemeinschaftsaktionen mit dem britischen SAS involviert, etwa der Durchsuchung des Höhlensystems Tora Bora, in dem man Osama bin Laden vermutete. Weitere Missionen mit Beteiligung von Delta fanden im September 2002 in Afghanistan und Pakistan statt.

Hierbei konnten Delta-Operatoren einen Mordversuch an dem afghanischen Präsidenten Hamid Karzai vereiteln, indem sie den Einzeltäter erschossen, der das Feuer auf den Präsidentenkonvoi eröffnet hatte. Am 14. September wurden Delta-Mitglieder ins pakistanische Karachi entsandt, um die dortigen Sicherheitskräfte zu unterstützen, die den Aufenthaltsort von Ramzi Binalshibh, dem Organisator der Terrorattacken vom 11. September 2001, ermittelt hatten.

Während die Afghanistan-Operationen 2002 heruntergefahren wurden, fanden sich Teile der Delta Force erneut in der Golfregion wieder, als ein weiterer Krieg gegen den Irak Saddam Husseins drohte.

Nachdem dieser die UN-Resolution 1441 nicht eingehalten hatte, wurde Delta ein zweites Mal im Irak eingesetzt, wenngleich in geringerem Umfang als 1991, da man im Rahmen der Operation „Enduring Freedom" in Afghanistan weiterhin stark engagiert war. Dennoch war Delta an der Operation „Iraqi Freedom" beteiligt.

DELTA FORCE EINSATZCHRONIK

1979

Bei bei den Panamerikanischen Spielen in Puerto Rico an der Seite des FBI als Teil eines Anti-Terror-Teams zur Vereitelung von Terrorattacken.

Waffen und Ausrüstung der Delta Force

Die Delta Force verwendet folgende Waffen: Karabiner Colt M4, Sturmgewehre M16A2, Mini 14, Steyr AUG, HK G3, SOPMOD (Special Operations Peculiar Modification) M4A1, CAR-15, Stoner SR-25 und Colt Model 733, Maschinenpistolen Walther MPK, HK MP5SD, MAC 10 und UZI, leichte Maschinengewehre M249 SAW und HK 13E, mittlere Maschinengewehre M60 und M240B, schweres Maschinengewehr Browning M2 .50, Repetierflinten Remington M870 und Mossberg Cruiser 500, Scharfschützengewehre HK PSG, M40A1 und M24 sowie schweres Scharfschützengewehr Barrett M82A1 .50.

Unterstützend werden eingesetzt: Granatwerfer M203 40 mm und M79 „Blooper" 40 mm, 81-mm-Mörser, Panzerabwehrrohr Carl Gustav 84 mm, automatische Granatwerfer LAW 66 mm und Mk-19 40 mm, Stinger MANPADS, Panzerabwehrrakete M136 AT-4 sowie Faustfeuerwaffen Beretta 92F und SIG Sauer P-228.

Als Spezialvisiere werden verwendet: Leuchtpunktvisier Aimpoint Comp M, Visiere M68 und M28 Aimpoint sowie Zweistrahl-Zielgerät AN/PEQ2 IPITAL (Infrared Target Pointer/Illuminator/Aiming Laser).

Zum umfassenden Fuhrpark der Delta Force gehören: Land Rover Defender 110 SOV (Special Operations Vehicle), Humvee, Quad ATV (All-Terrain Vehicle), Harley-Davidson Track Bike und LSV (Light Strike Vehicle). Am Fahrzeug montierte Waffen sind: automatischer Granatwerfer Mk-19 40 mm, mittlere Maschinengewehre M60 und M240B, Minigun General Electric 7,62 mm, Kanone 20 mm sowie schweres Maschinengewehr Browning M2 .50.

Die weitere Spezialausrüstung der Delta Force umfasst Zodiac-Boote, Tauchboote, High-Speed-Patrouillenboote und Sturmboote Rigid Raider. Für Luftlandeoperationen (HALO/HAHO) kommen stark modifizierte Fallschirme zum Einsatz.

Dank der großzügigen Finanzierung ist die Delta Force in der Lage, ohne aufwändige Antragstellung nahezu jede Waffe und Ausrüstung zu beschaffen. Sie verkörpert damit vermutlich die am besten ausgestattete Spezialeinheit weltweit.

1980
Wird in den Iran entsandt, um in Teheran US-Geiseln aus der Hand iranischer Fundamentalisten zu befreien. Kurz nach dem Beschluss, die Mission abzubrechen, kollidiert ein Helikopter mit einem startenden Transportflugzeug; acht US-Soldaten kommen dabei ums Leben.

1983
Führt bei der Operation „Urgent Fury" in Grenada einen Hubschrauberangriff auf ein Gefängnis durch, wo Mitglieder der Regierung festgehalten werden. Unterstützt in der ersten Angriffsphase andere Einheiten bei der Einnahme eines Flugplatzes.

Unten: US-Spezialeinheit bei der Ausbildung philippinischer Truppen in taktischer Rebellenbekämpfung.

1984
Wird in den Nahen Osten entsandt, nachdem zwei US-Bürger während der Entführung einer Maschine der Kuwait Airways getötet worden waren.

1985
Wegen der Entführung einer TWA-Maschine nach Zypern geschickt.

1987
Entsendung nach Griechenland aufgrund einer Meldung, dass vietnamesische Agenten die Ermordung von US Army Colonel James Rowe planten.

1989
Beteiligt an der Operation „Just Cause" in Panama. Befreiung einer US-Geisel, die in Panama City festgehalten wurde. Mitwirkung bei der Festnahme von General Noriega.

1991
Leistet hochrangigen US-Beamten während des ersten Golfkriegs Personenschutz und hilft erfolgreich beim Aufspüren und Zerstören der mobilen irakischen Abschussrampen für Scud-Raketen.

1993
Wird als Teil der Task Force Ranger nach Mogadischu (Somalia) entsandt. Zahlreiche Aktionen gegen somalische Warlords. Bei einer Massenschießerei gibt es 18 tote und 70 schwer verwundete US-Soldaten und mehr als 500 Tote auf somalischer Seite.

1995
Wird im Rahmen umfangreicher internationaler Bemühungen um die Lokalisierung serbischer Kriegsverbrecher nach Bosnien verlagert.

Task Force 11 – Waffen und Ausrüstung

Die überaus großzügig finanzierte Task Force 11 sieht sich in der Lage, ohne größeren Verwaltungsaufwand nahezu jede Waffe und Ausrüstung zu beschaffen. In ihrer Größenordnung dürfte sie damit die weltweit am besten ausgerüstete Spezialeinheit darstellen.

Die TF-11 verwendet folgende Waffen: Karabiner Colt M4, Sturmgewehre M16A2, Mini 14, Steyr AUG, HK G3, SOPMOD (Special Operations Peculiar Modification) M4A1, CAR-15, Stoner SR-25 und Colt Model 733, Maschinenpistolen Walther MPK, HK MP5SD, MAC 10 und UZI, leichte Maschinengewehre M249 SAW und HK 13E, mittlere Maschinengewehre M60 und M240B, schweres Maschinengewehr Browning M2 .50, Repetierflinten Remington M870 und Mossberg Cruiser 500, Scharfschützengewehre HK PSG, M40A1 und M24, schweres Scharfschützengewehr Barrett M82A1 .50.

Unterstützend werden eingesetzt: Granatwerfer M203 40 mm, 81-mm-Mörser, automatische Granatwerfer LAW 66 mm und Mk-19 40 mm, Stinger MANPADS und Panzerabwehrrakete M136 AT-4 sowie Faustfeuerwaffen Beretta 92F und SIG Sauer P-228.

Als Spezialvisiere werden verwendet: Leuchtpunktvisier Aimpoint Comp M, Visiere M68 und M28 Aimpoint sowie Zweistrahl-Zielgerät AN/PEQ2 IPITAL (Infrared Target Pointer/Illuminator/Aiming Laser).

Neben den Standard-Kampfanzügen der US Army kommen auch spezielle Tarnanzüge wie Lizard und Ghillie (für Scharfschützen) zum Einsatz, darüber hinaus schwarze Nomex-Overalls bei Geiselbefreiungsaktionen. Oft verwendet werden auch Körperarmierungen und Nachtsichtgeräte wie das AN/PVS-7. Auf freien Flächen bietet die Schießbrille Bolle T800 zusätzlichen Schutz. Bei Anti-Terror-Missionen sind die Operatoren der TF-11 mit Gasmaske British Avon S10, Körperarmierung, Laser-Schutzbrille und Nomex-Kampfanzug ausgerüstet.

Zum umfassenden Fuhrpark der TF-11 gehören: Land Rover Defender 110 SOV (Special Operations Vehicle), Humvee, Quad ATV (All-Terrain Vehicle), Harley-Davidson Track Bike und LSV (Light Strike Vehicle). Am Fahrzeug montierte Waffen sind: automatischer Granatwerfer MK-19 40 mm, mittlere Maschinengewehre M60 und M240B, Minigun General Electric 7,62 mm, Kanone 20 mm sowie schweres Maschinengewehr Browning M2 .50.

Die weitere Spezialausrüstung umfasst Zodiac-Boote, Tauchboote, High-Speed-Patrouillenboote und Sturmboote Rigid Raider. Für Luftlandeoperationen (HALO/HAHO) kommen stark modifizierte Fallschirme zum Einsatz.

Häufigstes Transportmittel ist der Hubschrauber, bisweilen benutzt man aber auch Pferde, wie in Afghanistan geschehen. Eingesetzt werden die Helikopter MH-47 D/E Chinook, MH-60 K/L Blackhawk und MH-6 Little Bird, die vom 160th Special Operations Aviation Regiment der US Army geflogen werden. Für Langstreckenmissionen verwendet man den MH-53J der USAF Special Operations Group (SOG).

1997
Wird nach Besetzung der Residenz des japanischen Botschafters im Januar nach Lima (Peru) entsandt.

1999
Wird zur Unterstützung der gegen Restjugoslawien operierenden US-Truppen im Kosovo eingesetzt.

2001
Wird nach dem 11. September zur Aufspürung von Al-Quaida-Truppen nach Afghanistan beordert.

2002
Wird im Rahmen der Operation „Enduring Freedom“ in verschiedene Länder entsandt (Philippinen, Pakistan, Jemen, Saudi-Arabien, Afghanistan).

2003
Wird im Rahmen der Operationen „Iraqi Freedom“ und „Enduring Freedom“ im Irak eingesetzt. Teile der Task Force 11 werden außerdem infolge wachsender Spannungen zwischen den USA und Nordkorea nach Südkorea verlagert.

Die Delta Force verwendet folgende Uniformen: Standard-Kampfanzug der US Army, Tarnanzug Lizard, Scharfschützenanzug Ghillie und schwarzen Nomex-Overall (bei Anti-Terror-Operationen).

TASK FORCE 11

Diese absolute Eliteeinheit besteht aus mehreren hundert Soldaten der Navy SEALs und der Delta Force sowie den entsprechenden Unterstützungskräften des Joint Special Operations Command in North Carolina. Die Truppe entstand noch im Jahr 2001, nachdem Terroristen des Netzwerks Al Quaida (wörtl.: Die Basis) die Vereinigten Staaten angegriffen hatten.

Präsident George W. Bush reagierte darauf mit dem Versprechen, aller Terroristen habhaft zu werden, die eine Bedrohung für die USA und ihrer Lebensart darstellen. Hierzu lancierte er die Operation „Enduring Freedom", einen weltweiten, auf Jahrzehnte angelegten Feldzug gegen den Terror. Hauptaufgabe von Task Force 11 ist hierbei das Aufspüren hochrangiger Al-Quaida-Mitglieder.

OPERATION „ANACONDA"

Obwohl die meisten Operationen der Task Force 11 strengster Geheimhaltung unterliegen, weiß man doch, dass sie im März 2002 an der Operation „Anaconda" beteiligt war. In diese 16-tägige Anti-Terror-Mission waren über 1200 US-Soldaten involviert, darunter 200 Mitglieder von Spezialeinheiten. Die gefährliche und überaus schwierige Operation im ostafghanischen Hochgebirge verlief weitgehend erfolgreich. Die Truppen von Al Quaida/Taliban, deren Verluste in die Hunderte gingen, wurden massenhaft von Afghanistan ins benachbarte Pakistan vertrieben, während auf amerikanischer Seite acht Tote und 73 Verwundete zu beklagen waren. In der Folge wurden von der Task Force 11 in ganz Afghanistan zahlreiche Operationen durchgeführt, meist im Umfeld von Dörfern und Höhlenkomplexen, bisweilen aber auch in Form rasanter Verfolgungsjagden bis hinein nach Pakistan.

Die um Unauffälligkeit bemühte Task Force 11 operiert meist in kleinen Teams aus nur vier Mann, die jedoch aus taktischen Erwägungen aufgestockt werden können. Oder wie Präsident Bush zu Beginn der Operation „Enduring Freedom" sagte: „Dieser Krieg wird verschiedene Phasen durchlaufen – manche wird man sehen, andere nicht."

Unten: US-Spezialeinheiten als Personenschutz für den afghanischen Präsidenten Karzai. Einige ihrer als Bodyguards eingesetzten Kollegen konnten am 5. September 2002 einen Mordversuch vereiteln.

WEITERE OPERATIONEN

Im September des Jahres 2002 war die Task Force 11 an zwei bedeutenden Operationen in Afghanistan und Pakistan maßgeblich beteiligt. Am 5. September 2002 konnten einige Mitglieder von US-Spezialeinheiten, die als Leibwächter des damaligen afghanischen Präsidenten Karzai tätig waren, einen Mordversuch vereiteln, nachdem ein Einzeltäter in der Uniform der neuen afghanischen Armee das Feuer auf den Fahrzeugkonvoi eröffnet hatte. Bei dem kurzen Schusswechsel kamen der Täter und einer der afghanischen Bodyguards ums Leben, während ein nicht uniformierter Soldat der Special Forces beim Versuch, den Präsidenten zu schützen, leicht verwundet wurde.

Der zweite bedeutende Vorfall ereignete sich am 14. September 2002 in Pakistan. Ramzi Binalshibh, der Drahtzieher hinter den Terrorattacken vom 11. September 2001, hatte ein Satellitentelefon benutzt. US-Nachrichtendienst und Task Force 11 konnten den Anruf bis zu einer Wohnung in Karachi zurückverfolgen und starteten unverzüglich eine Festnahmeoperation. Aus politischen Gründen erfolgte der eigentliche Zugriff jedoch durch Mitglieder des pakistanischen Sicherheitsdienstes. US-Spezialeinheiten hielten sich allerdings im Hintergrund bereit, um auf Anforderung jederzeit einspringen zu können.

Andere Mitglieder der Task Force 11 trainierten unterdessen für Operationen gegen den Irak, nachdem Saddam Hussein sich geweigert hatte, die UN-Forderungen nach Übergabe von Informationen über seine Atom- und Chemiewaffen an westliche Waffeninspektoren zu erfüllen.

Obgleich die Task Force 11 eigentlich nur für Aufträge im Rahmen der Operation „Enduring Freedom" aufgestellt wurde, haben die dort erzielten Erfolge eine Erweiterung ihres Aufgabenbereichs schon gerechtfertigt.

ZAF SÜDAFRIKA
SAPS Special Task Force

Südafrika kennt eine der weltweit höchsten Verbrechensraten, wobei zahlreiche Kriminelle eine militärische Ausbildung genossen haben. Die Arbeit in der Special Task Force ist daher eine riskante Angelegenheit mit einer entsprechend hohen Zahl von Todesfällen.

Die Mitglieder der 1976 gegründeten Einheit entstammen durchweg der South African Police Force (SAPS). Bewerber müssen sich einer strengen Auslese und anschließend einem ebensolchen Training unterziehen.

Die nur von rund 25 Prozent der Teilnehmer erfolgreich abgeschlossene Ausbildung wird in einem Trainingszentrum der Task Force absolviert, das rund 230 km von Pretoria entfernt ist.

Als Bereitschaftstruppe für Geiselnahmen ist die Einheit im Erstürmen von Gebäuden, Autos, Flugzeugen, Schiffen und Ölbohrplattformen trainiert, daneben auch in vielfältigen weiteren Disziplinen wie Präzisionsschießen (für häufige Einsätze im Personenschutz), maritime Operationen und Bergsteigen.

Oben: Polizisten des SAPS 1999 bei der Kranzniederlegung zum Gedenken an einen ermordeten Kollegen. Im Vorjahr waren 230 SAPS-Mitglieder im Dienst umgekommen.

SEEGESTÜTZTE SPEZIAL-EINHEITEN

Maritime Spezialkräfte sind an sich nichts Neues: Kampfschwimmer kennt man bereits aus der Antike und schon seit einigen Jahrhunderten gilt die Marineinfanterie als eine sehr elitäre Truppe. Das moderne Konzept der unkonventionellen Kriegsführung zu Wasser entstand indes erst im Ersten Weltkrieg, als die Sturmboote und Taucher der italienischen Kriegsmarine die scheinbar sicheren Häfen der österreichisch-ungarischen Armee angriffen. Italien stand beim Einsatz dieser Technik auch im Zweiten Weltkrieg an der Spitze, was den Briten und Deutschen nicht entging. Gegen Ende des Krieges wurden Taktiken der maritimen Kriegsführung wie Blitzangriffe und Attacken auf Kriegsschiffe und Frachter durch Froschmänner, Kleinst-U-Boote oder Kanus regelmäßig von den Vorläufern der modernen Spezialeinheiten eingesetzt. Die Notwendigkeit von Seeverbänden für unkonventionelle Kriegsführung wie die US Navy SEALs, der britische SBS, die israelische Flotilla 13 und die russische Marine-Spetsnaz wurde durch die grassierende Meerespiraterie umso dringlicher.

Links: Bergung eines US Navy SEAL per Helikopter während einer Übung.

ARG ARGENTINIEN

Agrupación de Comandos Anfibios Agrupación de Buzos Tácticos

Die Kommandoeinheit und Kampftaucher der argentinischen Marine wurden bereits gegen das benachbarte Chile und im Falklandkrieg auch gegen die Briten eingesetzt.

Die Agrupación de Comandos Anfibios verkörpert als Speerspitze des argentinischen Marinekorps die elitäre Marineinfanterieeinheit der argentinischen Seestreitkräfte. Während das Marinekorps bereits 1807 im englisch-argentinischen Krieg entstand, lassen sich die Anfänge der Comandos Anfibios gar bis 1933 zurückverfolgen, dem Entstehungsjahr der U-Boot-Basis Mar del Plata. Zum Schutz dieser großen Anlage bedurfte es einer spezialisierten Marineinfanterie und 1955 entstand daraus die 7. Marineinfanteriekompanie.

Bereits 1959 hatte sich diese Kompanie zu jener vielseitigen Einheit für diverse Spezialoperationen entwickelt. Sie wurde 1978–1979 während der Grenzstreitigkeiten mit Chile eingesetzt, daneben auch im Falklandkrieg vor allem beim Sturm auf das Haus des Gouverneurs in Port Stanley.

Die Comandos Anfibios gehören zu den argentinischen Landungstruppen, die außerdem das 2. Marineinfanteriebataillon und einige AMTRAC-Bataillone umfassen. Für Überfälle und amphibische Aufklärung zuständig, bilden die Comandos Anfibios überdies die Vorhut bei größeren seegestützten Angriffsoperationen der Marineinfanterie. Die Einheit besteht durchweg aus Freiwilligen. Nur die besten Marineinfanteristen werden für das ein Jahr dauernde und überaus strenge Auswahlverfahren zugelassen. Eine Ausbildung im Fallschirmspringen und Gerätetauchen ist Standard.

***Links:** Amphibischer Kommandosoldat 1982 im Falklandkrieg, mit einer schallgedämpften britischen Maschinenpistole L34A1 9 mm und Pistole Browning Hi-Power mit Lederholster. Mitglieder der Einheit stürmten das Haus des Gouverneurs in Port Stanley.*

BUZOS TÁCTICOS

Die Kampfschwimmergruppe ist die Spezialeinheit der argentinischen Marine. Im Jahr 1952 gebildet, steht sie für Operationen gegen mögliche regionale Konkurrenten wie Paraguay, Uruguay und vor allem Chile bereit. Während des Grenzkonflikts mit Chile in den Jahren 1978/79 wurde die Einheit bereits in Feuerland eingesetzt.

Die rund 150 Mann starke Truppe ist auf dem Marinestützpunkt Mar del Plata stationiert. Rund 70 Prozent der Bewerber scheiden vorzeitig aus. Die Einheit besteht primär aus Kampfschwimmern für verdeckte Aufklärung und Spengkommandos, die allerdings nicht als Stoßtrupps vorgesehen sind. Jüngst hat man ein Training in Rebellenbekämpfung und im Stadt-, Wüsten- und Gebirgskampf begonnen. Für die Infiltration stehen diverse Wasserfahrzeuge zur Verfügung, vor allem Klepper-Kanus. Sämtliche Mitglieder besitzen eine Luftlande-Qualifikation.

Folgende Waffen werden verwendet: Maschinenpistolen L34A1 Sterling 9 mm (schallgedämpft), PA3, UZI und Mini-UZI, Sturmgewehre FN und argentinisches Fara 83 5,56 mm sowie Maschinengewehr FN MAG.

Der Falklandkrieg

Soldaten der Buzos Tácticos gehörten zu jener Truppe, die Südgeorgien besetzt hatte, während die Strände von Yorke Bay sowie Stanley Harbour durch zahlreiche, vom U-Boot *Santa Fe* abgesetzte Taucher überwacht wurden. Sie wiesen am 1. April 1982 auch die Invasionsflotte ein.

AUS AUSTRALIEN

Special Air Service Regiment (SASR)
Tactical Assault Group (TAG)
Offshore Assault Team (OAT)
Clearance Diver Branch (CDB)

Für maritime Spezialoperationen ist weiterhin vor allem das Special Air Service Regiment des Heeres zuständig, wenngleich die Marine mit dem CDB bereits seit 1951 eine Kampfschwimmereinheit besitzt.

Maritime Spezialoperationen fallen weitgehend in den Verantwortungsbereich des SASR. Diese Einheit geht auf das 22 SAS Regiment des Zweiten Weltkriegs zurück. Da Australien keine besondere maritime Spezialeinheit formierte, verblieben Strandaufklärung, seegestützte Angriffe und Sprengungen unter Wasser in der Zuständigkeit des SASR. Jedes ihrer drei Sabre (kämpfenden) Squadrons besitzt daher einen „Trupp für Wasseroperationen", ausgestattet mit diversen Wasserfahrzeugen wie Schlauchboot Zodiac, RIBs, Klepper-Kanus und Transportbooten für Kampfschwimmer (SDVs) sowie Regenerationsgeräten Dräger LAR V und Oxymax. Alle Mitglieder haben die strenge SASR-Auslese überstanden und eine Springerausbildung absolviert.

Oben: CDB-Mitglieder 1991 während der Operation „Desert Storm". Nach dem Rückzug der Iraker waren australische Kampftaucher intensiv an den „Aufräumarbeiten" rund um die kuwaitischen Häfen beteiligt.

Waffen

SASR und TAG/OAT verwenden folgende Waffen: Sturmgewehre CAR-15, M16A2 und F-88 (die australische Version des Steyr-Mannlicher AUG), Pistolen Browning HP und SIG Sauer P-228; Revolver Smith & Wesson .38 und .357. Bei Nahoperationen kommen Modelle der Maschinenpistole MP5 und die Flinte Beretta RS202 zum Einsatz. Bevorzugte Maschinengewehre sind FN Minimi 5,56 mm (M249 SAW) und M60. Die Scharfschützen des SASR arbeiten mit dem Gewehr Parker-Hale M82 7,62 mm. Der CDB verwendet weitgehend die gleichen Waffen.

TAG und OAT

Die Tactical Assault Group (TAG) entstand 1978 als Anti-Terror-Truppe des SASR. Ein Ableger der TAG ist die zwei Jahre darauf gebildete Offshore Assault Group (später in Offshore Assault Team umbenannt). Zunächst für den Schutz der Ölbohrplattformen in der Bass-Straße vorgesehen, erfolgte schon bald eine Erweiterung des Aufgabenbereichs auf sämtliche maritimen Anti-Terror-Operationen wie das Entern feindlicher Schiffe und Erstürmen gekaperter Schiffe und Bohrinseln. Die Mitgliedschaft in der TAG/OAT setzt zwei Jahre Erfahrung in einem regulären Sabre Squadron sowie weiteres Sondertraining voraus.

CDB

Wenngleich das SASR für typische maritime Spezialoperationen zuständig ist, besitzt die Royal Australian Navy (RAN) seit 1951 mit dem Clearance Diver Branch (CDB) eine eigene Elitetruppe aus Kampfschwimmern für Minenräumung und andere EOD-Missionen. Weitere Aufgaben sind die Strandaufklärung im Vorfeld von Landungsunternehmen und Angriffe auf feindliche Kriegsschiffe oder Anlagen. Der CDB ist formal dem Commander Australian Mine Warfare and Clearance Diving Forces der RAN unterstellt.

Die Einheit wurde in Vietnam eingesetzt, um Minen und andere Gefahrenquellen zu beseitigen und Schiffe auf den zahlreichen Flüssen zu durchsuchen. Im Rahmen der Operation „Desert Storm" war der CDB dafür zuständig, See- und Landminen aus den kuwaitischen Häfen zu entfernen. Als Wasserfahrzeug verwendet man hauptsächlich das Schlauchboot Zodiac Hurricane RIB 639 O/B, daneben auch Klepper-Kanus und die SDVs der RAN. Alle CDB-Mitglieder haben eine Springerausbildung.

Im zweiten Golfkrieg (2003) war der CDB im Südirak intensiv an der Minenräumung rund um den Hafen von Umm Qasr auf der Halbinsel Al-Faw beteiligt und arbeitete sehr eng mit der polnischen GROM und den US Navy SEALs zusammen, um die sichere Passage alliierter Schiffe zu gewährleisten.

Oben: Australische Minenräumer nach dem Golfkrieg beim Verlassen ihres Hurricane RIB am Ende eines Einsatzes in einem kuwaitischen Hafen. Während der Kampfhandlungen hatte der CDB außerdem Aufklärungsmissionen für die Koalitionstruppen durchgeführt.

BEL BELGIEN
14th Para-Commando Engineer Company

Hauptpfeiler der maritimen Kriegsführung ist die Para-Commando Brigade. Die zur Brigade gehörige 14th Para-Commando Engineer Company umfasst die auch im Fallschirmspringen ausgebildeten Kampftaucher.

Angesichts von Belgiens maritimer Geschichte und der Kriegserfahrungen in zahlreichen Ländern ist es verwunderlich, dass seine Spezialeinheiten kaum auf maritime Operationen ausgerichtet sind. Diese konzentrieren sich auf die bereits im Zweiten Weltkrieg gebildete Para-Commando Brigade. Sie wurde 1991 durch Ergänzung um neue Unterstützungseinheiten von einem Regiment mit drei Bataillonen auf Brigadestärke ausgebaut. Eine der neuen Einheiten ist die 14th Para-Commando Engineer Company. Hauptaufgabe dieser Kompanie, die auch einen Kampftaucherzug umfasst, ist das Vorbereiten amphibischer Landungsoperationen und Flussdurchquerungen durch Aufklärung und im Bedarfsfall durch Sprengungen. Sämtliche Mitglieder der Kompanie sind ausgebildete Fallschirmjäger, die aktiven Kampftaucher haben eine einschlägige Zusatzausbildung.

Oben: Belgisches Para-Kommando beim Tauchtraining im Rahmen eines Lehrgangs in Oostende.

Als Sturmgewehr wird standardmäßig das FNC 5,56 mm verwendet, ergänzt durch die Maschinenpistole P90 und die für Spezialoperationen vorgesehene Pistole FN 5,7 mm.

Neben der üblichen Tauchausrüstung kommt eine breite Palette von Wasserfahrzeugen zum Einsatz. Als starres Schlauchboot verwendet man meist das Zodiac MkVI HD mit 70 PS Doppel-Außenborder, daneben auch das kleinere Sillinger mit 40-PS-Motor. Für weniger auffällige Operationen werden Kanus benutzt.

BRA BRASILIEN
Grupo de Mergulhadores de Combate (GRUMEC) GERR/MEC Comandos Anfibios (COMANF) „Tonelero"

GRUMEC (die Kampftaucher der Marine), GERR/MEC (die zugehörige Anti-Terror-Gruppe) und die Comandos Anfibios „Tonelero" des Marinekorps übernehmen vielfältige maritime Spezialoperationen.

Die Kampftauchergruppe GRUMEC ist die Spezialeinheit der brasilianischen Marine. Die GRUMEC entstand 1970, als man zahlreiche Offiziere und Unteroffiziere nach Coronado entsandte, um mit den US Navy SEALs zu trainieren, und nach Marseille, um von den französischen Jaubert-Kommandos zu lernen. Diese Männer bildeten den Kern der neuen Gruppe für maritime Spezialoperationen und stellten einen Kampfschwimmerkurs auf. Die Bildung dieser Einheit war sehr sinnvoll, denkt man an die kilometerlangen Küsten, die unterschiedlich geprägten Flusslandschaften und die Organisation der regionalen Freischärlergruppen und Drogensyndikate. Außerdem besitzt Brasilien zwar die größte Marine in der Region, doch sie wurde immer etwas vernachlässigt. Die GRUMEC bietet hingegen die Möglichkeit, benachbarte Flotten zu überwachen oder gar aufzureiben, ohne große Flächenverbände aufmarschieren zu lassen.

Die Aufgaben der GRUMEC reichen von konventionellen maritimen Spezialoperationen wie Strand- und Fernaufklärung, Sprengungen und Räumungen unter Wasser sowie Stoßtrupp-Unternehmen bis zu Kampfoperationen in den Bergen, im Dschungel wie auch in Siedlungsgebieten. In Kriegszeiten wäre die Einheit beauftragt, Ölbohrplattformen zu zerstören, den Feind auszuspionieren und Minen zu beseitigen.

Die GRUMEC verwendet ähnliche Waffen wie die befreundeten US Navy SEALs. Zum Einsatz kommen die Sturmgewehre CAR-15 und M16 5,56 mm (oft mit Granatwerfer M203), ferner die Maschinenpistolen der Modellreihe HK MP5 sowie MAC-10 und Mini-UZI. Bevorzugte Pistole ist die Taurus PT52S 9 mm, während das Maschinengewehr FN MAG 7,62 mm für verstärkte Feuerkraft sorgt.

Darüber hinaus kommen diverse Kleinboote zum Einsatz, so auch das beliebte Zodiac CRRC. Bei Bedarf kann die brasilianische Marine die unterschiedlichsten Wasser- und Luftfahrzeuge bereitstellen, einschließlich des leichten Flugzeugträgers BNS *Minas Gerais* (ehemals HMS *Vengeance*). Die U-Boot-Flotte ist nicht minder beeindruckend, zumal die Einheit offiziell dem brasilianischen U-Boot-Kommando unterstellt ist.

Training der GRUMEC

Der Stützpunkt der GRUMEC befindet sich auf der Insel Moncanguê in Niterói, Rio Grande. Im dortigen Tauch- und U-Boot-Zentrum (CIAMA) der brasilianischen Marine findet auch die strapaziöse sechsmonatige Grundausbildung statt. Diese umfasst vier Phasen: fünfwöchiger Vorbereitungskurs im Gerätetauchen und Erlangen der Wassertüchtigkeit; fünfwöchiges Konditionstraining einschließlich mentaler Konditionierung – abgeschlossen durch eine „Höllenwoche" mit einer hundertstündigen Dauerbeanspruchung ohne Schlaf bei minimaler Ernährung; Aneignung maritimer Kampftaktiken (vor allem Unterwassertechniken, Sabotage und Aufklärung); und schließlich eine fortgeschrittene Kampfausbildung in Angriffs-, Fluss- und Dschungeloperationen, Überlebenstraining, Nahkampf und Klettern, ergänzt durch eine Unterweisung in Luftlande- und Fallschirmtechniken.

GERR/MEC

Die für Rückeroberung und Bergung zuständige, zur GRUMEC gehörige GERR/MEC ist die Anti-Terror-Einheit der brasilianischen Marine. Diese Elite innerhalb der Elite umfasst rund 50 Mann, die speziell für die Befreiung von Geiseln aus diversen Wasserfahrzeugen und der Gefangenschaft im brasilianischen Dschungel sowie die Rückeroberung von Bohrplattformen und Linienschiffen ausgebildet ist.

COMANF „TONELERO"

Im Jahr 1957 als Teil des brasilianischen Marinekorps formiert, ist dieses Sonderbataillon für Aufklärungs- und Kommandomissionen zuständig, etwa in Form von Stoßtrupps zur Unterstützung der brasilianischen Kriegsmarine. Das COMANF „Tonelero" entwickelte sich allmählich zu einem Spezialverband der Marineinfanterie und ist heute für die Fachausbildung des Marinekorps und anderer Militäreinheiten zuständig. Anwärter rekrutieren sich aus den Besten des 15000 Mann starken Marinekorps und müssen die harte Ausbildung für amphibische Kommandos und Spezialoperationen absolvieren. Oft kommt eine Springerausbildung hinzu, während die GRUMEC das Kampftauchertraining übernimmt. Ergänzt wird dies durch Heerestrainings mit Bergsteigen und Dschungelkampf, wie sie für Einsätze in den verschiedenen Ökotopen des Landes erforderlich sind.

Das schätzungsweise 500 Mann umfassende Bataillon setzt sich aus fünf Kompanien zusammen, bestehend aus einer Stabs- und Logistikkompanie, zwei Kompanien für amphibische Kommandos, einer Kompanie für amphibische Aufklärung (RECONANF) und einer Kompanie für Bodenaufklärung (RECONTER). Die Aufgabe der beiden Kommandokompanien besteht im Kapern von Schiffen und ähnlichen Missionen, bei denen körperlicher Einsatz gefragt ist. Die Operationen von RECONANF umfassen Strandaufklärung und die Vorbereitung umfassender seegestützter Angriffe; damit ähneln sie dem Missionsprofil des US Marine Recon Battalion. RECONTER ist für Bodenaufklärung und Fernerkundungs-Patrouillen zuständig. Die 120 Mann der mit Rettungsmissionen beauftragten Gruppe GERR gehören zum COMANF „Tonelero" und unterhalten enge Kontakte zum Anti-Terror-Team GERR/MEC der GRUMEC.

CHL CHILE
Buzos Tácticos

Die Buzos Tácticos verkörpern die Spezialeinheit der chilenischen Marine. Die bereits 1958 gegründete Truppe wurde in den Jahren 1979/80 im Zuge der Grenzstreitigkeiten mit Argentinien eingesetzt. Sie unterhält enge Kontakte zu den US Navy SEALs und einigen regionalen Spezialkräften.

Die Marine genießt in Chile seit langem große Bedeutung – angesichts der extrem langen Küste und der häufigeren Grenzdispute vor allem mit dem argentinischen Nachbarn verständlich. Für die amphibische Kriegsführung zeichnet das 3000 Mann starke Marineinfanteriekorps verantwortlich, angeführt von der Marine-Spezialeinheit, den Buzos Tácticos.

Die Buzos Tácticos wurden 1958 formiert, um die Kriegsmarine mit Kampfschwimmern auszustatten, die auf Strandaufklärung, Sprengungen unter Wasser, maritimen Nachrichtendienst und Stoßtrupp-Unternehmen spezialisiert sind. Dem Vernehmen nach hat sich die Einheit während der mit Argentinien ausgetragenen blutigen Grenzstreitigkeiten in den Jahren 1979/80 überaus gut bewährt.

Die in Viña del Mar und Valparaíso stationierte und von anfangs 100 auf inzwischen rund 200 Mann angewachsene Truppe fungiert als Vorhut der Marineinfanterie, spielt aber inzwischen fast unweigerlich auch eine Rolle bei der Bekämpfung von Rebellen und Terroristen. Mit einer Versagerquote von über 70 Prozent besteht die 16-monatige Grundausbildung der Buzos Tácticos aus Kampfschwimmen, Gerätetauchen, Taktiken für kleine Kampfgruppen, Skilaufen, Fahren mit hohem Tempo und Fallschirmspringen. Absolventen werden auch in Terrorbekämpfung und Spionage unterwiesen. Eine kleine Gruppe ist zudem in maritimer Geiselbefreiung ausgebildet.

Folgende Waffen werden von den Buzos Tácticos favorisiert: Sturmgewehre M16, CAR-15 und HK 33E, Maschinenpistole Famae SAF (aus lokaler Fertigung) sowie das koreanische Maschinengewehr Ultimax 100 und die spanische Version des MG3. Die Einheit der Buzos Tácticos steht in engem Kontakt mit den US Navy SEALs und einigen regionalen Spezialkräften.

COL KOLUMBIEN
Grupo de Comandos Anfibios (GCA)

Die Spezialeinheiten der kolumbianischen Marine spielen eine große Rolle bei der Bekämpfung des nationalen Drogenterrorismus.

Die Tätigkeit der maritimen kolumbianischen Spezialeinheiten wie auch des gesamten Militär- und Polizeisystems steht ganz im Zeichen der Bekämpfung von Guerillagruppen und Drogenkartellen.

Daher haben sowohl die Erste Marineinfanteriebrigade (Sincelejo, Atlantikküste) wie auch die Zweite Marineinfanteriebrigade (Buenaventura, Pazifikküste) ein Bataillon für Anti-Guerilla-Operationen abgestellt. Teile des für den Schutz des Marinekommandos in Bogotá zuständigen 8. Bataillons sollen die Armee zudem bei der Bekämpfung von Aufständischen unterstützen.

GRUPO DE COMANDOS ANFIBIOS (GCA)

Die Mitte der 1960er Jahre formierte, SEAL-ähnliche Gruppe für amphibische Kommandos Grupo de Comandos Anfibios (GCA) ist auf der Marinebasis Cartagena stationiert und rund 100 Mann stark. Diese sind in 25er Platoons aufgeteilt; es gibt eine Trainings- und eine Sicherheitskompanie. Es kursiert das Gerücht, wonach die GCA schon bald nach ihrer Konstituierung durch ein mobiles Trainingsteam der US Navy SEALs ausgebildet wurde – wie es heißt erst einmal im Schwimmen sowie im Sprengen, Gerätetauchen und der Kriegsführung zu Lande.

Den unweigerlichen Tätigkeitsschwerpunkt bildet die Bekämpfung der Drogenmafia, neben den eher traditionellen Aufgaben der maritimen Terrorbekämpfung und als Kampftaucher.

CUB KUBA
Formación Especial Naval (FEN)

Die FEN war bereits im gesamten karibischen Raum aktiv. Während des Kalten Krieges wurde sie überall auf der Welt eingesetzt, um die Interessen Kubas und der sowjetischen Bruderstaaten zu wahren.

Die Kenntnisse über die Kampfschwimmer der kubanischen Marine ist lückenhaft. Die Formación Especial Naval (FEN) dürfte jedoch aus rund 200 ehemaligen Marinerekruten bestehen, die sich nach ihrer in einem speziellen Trainingszentrum für Nachwuchskräfte in Playa de Solado absolvierten Grundausbildung beworben haben. Nur die Besten werden zum anschließenden einjährigen Marinespezialkurs zugelassen. Dieser umfasst Schwimmen und Tauchen, Kartografie, Nahkampf, Scharfschützenausbildung, ABC-Abwehr und Fallschirmspringen (anscheinend aber durchweg über Land). Die Versagerquote dürfte über 50 Prozent liegen.

Obwohl Kuba lange von der Sowjetunion dominiert wurde, besteht die von der FEN auf dem freien Markt erworbene Ausrüstung zum großen Teil aus westlicher Produktion. Beliebtestes Schlauchboot ist das Zodiac, doch die kubanische Marine stellt auch größeres Gerät bereit, bei Bedarf sogar drei U-Boote. Zahlreiche umgerüstete zivile Wasserfahrzeuge wie Schlepper, Kutter und Yachten kommen ebenfalls zum Einsatz. Mini-U-Boote oder SDVs sind offenbar nicht vorhanden. Die Bewaffnung ist eine Mixtur sowjetischer und westlicher Fabrikate. Mitglieder der FEN gehörten zu den Kubanischen Revolutionären Streitkräften (FAR), die auf dem Höhepunkt des Kalten Krieges in Afrika (Angola und Eritrea) für politisch heikle „Spezialoperationen“ eingesetzt wurden. Die Einheit unterhält gute Kontakte zur vietnamesischen Marine. Seit 1990 trainieren Kubaner intensiv in Vietnam, um mit Guerillataktiken und Techniken der tiefen Infiltration vertraut zu werden.

DEU DEUTSCHLAND
Kampfschwimmerkompanie (KSK)

Zu Zeiten des Kalten Krieges war die Kampfschwimmerkompanie mit Operationen gegen Marineeinrichtungen des Warschauer Pakts beauftragt. Zuletzt wurde sie in der Golfregion und zur Unterstützung friedenserhaltender Maßnahmen auf dem Balkan eingesetzt.

Maritime Spezialoperationen haben in Deutschland Tradition. Im Zweiten Weltkrieg erwarb die in der Ost- und Nordsee gegen alliierte Schiffe vorgehende K-Flottille einen zweifelhaften Ruf. Bei der Wiederbewaffnung der Bundesrepublik 1955/56 gab es massive Vorbehalte gegen elitäre Kommandoeinheiten, doch die neu formierte Bundesmarine konstatierte deren Notwendigkeit, um der Bedrohung durch sowjetische Sonderverbände zu begegnen. So entsandte man einige Veteranen der K-Flottille nach Frankreich, um mit Mitgliedern des Kommandos Jaubert zu trainieren. Daraus entstand 1959 die Kampfschwimmerkompanie, die 1964 eigenständig wurde. 1966 wurden Waffentaucherabzeichen und der Kampfschwimmerschein eingeführt.

Weitere Spezialeinheiten der Bundesmarine

Die rund 250 Mann starke Minentaucherkompanie (MiTaKp) ist mit traditionellen UDT-Aufgaben wie Minenräumung und Bergung betraut, daneben auch mit der Suche und Rettung im Gefecht. KSK und auch MiTaKp wurden im ersten Golfkrieg (1990/91) eingesetzt.

Auch die berühmte Anti-Terror-Einheit GSG-9 verfügt über eine kleine Zahl von Kampfschwimmern, die von der KSK trainiert werden.

Links: Zwei KSK-Mitglieder mit einer Panzerabwehrrakete vom Typ Milan. Kampfschwimmer wissen sich auch außerhalb ihres eigentlichen Elements zu behaupten.

Stützpunkt der aus maximal 250 Mann bestehenden KSK ist die Marineschule in Eckernförde an der Ostseeküste – ein perfekter Ort, um dem maritimen Bedrohungspotenzial der Unterzeichnerstaaten des Warschauer Paktes zu begegnen. Hauptaufgabe der KSK während des gesamten Kalten Krieges war dann auch die Überwachung der ostdeutschen und polnischen Häfen. Im Kriegsfall wäre es Aufgabe der KSK gewesen, die norddeutschen Häfen zu sichern, strategische Räume unweit von Dänemark zu evakuieren und gegen die Häfen und Schiffe des Warschauer Paktes vorzugehen. Da diese Operationen in Kooperation mit den Verbündeten erfolgt wären, unterhält die KSK bis heute enge Kontakte mit dem britischen SBS und dem französischen Commando Hubert. Die KSK hat gemeinsam mit belgischen, spanischen, italienischen und israelischen Eliteeinheiten trainiert und ist in Fachkreisen ausgesprochen hoch angesehen.

Angehende Rekruten müssen wenigstens vier Jahre bei der Bundesmarine gedient haben, Offiziere acht Jahre. Den Anfang bildet eine Reihe physischer und psychologischer Tests, gefolgt von einer abschließenden „Wasserprüfung“ aus 5 km Freistilschwimmen und 1 km Kraul plus Schnelltauchen über 25 m. In diesem Stadium scheiden rund 80 Prozent der Bewerber aus. Die ersten vier Monate bestehen aus einem Tauchkurs in Neustadt und Eckernförde. Dann gilt es, den Umgang mit diversen Booten und Kanus zu erlernen. Dem schließt sich in Altenstadt ein strapaziöser Kurs im Bodenkampf an, einschließlich Waffenkunde und Luftlandetechniken. In Großenbrode schließlich stehen Sprengmittelkunde und Aufklärung auf dem Lehrplan. Erst jetzt ist der Status eines Kampfschwimmers erreicht.

Die KSK verwendet folgende Waffen: Maschinenpistolen HK MP5 und UZI, Sturmgewehre der Baureihe G3, Maschinengewehr HK 21A1 und Scharfschützengewehr HK PSG-1 – daneben auch die Unterwasserpistole HK P11 7,62 mm, mit der sechs Pfeile mit einer Reichweite von 30 m über Wasser und 15 m unter Wasser abgefeuert werden können.

Rechts: KSK-Mitglied mit Fallschirmhülle beim Verlassen der Landezone. Eine Springerausbildung gehört bei der KSK zum Standard.

DNK DÄNEMARK
Frømandskorpset

Dänemarks Frømandskorpset gilt als eine der fähigsten maritimen Spezialeinheiten innerhalb der NATO. Angesichts ihrer Fertigkeiten im Nahkampf und Entern wurde die Einheit während des Golfkriegs mit der Durchsuchung von Schiffen nach Schmuggelware beauftragt.

Das überaus angesehene Frømandskorpset (Froschmannkorps) entstand während des Kalten Krieges aufgrund der strategisch günstigen Lage des Landes an der schmalen Ostseepforte. Da Dänemark zudem anfällig für seegestützte Angriffe war, lag die Bildung einer aggressiven maritimen Spezialeinheit auf der Hand. Daher wurden 1957 vier Marineoffiziere zur Ausbildung bei den Underwater Demolitions Teams der US Navy entsandt. Nachdem man sich auch mit dem britischen SBS und dem norwegischen Froskemandskorps befasst hatte, wurde das Frømandskorpset gegründet – anfangs noch als Teil der Tauchschule der königlich-dänischen Marine, doch seit 1970 eigenständig und direkt dem Søværnets Operative Kommando (SOK, Marine-Oberkommando) unterstellt. Die administrative Kontrolle obliegt indes der 5. Flottille (U-Boot-Flottille).

Transportmittel

Das Frømandskorpset verfügt über mehrere Wasserfahrzeuge. An erster Stelle stehen Zodiac-Schlauchboot und Klepper-Kanu. Die dänische Marine stellt ihre Helikopter Westland Super Lynx bereit. Für den Transport von bis zu sechs schwer beladenen Operatoren verwendet man modifizierte Helikopter McDonnell Douglas 500 AN/MH-6 „Little Bird“.

Auf der Kongsore Torpedo-Station beheimatet, besteht die Einheit aus annähernd 200 Mann, gegliedert in drei Züge. Der erste Zug besteht aus Kampfschwimmern, der zweite Zug ist für die Boote und Absetzfahrzeuge verantwortlich, während der dritte Zug die maritime Anti-Terror-Truppe Dänemarks verkörpert. Zu den Aufgaben des Frømandskorpset zählen Fernaufklärung, Überfälle und Sabotage, Guerillaaktionen sowie Sprengungen und Räumungen unter Wasser. Die Operatoren sind im Nahkampf versiert, wobei das Entern von Schiffen eine Spezialität des Frømandskorpset darstellt – die im ersten Golfkrieg (1990/91) bei der Suche nach Schmuggelware zum Einsatz kam, um das über den Irak verhängte Embargo durchzusetzen. In Friedenszeiten hingegen unterstützt man die örtliche Polizei bei der Suche nach Schiffbrüchigen.

Links: Dänischer Froschmann beim Auftauchen, nachdem er vor der Küste von einem tauchenden U-Boot abgesetzt wurde.

Die mehr als 15 Monate dauernde Ausbildung umfasst fortgeschrittene Kampftechniken, Gerätetauchen, Kampfschwimmen, Sprengungen, Aufklärung, Nahkampf, Präzisionsschießen und Fallschirmspringen. Techniken im Entern und Kapern werden auf den dänischen Korvetten und Fregatten verfeinert. Das Frømandskorpset unterhält enge Kontakte zum britischen SBS, den US Navy SEALs, der deutschen KSK, den norwegischen Marinejägern und den maritimen Spezialeinheiten Schwedens.

Die Bewaffnung ist ebenso vielfältig wie multinational: Wichtigste Sturmgewehre sind das HK G41 5,56 mm und das unglaublich robuste schwedische AK5. Für Nahoperationen verwendet man diverse HK-Maschinenpistolen wie MP5SD 9 mm und MP53 5,56 mm sowie die Repetierflinte Remington M870 Kal. 12. Bevorzugte Seitenwaffe ist der Revolver Smith and Wesson .38 Detective Special. Für Feuerunterstützung greift man vor allem auf das leichte Maschinengewehr HK 13E 5,56 mm zurück. Die Scharfschützen benutzen das HK PSG-1 7,62 mm.

ESP SPANIEN

Unidad de Operaciones Especiales (UOE)

Als Speerspitze des spanischen Marinekorps entwickelte sich die UOE von einer amphibischen Gebirgsjägerkompanie zu einer Truppe mit Ähnlichkeiten zu den US Navy SEALs und dem britischen SBS.

Die spanische Infantería de Marina verkörpert das weltweit älteste Marinekorps. Ihre Spezialeinheit, die Unidad de Operaciones Especiales (UOE), ist zwar nicht ganz so alt, steht aber in der langen Tradition spanischer Seegefechtskunst. Die UOE ist Teil des Tercio de Armada (TEAR) mit seinem Stützpunkt San Fernando in Cádiz, das der spanischen Admiralität unmittelbar unterstellt ist. Die Aufgabe des UOE besteht in Aufklärung und offensiven Operationen für das Marinekorps.

Operationen der UOE

Erstmals eingesetzt wurde die UOE 1969 als Speerspitze bei der Evakuierung spanischer Bürger aus der ehemaligen Kolonie Äquatorialguinea. Zudem war sie wiederholt und auch im Ausland gegen die baskische Terrorgruppe ETA aktiv. Im Rahmen des spanischen IFOR- und SFOR-Kontingents war die Einheit im ehemaligen Jugoslawien.

Die Einheit wurde 1952 unter dem Namen Amphibische Gebirgsjägerkompanie gegründet und war als Wegbereiter für die Einnahme von Küstenabschnitten vorgesehen. An dieser Hauptaufgabe wird bis heute festgehalten, doch nachdem man sich mit ähnlichen NATO-Einheiten befasst hatte, beschloss die Marineführung eine Erweiterung der Einsatzfähigkeit, wobei man sich am britischen SBS und den US Navy SEALs orientierte. Im Jahr 1967 erhielt die Formation ihren heutigen Namen und war nunmehr auch für Kampfschwimmereinsätze, Luftlandemissionen, Überfälle in kleinen Teams und Sabotage zuständig. Die Terrorbekämpfung kam bald hinzu. Die Einheit wurde 1985 in Comando Anfibio Especial umgetauft, kehrte aber 1989 zu ihrem angestammten Namen zurück.

Die rund 170 Mann starke Truppe wird von einem Oberstleutnant befehligt. Sie besteht aus einer kleinen Führungsgruppe, einem für Logistik und Sanitätswesen zuständigen Kommando- und Unterstützungszug, zwei Zügen für Spezialoperationen und einem Kampfschwimmerzug. Die beiden Züge für Spezialoperationen bestehen aus je 34 Mann und sind in zwei 16-köpfige Trupps (plus zwei Kommandanten) untergliedert, und diese wiederum in vier Viererteams. Die Rekruten müssen zuvor wenigstens ein Jahr im TEAR gedient haben.

Die Ausbildung umfasst elementare Kommandofertigkeiten, fortgeschrittene Kampftechniken und Bergsteigen, bei einer Versagerquote von rund 90 Prozent. Der nachfolgenden Springerausbildung schließt sich eine Spezialisierung auf Kampftauchen, Sprengen oder Präzisionsschießen an. Enge Kontakte bestehen zum britischen SBS, dem portugiesischen DAE sowie zu italienischen, französischen und auch einigen südamerikanischen Spezialeinheiten.

Die UOE verwendet folgende Waffen: Sturmgewehr CETME Model L 5,56 mm (das aber schrittweise durch das HK G36 5,56 mm ersetzt wird), schallgedämpfte Maschinenpistole Patchett/Sterling Mk 5 9 mm, Pistole Llama 82B 9 mm, Maschinengewehre Ameli 5,56 mm und M60 7,62 mm sowie das Mauser SG 66 7,62 mm als Scharfschützengewehr. Die UOE kann auf sämtliche Wasserfahrzeuge und Fluggeräte der spanischen Marine zurückgreifen und ist im Besitz von Zodiac-Schlauchbooten und zweisitzigen Klepper-Kanus.

FRA FRANKREICH

Commandement des Fusiliers Marins Commandos (COFUSCO) Commando Hubert Groupe de Combat en Milieu Clos (GCMC) Détachement d'Intervention Opérationnelle Subaquatique (DINOPS)

Frankreich besitzt gleich mehrere maritime Spezialeinheiten, von den vier Sturmkommandos der Marine über die Kampfschwimmer des Commando Hubert und die maritime Anti-Terror-Einheit GCMC bis zum DINOPS der Fremdenlegion.

Wie es die Amerikaner und Briten bereits praktizierten, stellte auch Frankreich 1992 nach dem Golfkrieg mit dem Commandement des Opérations Spéciales (COP) ein übergreifendes Oberkommando für Spezialoperationen auf, damit die Spezialkräfte von Heer, Marine und Luftwaffe nicht länger ohne eine gemeinsame Kommandostruktur waren. Somit gehören die fünf Marinekommandoeinheiten und das Anti-Terror-Team Groupe de Combat en Milieu Clos (GCMC, Nahkampfgruppe) nun zum Commandement des Fusiliers Marins Commandos (COFUSCO, Oberkommando Marineinfanterie und Spezialeinheiten).

Die derzeitige Struktur von COFUSCO datiert aus dem Jahr 1983. Drei der fünf heute aktiven Kommandoeinheiten sind in Lorient stationiert, die vierte in Dschibuti und Hubert in Toulon.

Jeweils eine Einheit ist in Bereitschaft und kann innerhalb von sechs Stunden ausrücken. Dies ermöglicht Frankreich eine sehr flexible und rasche militärische Reaktion.

Die vier Sturmkommandos tragen die Namen Trepel, Jaubert, Monfort und Penfentenyo – François wurde 1953 in Reserve gestellt und später deaktiviert.

Rechts: Kampftaucher des Commando Hubert während einer Übung kurz vor dem Absprung aus einem Flugzeug.

Geschichte der französischen Kommandoeinheiten

Spezialeinheiten der französischen Marine gab es bereits im Zweiten Weltkrieg, als das französische Element des 10. Alliierten Kommandos zur Kerntruppe des 1. Marineinfanterie-Kommandobataillons wurde, das an den Landeunternehmen in der Normandie teilnahm. Nach dem Krieg wurden bis 1947 sechs Kommandoeinheiten aufgestellt und nach Offizieren benannt, die im Krieg gefallen waren. Diese Einheiten wurden in den zahlreichen französischen Kolonialkriegen eingesetzt: im Indochinakrieg entlang der Küste, im Mekong-Delta und rund um Tonkin gegen die Vietminh. Weitere Einsätze erfolgten während der Sueskrise und in Algerien; 1962 wurden sie nach Frankreich zurückbeordert. Seitdem waren die Einheiten an jedem militärischen Engagement Frankreichs beteiligt, sei es im Rahmen diverser Friedenserhaltungsmissionen oder bei Einsätzen in den ehemaligen Kolonien.

Die aus rund 80 Mann bestehenden Kommandos gliedern sich in vier Züge à 20 Mann, diese wiederum in zwei zehnköpfige Trupps. Jeder Zug hat eine besondere Aufgabe: Führung, Angriff, Aufklärung oder Feuerunterstützung. Der Führungszug besteht aus einem Kommandeur plus Stellvertreter, einem Nachrichtenoffizier, zwei Fernmeldespezialisten, zwei Funkern und Hilfstruppen. Der Aufklärungszug erkundet den anvisierten Strandabschnitt und entscheidet, ob er gehalten werden kann. Der Kampfzug kann bei der Eroberung und Verteidigung des Landekopfes auf die schwereren Waffen des Unterstützungszuges zählen. Bei Bedarf können auch gemischte Teams eingesetzt werden. Als Speerspitze der amphibischen Verbände können die maritimen Kommandos auch Schiffe überfallen und CSAR-Missionen durchführen. Sämtliche Mitglieder sind qualifizierte Fallschirmjäger. Die Palette der Absetzfahrzeuge umfasst Hubschrauber, Schiffe, U-Boote und Schlauchboote. Ein Puma-Helikopter kann einen halben Zug (10 Mann) plus Zodiac-Boot befördern, ein Super Frelon sogar zwölf Mann und zwei Zodiacs.

Die der französischen Handels- oder Kriegsmarine entstammenden Bewerber durchlaufen in Lorient ein umfassendes viermonatiges Auswahltraining, im Erfolgsfall ergänzt durch eine Luftlandeausbildung. Darauf folgt ein einmonatiges Kommandotraining und schließlich eine Unterweisung in amphibischen Operationen. Ausgewählte Absolventen besuchen auch die französische Kampftaucherschule.

Folgende Waffen werden verwendet: Sturmgewehr M16, schweizerisches SG-540 und französisches FAMAS, oftmals mitsamt Granatwerfer M203. Für Nahoperationen kommen die Maschinenpistolen der Baureihe MP5 und die Flinte Remington M870 zum Einsatz. Für verstärkte Feuerkraft benutzt man das leichte Maschinengewehr FN Minimi 5,56 mm, wäh-

Rechts: Französische Marinekommandos vor dem Besteigen eines Super Frelon Helikopters auf dem Flugzeugträger* Foch *nahe der albanischen Küste (1999).

rend der Unterstützungszug auf FN MAGs, Mörser 60 mm und Milan-Panzerabwehrraketen zurückgreift.

COMMANDO HUBERT

Das Commando Hubert oder Commando d'Action Sous-Marine (Unterwasser-Aktionskommando) ist die Kampfschwimmereinheit von COFUSCO. Zunächst als amphibische Kommandotruppe aufgestellt, wurde die Einheit 1953 im Algerienkrieg erstmals für Kampfschwimmermissionen eingesetzt.

Als sich die Franzosen zurückzogen, verlegte die Truppe ihren Stützpunkt nach Toulon. Von dort aus führt das Commando Hubert maritime Spezialoperationen für die französische Marine, den französischen Auslandsgeheimdienst und die DGSE (Direction Générale de la Sécurité Extérieure, Generaldirektion für auswärtige Sicherheit) durch.

Unten: Französische Marinekommandos beim Verfolgen von Greenpeace-Aktivisten, die im Vorfeld der 1995 in Französisch-Polynesien durchgeführten Atomtests in die militärische Sperrzone eingedrungen waren.

Das aus 80 Mann bestehende Commando Hubert gliedert sich in zwei Kompanien. Als operativer Arm setzt sich die 1. Kompanie aus 50 Kampfschwimmern sowie den Sektionen A bis D zusammen:

Sektion A – Kommando- und Stabsabteilung. Diese ist auch für den Einsatz des von Zodiac gefertigten starren Schlauchboots Hurricane zuständig, in dem zehn Mann mit einer Geschwindigkeit von bis zu 50 Knoten transportiert werden können.

Sektion B – Maritime Anti-Terror-Abteilung, spezialiert auf die Annäherung unter Wasser. Die Abteilung kooperiert mit der GCMC und der polizeilichen Anti-Terror-Gruppe GIGN, die ebenfalls über ein Taucherteam verfügt. Die Taucher der Sektion B fungieren vermutlich als Lotsen.

Sektion C – Abteilung für Unterwasseroperationen, deren Taucher die vorhandenen Transportmittel in Form von SDVs (oder PSMs – Propulseurs Sous-Marins) bedienen.

Sektion D – Aufklärungs- und Unterstützungsgruppe, verantwortlich für Strandaufklärung und Sprengungen unter Wasser. Die Sektion D versorgt die Einheit zudem mit schwerer Feuerunterstützung und stellt die Präzisionsschützen.

Eine künftige Sektion E soll die Hurricanes enthalten. Die 30 Mann der 2. Kompanie sind auf Logistik, Kommunikation und die Instandhaltung der SDVs und Kleinboote spezialisiert. Die dem Kommando angegliederte *Poseidon* der französischen Kriegsmarine dient den Tauchern und ihren SDVs als schwimmende Operationsbasis.

Die Kandidaten für das Kommando Hubert werden aus den französischen Marinekommandoeinheiten ausgewählt. Sie müssen wenigstens vier Jahre in der Marine und sechs Monate in den Kommandoeinheiten gedient haben. Den Anfang bilden zwei Tauchkurse an der Marinetauchschule Saint-Mandrier bei Toulon. Darauf folgt eine Einführung im Umgang mit Kleinbooten und dem Klepper-Kanu. Abschließend werden Sprengungen unter Wasser, Pioniertechniken und Fallschirmspringen erlernt. Erfolgreiche Kandidaten werden dem Kommando zunächst für drei Jahre zugeteilt, um dort einen Aufbaukurs für Kampfschwimmer und den Meisterkurs im Fallschirmspringen zu besuchen.

Folgende Waffen werden verwendet: Sturmgewehr FAMAS 5,56mm, häufig plus Granatwerfer M203, Maschinenpistolen UZI, Mini-UZI und der Baureihe HK MP5 sowie Scharfschützengewehre Giat FR-F2 7,5 mm und PGM Hecate .50.

GROUPE DE COMBAT EN MILIEU CLOS (GCMC)

Die Nahkampfgruppe GCMC verkörpert die Anti-Terror-Elite der französischen Marine und ist wie die Marinekommandos Teil von CO-FUSCO. Die 1994 formierte Einheit besteht aus lediglich 17 Mann, aufgeteilt in zwei achtköpfige Trupps plus Kommandeur, die eine beachtliche Palette an Fertigkeiten vorweisen, sei es als Präzisionsschützen, Sanitäter, Bootsführer oder Kampftaucher. Die GCMC ist auf das Aufbringen von Schiffen spezialisiert und verwendet Zodiac- und Hurricane-Boote. Ihre Mitglieder tragen die auffälligen marineblauen Uniformen der GIGN und verwenden eine Körperarmierung, die zugleich als Schwimmweste fungiert.

Die GCMC operiert meist gemeinsam mit anderen Teams, vor allem mit der für Terrorbekämpfung zuständigen Sektion B des Commando Hubert.

Das Waffenarsenal umfasst: Sturmgewehre G3 7,62 mm und M16 5,56 mm, oft plus Granatwerfer M203; Maschinenpistolen MP5, Revolver Smith & Wesson .357, Scharfschützengewehr Giat FR-F2 7,5 mm sowie Maschinengewehr FN Minimi 5,56 mm.

DÉTACHEMENT D'INTERVENTION OPÉRATIONNELLE SUBAQUATIQUE (DINOPS)

Auch wenn sie weder eine offizielle französische Spezialeinheit darstellt noch dem COS unterstellt ist, verkörpert die Fremdenlegion zweifellos eine Elite, die für Frankreich überall auf der Welt Spezialoperationen durchgeführt hat. Die Légion Étrangère entstand 1831, um die französischen Kolonien in Afrika zu kontrollieren, und kämpfte in nahezu allen Kriegen, die Frankreich seitdem geführt hat.

Als sich die Franzosen 1962 aus Algerien zurückzogen, verlegte die Fremdenlegion ihr Hauptquartier nach Korsika. Das in Plain d'Albion stationierte Pionierregiment 6e REG wurde 1984 aufgestellt. Teil des 6e REG ist das Détachement d'Intervention Opérationnelle Subaquatique oder kurz DINOPS. Dieses Kommando für Spezialoperationen unter Wasser ist der Aufklärungs- und Unterstützungskompanie angegliedert. Aufgaben sind Strandaufklärung, hydrografische Erhebungen und Unterstützung der Hauptverbände bei Flussdurchquerungen. Innerhalb der Fremdenlegion ist DINOPS überdies zuständig für Sprengungen unter Wasser und auch in der Lage, kleinere Angriffs- und Sabotagemissionen auszuführen.

Die Einheit hat seit 1984 an den meisten französischen Militäreinsätzen teilgenommen, z.B. im ersten Golfkrieg (1990/91) als Unterstützungsgruppe der US 82nd Airborne Division in der irakischen Wüste. Nachdem die Waffen verstummt waren, bildete man Minenräumkommandos zusammen mit den Australiern.

Kaum eine andere französische Kampftruppe muss ein derart intensives Training durchlaufen, denn es gilt, sowohl den Kampfschwimmerkurs der Marine als auch den Springerkurs des Heeres zu bestehen.

Zusatzausbildungen können an diversen legions- und heereseigenen Schulen absolviert werden. DINOPS-Mitglieder sind voll qualifizierte Fallschirmjäger und Taucher. Als Pioniere können sie daher per Fallschirm, Hubschrauber, U-Boot, Schiff, Kanu oder Schlauchboot abgesetzt werden.

Folgende Waffen werden verwendet: Sturmgewehr FAMAS 5,56 mm, Maschinenpistolen MP5 und UZI sowie Faustfeuerwaffen im Kal. 5,56 mm, 9 mm (Beretta) und .357 (Smith & Wesson).

GBR GROSSBRITANNIEN

Special Boat Service (SBS)

Der ebenso traditionsreiche wie erfahrene Special Boat Service (SBS) mag weniger bekannt sein als sein Heerespendant, der SAS, doch er verkörpert die wohl beste maritime Spezialeinheit überhaupt.

Der britische Special Boat Service (SBS) bildet fraglos das Maß, an dem alle anderen maritimen Spezialeinheiten gemessen werden. Die komplizierte Geschichte des zu den Royal Marines gehörenden SBS beginnt mit einer verwirrenden Anzahl kleiner Sondereinsatzgruppen, die von den Briten im Zweiten Weltkrieg aufgestellt wurden. Zu den Vorläufern zählen mithin die Spezialboot-Sektionen (SBS) der Heereskommandos und des

Rechts: C-130 Hercules der RAF im Tiefflug über der schottischen Westküste beim Abwurf von Schlauchbooten kurz vor dem Absprung von SBS-Teams.

SAS, die Combined Operations Pilotage Parties der Royal Navy und vor allem das Royal Marine Boom Patrol Detachment (RMBPD). Nach dem Krieg wurden viele dieser Einheiten aufgelöst, doch für Spezialoperationen der Marine gründete man 1946 die School of Combined Operations Beach and Boats. Im Jahr darauf mit dem RMBPD verschmolzen, war sie ab 1948 als Small Raids Wing der Royal Marines in begrenztem Umfang in Palästina aktiv. Im Jahr 1950 erfolgte die Umbenennung in Special Boat Wing – bestehend aus Special Boat Sections, wodurch das Kürzel SBS wiederbelebt wurde. Teile der Einheit kämpften im Rahmen des 41 Independant Commando RM in Korea.

Ab 1950 nahmen der SBS allmählich Gestalt an: 1 SBS war in Großbritannien beheimatet, während 2 und 3 SBS angesichts der wachsenden sowjetischen Bedrohung in Deutschland stationiert wurden; 4 und 5 SBS bestanden aus der Freiwilligenreserve der Royal Marine Forces. Die in den 1950er Jahren formierte 6 SBS sollte die damals in Malta stationierte 3. Kommandobrigade im Mittelmeer unterstützen. Die zeitgleiche neuerliche Etablierung des SAS führte dazu, dass dem SBS folgende Aufgaben zugeordnet wurden: Operationen gegen Schiffe und Küstenziele, seegestützte Angriffe, Strandaufklärung, Landevor-

Links: SBS-Mitglied mit schwer beladenem Bergen-Rucksack und modifiziertem Sturmgewehr CAR-15 im Dezember 2001 beim Erkunden der Region Tora Bora in Afghanistan.

***Oben:* Royal Marine Commandos mit vollem Gepäck während einer Übung 1999 in Ägypten auf dem Weg zu einem Helikopter Chinook HC.2. Der SBS rekrutiert seine Operatoren ausschließlich aus den Reihen der Royal Marines.**

***Unten:* SBS-Froschmänner während des Falklandkriegs 1982 kurz nach der Landung an der Küste von Südgeorgien. Mitglieder von SBS wie SAS waren intensiv an der Rückeroberung der Insel beteiligt.**

bereitung sowie In- und Exfiltration von Agenten.

Ab 1987 wurde der SBS auf schätzungsweise 250 Mann aufgestockt. Hauptaufgaben der in Poole (Dorset) stationierten Einheit sind weiterhin Strandaufklärung, Nachrichtendienst, Sprengungen unter Wasser und Stoß-

***Rechts:* Für Bodenoperationen während des Falklandkriegs von 1982 ausgerüsteter SBS-Soldat. In der Regel trägt man beim SBS die Standarduniformen der Royal Marine; der hier gezeigte DPM-Tarnanzug „Arktis“ bildet da keine Ausnahme.**

truppmissionen. An zweiter Stelle steht die maritime Terrorbekämpfung. Der SBS besteht aus vier Squadrons (als Ersatz für die Sektionen 1–6):

C Squadron – offenbar auf Schwimmer-/Kanu-Operationen spezialisiert.

S Squadron – erfahren im Umgang mit Kleinbooten, Mini-U-Booten, SDVs und Booten für die Langstreckeninfiltration.

M Squadron – aus den alten Sektionen 1 und 5 gebildet, besteht diese Anti-Terror-Einheit aus den Zügen Black, Gold und Purple; der 16-köpfige operative Zug kann wahlweise in zwei achtköpfige Sektionen (oder zwei RIB-Bootsladungen), vier Patrouillen à vier Mann oder acht Kanu- oder Schwimmerpaare aufgeteilt werden. Demnach gibt es kein Äquivalent zu den Special Boat Units und SDV-Teams der US Navy SEALs, deren

Einsatzgeschichte des SBS

Der SBS wurde im Rahmen nahezu sämtlicher britischer Nachkriegskonflikte eingesetzt. So etwa wurde er für die Sueskrise aktiviert und kämpfte in Indonesien; einzelne Truppenteile blieben bis 1972 in Malaysia. Die zunehmende Terrorgefahr der 1970er Jahre bescherte dem SBS zusätzliche Aufgaben im Bereich der maritimen Terrorbekämpfung. 1972 wurde ein SBS-Team wegen einer Bombendrohung gegen den Luxusliner *Queen Elizabeth II* mitten im Atlantik abgesetzt. Seit 1975 ist 1 SBS speziell für die Terrorbekämpfung zuständig, nicht zuletzt wegen der wachsenden Zahl von Ölbohrplattformen in der Nordsee. Zur gleichen Zeit erfolgte die Umbenennung in Special Boat Squadron. Das maritime Anti-Terror-Potenzial wurde 1979 durch Gründung der 300 Mann starken Commachino Company RM ausgeweitet, die für den Schutz der britischen Atomanlagen und Ölbohrplattformen zuständig ist und gemeinsam mit 5 SBS operiert, wobei 4 SBS für die Reservisten verantwortlich zeichnet. Außerdem wurde der SBS nach Nordirland entsandt und unterstützte die Polizei im Kampf gegen den Drogenhandel.

Drei Sektionen des SBS spielten eine Schlüsselrolle im Falklandkrieg 1982. SBS-Teams erkundeten geeignete Landeplätze, während 2 SBS an der Rückeroberung von Süd-Georgien beteiligt war. Nach dem Falklandkrieg wurden die britischen Spezialeinheiten neu organisiert und SBS (nun als Special Boat Service) und SAS 1987 unter dem Dach der Special Forces Group vereint. Diese wird vom Director SAS geleitet; sein Stellvertreter ist ein Colonel der Royal Marine.

In den Jahren 1990/91 wurde ein SBS-Squadron in die Golfregion entsandt. Gegen Kriegsende sicherte der SBS außerdem die britische Botschaft in Kuwait-Stadt. Seitdem setzte der SBS seine Anti-Drogen-Operationen gemeinsam mit Polizei und Zollbehörden fort. Teile der Einheit wurden in Bosnien eingesetzt (1993–1996) und während der Kosovokrise von 1999 wurde ein kleines Team dem 42 Commando RM angegliedert. Noch im gleichen Jahr wurde der SBS nach Osttimor beordert. Der SBS war in jüngerer Vergangenheit überaus aktiv, etwa in Sierra Leone im Rahmen der Operation „Barras“ (2000) und in Afghanistan als Teil der US-geführten Operation „Enduring Freedom“ (2001/02). Der bisher umfassendste Einsatz des SBS erfolgte 2003 im Rahmen der Operation „Telic“ im Irak, mit zahlreichen offenen und verdeckten Missionen während des gesamten Konflikts.

Unten: Für Transportzwecke wird der SBS häufig von der 539 Assault Squadron Royal Marines unterstützt, hier in Gestalt eines Bootsführers am Steuer eines Rigid Raider bei SBS-Operationen vor der nordnorwegischen Küste.

Spezialaufgaben vom gesamten SBS wahrgenommen werden.

Das vierte Squadron besteht aus der Reserveeinheit. Zur Unterstützung vorgesehen sind die Schiffe und U-Boote der Royal Navy, das 539 Assault Squadron RM und die Squadrons der RAF Special Forces Flights und des RN Naval Air Commando. Der SBS rekrutiert sich aus Mitgliedern der Royal Marines, die dort wenigstens drei Jahre gedient haben müssen. Auf den zweiwöchigen Eignungstest folgt ein Auswahlkurs für SAS/SBS. Dem Aufbautraining in Bodenkampf und Sprengungen, das in Hereford stattfindet, schließt sich für die noch nicht qualifizierten Kandidaten eine Springerausbildung an. Bewerber für den SBS absolvieren nun einen Boots- und Tauchkurs. Knapp 30 Prozent der Teilnehmer schließen ihn erfolgreich als Swimmer Canoeists Class Three ab und werden in eine operative Einheit aufgenommen. Der SBS führt mit befreundeten Nationen zahlreiche gemeinsame Übungen durch; die engsten Kontakte bestehen zu den US Navy SEALs und dem holländischen SBS.

Verwendete Waffen: Sturmgewehr M16 (oft zusammen mit Granatwerfer M203), schwere Maschinenpistole HK 53 (wie in Osttimor gesehen), Maschinenpistolen der Modellreihe HK MP5 und Pistole Browning HP 35 (als Seitenwaffe). Als schwere Waffen kommen zum Einsatz: Allzweck-Maschinengewehr L7A2 (FN MAG), LAW 66 mm und Mörser 51 mm. Wichtigstes Scharfschützengewehr ist das Accuracy International L96A1.

Als Kanu verwendet man derzeit das Klepper Aeres Mark 13, als Schlauchboot das Gemini Inflatable neben dem Avon Searider RIB. Überdies kommen diverse amerikanische und britische SDVs regelmäßig zum Einsatz.

GRC GRIECHENLAND

Monada Ypovrixion Katastrofon (MYK)

Die nach dem Vorbild der US Navy SEALs entwickelte maritime Spezialeinheit MYK wurde bereits in der Ägäis, der Golfregion und der Adria eingesetzt.

Der griechische Name der maritime Spezialeinheit MYK oder Monada Ypovrixion Katastrofon bedeutet so viel wie Einheit für Unterwasserkatastrophen. Angesichts der langen Tradition Griechenlands als Seefahrernation und der ebenfalls seit längerem bestehenden Feindschaft zu seinem türkischen Nachbarn ist eine solche Einheit als schlichte Notwendigkeit zu betrachten. Die MYK entstand 1957, nachdem zwei Marineoffiziere in Little Creek bei Norfolk (Virginia) einen Kampftaucherkurs besucht und nach ihrer Rückkehr ein zwölfköpfiges Kampftaucherteam zusammengestellt hatten. Diese Einheit wurde weiter ausgebaut und errichtete 1959 ihr Hauptquartier auf dem Marinestützpunkt Squaramanga. Die MYK ist dem Kommando „Amphibische Operationen" der Marine unterstellt.

Derzeit gliedert sich die MYK in vier Sektionen (OYK), wobei diese „Teams" im Grunde nach dem Muster der US Navy SEALs organisiert sind.

Die MYK besteht aus 110 Mann. Die einzelnen OYK-Sektionen setzen sich aus je 25 Spezialisten zusammen: OYK-1 und OYK-2 sind für unkonventionelle Kriegsführung und Nachrichtendienst zuständig, OYK-3 für Strandaufklärung und hydrografische Erhebungen, OYK-4 für maritime EOD-Operationen. Die Reserveeinheit OYK-5 wird nur in Kriegszeiten mobilisiert.

Die MYK wurde im Golfkrieg eingesetzt, 1996 während des Souveränitätskonflikts mit der Türkei auf die In-

Rechts: Zwei MYK-Soldaten bei Zielübungen mit ihren Sturmgewehren CAR-15 plus Granatwerfer M203 unweit Athen im Rahmen der Sicherheitsvorbereitungen für die Olympischen Spiele 2004.

sel Imia entsandt und half 1997 bei der Evakuierung griechischer Staatsangehöriger aus Albanien.

Die Einheit rekrutiert sich weitgehend aus Berufssoldaten der Marine, doch auch reguläre Marinesoldaten, die sich zu einer Dienstzeit von weiteren 23 Monaten verpflichten, sind zugelassen. Die siebenmonatige MYK-Ausbildung endet mit einer fünftägigen „Höllenwoche", ergänzt durch eine Springerausbildung.

Verwendete Waffen: Sturmgewehre M16A2 und MP11, die Maschinenpistole MP5 und das leichte MG3. Zu den Transportfahrzeugen zählen Zodiacs, Schnellboote und von den US Navy SEALs ausgemusterte SDVs.

IDN INDONESIEN

Komando intai Para Amphibi (KIPAM)

Als maritime Spezialeinheit des indonesischen Marinekorps operiert das KIPAM in sämtlichen Regionen des weitläufigen Inselstaats

Das amphibische Aufklärungs- und Fallschirmjäger-Kommando KIPAM ist als maritime Spezialeinheit Teil des indonesischen Marinekorps und angesichts der Topographie des Landes eine unverzichtbare Einrichtung. Im Jahr 1960 wurde eine Führungsgruppe indonesischer Marineinfanteristen an einem in Malaysia von der britischen Marine unterhaltenen Zentrum für Dschungelkrieg ausgebildet und besuchte danach zwei weitere, von der US-Marine geführte Schulen. Diese Männer bildeten den Grundstock der im März 1961 gegründeten KIPAM.

Eine Abteilung der rund 300 Mann umfassenden Einheit ist in Jakarta stationiert, der Rest beim Trainingszentrum Surabaya. Die wahrscheinlich sieben (vielleicht auch zehn) Monate dauernde Ausbildung umfasst Gerätetauchen, Aufklärung und Luftlandeübungen. Das KIPAM wurde bereits an der malaysischen Grenze und in Osttimor eingesetzt.

Kontakte bestehen zu den US Navy SEALs und der US Marine Re-

Unten: KIPAM-Operatoren mit Sturmgewehren AKS-74U und AKS-74 in einem starren Schlauchboot beim Avisieren eines Ziels.

Links: KIPAM-Mitglieder beim Absichern der Landungszone. Vorn ein AKS-74U, die verkürzte Ausführung des AK-74.

con. Einzelne KIPAM-Mitglieder haben mit dem britischen SBS in Poole und der niederländischen 7 NL SBS in Rotterdam trainiert. Obwohl Indonesien eine islamische Nation ist, gibt es Hinweise auf Kontakte mit Israel.

Für Sprengungen sowie Räumung und Bergung unter Wasser verfügt die indonesische Marine über das in Surabaya stationierte Spezialteam PASKA, während das aus KIPAM-Mitgliedern und Marinetauchern bestehende Detasemen Jala Mengkara (Abk: Denjaka) als Anti-Terror-Team fungiert.

Als MPs werden die UZI und Mini-UZI favorisiert. Standardwaffe der indonesischen Marineinfanterie ist das M16, beim KIPAM bevorzugt man die Sturmgewehre FNC 5,56 mm und AK-47 7,62 mm.

IND INDIEN

Marine Commando Force (MCF)

Indiens Marine Commando Force hat den Feind bei seinen Operationen im zwischen Indien, Pakistan und China umstrittenen Kaschmir das Fürchten gelehrt.

Indien erhielt seine ersten Kampftaucher 1955 nach Gründung einer Tauchschule unter Federführung des britischen SBS in Cochin. Diese Taucher waren jedoch auf Räumung und Bergung spezialisiert und erwiesen sich 1971 im indisch-pakistanischen Krieg bei Sabotageaktionen als weitgehend erfolglos.

Erst 1986 begann man mit der Bildung eines echten Marinekommandos für so unterschiedliche Missionen wie Strandaufklärung und maritime Terrorbekämpfung. Hierzu entsandte man Freiwillige aus der Tauchereinheit zu einem gemeinsamen Training mit den US Navy SEALs nach Coronado, gefolgt von diversen Austauschposten beim SBS. Dieses Spezialtraining führte schließlich im Februar 1987 zur Gründung der indischen Marine Special Forces.

Die 1991 in Marine Commando Force (MCF) umbenannte Einheit ist derzeit rund 2000 Mann stark. Ihre drei Hauptbasen sind gut verteilt: Bombay ist für den Westen des Landes zuständig, Cochin für den Süden und Vizag für den Osten. Jede der zehn Gruppen à 200 Mann verfügt über eine 30-köpfige schnelle Eingreiftruppe (QRS) aus Spezialisten für Terrorbekämpfung und Geiselbefreiung. Die Marine Commando Force wurde in Sri Lanka schon gegen die Tamil Tigers eingesetzt und ist auch im Kaschmir eine vom Gegner gefürchtete Truppe.

Zu den von der Marine Commando Force favorisierten Waffen zählen indische Ausführungen der Maschinenpistole Sterling 9 mm und des Sturmgewehrs FN FAL 7,62 mm – die QRS bevorzugt das AK-47.

Boote werden favorisiert, doch es kommt auch das zweisitzige U-Boot Comos CE-2F/X100 als Absetzfahrzeug zum Einsatz.

ISR ISRAEL
Shayetet 13

Israels Shayetet 13, eine der weltweit renommiertesten maritimen Spezialeinheiten, verfügt über einen kaum erreichten Schatz an Erfahrungen, die bis zum Zweiten Weltkrieg und zum Unabhängigkeitskampf gegen die Briten zurückgehen.

Mit der Shayetet 13 (Flottille 13), bisweilen auch als Kommando Yami (Marinekommandos) bezeichnet, verfügt Israel über eine der erfahrensten und sicher auch eine der besten maritimen Spezialeinheiten.

Ihre Ursprünge reichen zurück in den Zweiten Weltkrieg, als die Briten 1940 der Bildung einer maritimen Kommandoeinheit (Pal'mach) innerhalb der Haganah-Armee (Verteidigung) zustimmten. Nach dem Krieg operierten diese Kräfte gegen die Briten, indem sie illegale Einwanderer unterstützten und mehrere Küstenschiffe zerstörten. Nach dem britischen Rückzug aus Palästina wurde die maritime Abteilung der Pal'mach in die Marine der aufstrebenden Israeli Defence Force (IDF) integriert. Im Krieg von 1948 kam ihr bereits eine Schlüsselrolle zu, vor allem, weil sie das Flaggschiff der ägyptischen Marine versenkte.

Oben: Marinekommandos der Shayetet 13 in Tauchermontur beim Kontrollieren ihrer Waffen an Bord eines Schlauchboots.

Nach 1948 wurde die Shayetet 13 nach dem Vorbild des britischen SBS umstrukturiert. Ihre Mitglieder wurden bei dieser britischen Einheit ausgebildet, daneben auch von Franzosen und Italienern. Klepper-Kanus wurden angeschafft und die Absetzung per Helikopter erstmals entwickelt. Beim Sechstagekrieg von 1967 jedoch ging der Angriff auf den Hafen von Alexandria völlig daneben. Insgesamt konnte keine der für den kurzen Konflikt gestellten Aufgaben erfüllt werden, weshalb in der IDF die Forderung laut wurde, die Shayetet 13 aufzulösen. Dieses Scheitern war indes zugleich der Beginn einer neuen Ära der Professionalität und enger Kontakte zur Sayeret Mat'kal. Der neue Ansatz sollte sich rasch auszahlen, denn 1969 gelang ein spektakulärer Angriff auf die ägyptische Radarstation von Ras al-Adabia, gefolgt von einer gemeinsam mit der Sayeret Mat'kal durchgeführten Attacke auf die ägyptischen Stellungen auf Green Island – bis heute eine allseits bekannte maritime Spezialoperation.

Im Abnutzungskrieg der Jahre 1967–70 war die Shayetet 13 ebenso erfolgreich wie im Jom-Kippur-Krieg von 1973, als man der ägyptischen Marine viel Ärger bereitete. Im Jahr 1982 sicherte die Shayetet 13 die Strandköpfe für die größten von der IDF je unternommenen amphibischen Operationen, um die Invasion des Libanon im Rahmen der Operation „Frieden für Galiläa“ zu unterstützen. In den 1980er Jahren attackierte man palästinensische Einrichtungen an der libanesischen Küste. Außerdem sorgte die Shayetet 13 dafür, dass die israelischen Küsten bisher von Angriffen verschont blieben.

***Oben:* Operatoren der Shayetet 13 auf dem Roten Meer beim Vorbereiten eines Tauchgangs gegen die ägyptische Marine während des Abnutzungskriegs.**

***Rechts:* Wer in die Shayetet 13 aufgenommen werden will, muss sich enorm anstrengen. In keiner anderen israelischen Einheit gelten strengere Auslesekriterien.**

Waffen und Transportmittel der Shayetet 13

Die Shayetet 13 schätzt das Sturmgewehr AK-47 7,62 mm wegen seiner Zuverlässigkeit und Robustheit; verwendet wird auch das amerikanische CAR-15. Standardmaschinenpistole ist die Mini-UZI, vor allem schallgedämpft. Als schwerere Waffen kommen bei Bedarf das Allzweckmaschinengewehr FN MAG 7,62 mm oder das sowjetische leichte Maschinengewehr RPK zum Einsatz. Die Raketenwerfer RPG-7 und LAW sind ebenfalls verfügbar. Die Präzisionsschützen der Shayetet 13 arbeiten mit dem Robar SR 60 .330 WinMag und dem Barrett M82A1 .50 BMG.

Die Shayetet 13 verwendet diverse Absetzfahrzeuge und kann dabei auf die Bestände der israelischen Marine zurückgreifen, etwa in Form von Raketenschnellbooten, Patrouillenbooten und U-Booten. Die Marine wird in naher Zukunft drei deutsche U-Boote der Delfinklasse erhalten; das erste ist angeblich mit einer Einrichtung zum Absetzen von SDVs und bis zu acht Kampfschwimmern ausgerüstet. Ferner kommen Zodiacs und Schnellboote vom Typ Snunit (Schwalbe) zum Einsatz.

Die Shayetet 13 besteht aus rund 300 Mann und ist in Atlit am Mittelmeer stationiert. In der israelischen Armee gelten nirgendwo höhere Anforderungen.

In einer ersten Auslesephase wird die körperliche und mentale Eignung getestet, etwa in Form eines dreitägigen Marschs über 200 km. Danach geht es zur Kampf- und Springerausbildung (HAHO und HALO) auf die Infanterieschule der IDF. Das Unterwasser- und Anti-Terror-Training in Atlit umfasst Seemannskunst, Gerätetauchen und die Zerstörung von Kommunikationsmitteln (auch über Wasser). Nach 20 Monaten werden die erfolgreichen Bewerber in die Shayetet 13 aufgenommen. Sie verpflichten sich für weitere 18 Monate Dienstzeit.

ITA ITALIEN

Commando Raggrupamento Subacquei e Incursori „Teseo Tesei“ (COMSUBIN)

Die italienische Marine hat jene maritimen Spezialeinheiten hervorgebracht, wie sie heute üblich sind. Diese Tradition findet ihre Fortführung im COMSUBIN, das seit seiner Bildung Anfang der 1950er Jahre auf die verschiedenartigsten Einsätze zurückblicken kann.

Das moderne Konzept der maritimen Spezialkräfte entstand in Italien. Im Zweiten Weltkrieg, genauer am 18. Dezember 1941, war es nämlich zwölf Mann der 10. MAS-Flottille gelungen, mit ihren Kleinst-U-Booten „Maiale“ in den gesicherten Hafen des ägyptischen Alexandria einzudringen und zwei britische Schlachtschiffe zu versenken, womit ein neues Kapitel unkonventioneller maritimer Taktiken eröffnet wurde. Diese Tradition setzt sich bis heute fort, in Form des Commando Raggrupamento Subacquei e Incursori „Teseo Tesei“ (benannt nach einem legendären Kommandeur der 10. MAS) oder kurz COMSUBIN. Nach dem Zweiten Weltkrieg hatte die italienische Marine mit der Aufstellung einer Spezialeinheit bis zum Beitritt Italiens in die NATO warten müssen. Aus der Verschmelzung einiger kleiner Taucherverbände entstand 1954 das COMSUBIN. Stationiert in Varignano bei La Spezia, ist die Einheit in Friedenszeiten einem Konteradmiral unterstellt und unterliegt somit der direkten Kontrolle des Stabschefs der Marine.

Im Rahmen italienischer Friedenserhaltungsmissionen wurde die Einheit bereits in den Libanon, nach Somalia, Ruanda, Albanien und Osttimor entsandt.

Die rund 200 Mann des COMSUBIN sind in drei Gruppen aufgeteilt:

Gruppo Operativo Incursori (GOI). Diese Kommandogruppe nimmt gut die Hälfte der gesamten Mannstärke in Anspruch und untergliedert sich in drei Sektionen: die Anti-Terror-Sektion Unità Interventi Speciali, eine für schwere Waffen

Unten: Landung eines COMSUBIN-Teams im Zodiac-Schlauchboot im Rahmen einer amphibischen Angriffsübung.

Links: Ein gemischtes Team aus COMSUBIN-Operatoren und Mitgliedern des Marinebataillons San Marco kurz nach Verlassen des amphibischen Kampfschiffs San Giusto _1997 unweit des Hafens von Brindisi. Beide Einheiten wurden bald darauf im Rahmen einer UN-Hilfsmission nach Albanien entsandt._

zuständige Waffeneinheit und eine Einheit für Spezialausrüstung.

Gruppo Operativo Subacquei (GOS) – Auftrag der Kampftaucher ist der Schutz italienischer Kriegsschiffe und die Durchführung traditioneller UDT-Missionen; außerdem sorgt die Gruppe für das Tauchtraining der GOI-Teams und hat eine maritime CSAR-Funktion.

Gruppo Navale Speciale (GNS) – diese Gruppe ist für die Spezialboote zuständig, darunter auch zwei Versorgungsschiffe für COMSUBIN.

Ergänzt werden die aktiven Einheiten durch ein Studien- und Forschungszentrum, das neue Ausrüstungen und Taktiken prüft.

Die Mitglieder von COMSUBIN entstammen fast ausnahmslos dem elitären Marinebataillon San Marco. Der zehnmonatigen Grundausbildung folgen weitere 42 Wochen Aufbautraining. Auf dem Lehrplan stehen Luftlandetechniken, leichte Infanterieaufgaben, Kampfschwimmen, Minenräumung, Terrorbekämpfung und Nachrichtendienst. Danach besuchen die frisch gebackenen „Incursori" einen sechsmonatigen Spezialkurs. Die abschließende 14-monatige Probezeit wird bei den aktiven Teams absolviert. Bis zum vollqualifizierten GOI-Operator vergehen somit annähernd drei Jahre.

Die Einheit unterhält enge Kontakte zum britischen SBS, den US Navy SEALs und Marine Recon, Spaniens UOE und Israels Shayetet 13.

Als Sturmgewehr verwendet man hauptsächlich das Beretta SC70 5,56 mm, daneben auch M16, CAR-15 und G3. Für Nahoperationen greift man auf Maschinenpistolen der Reihe MP5 zurück, wenngleich vielfach die Beretta PM 12S bevorzugt wird. Eingesetzte Pistolen sind die Beretta 92CB 9 mm und die Unterwasserpistole HK P11. Beim Entern von Schiffen kommen die Flinten Benelli M3 Super 90 Shotgun und SPAS 15 Mod. B Kal. 12 zum Einsatz. Für erhöhte Feuerkraft benutzt man die Maschinengewehre FN Minimi 5,56 mm und M3 7,62 mm.

Rechts: GOS-Kampftaucher mit Zodiac-Schlauchbooten auf der Fahrt zu einem Tauchgang.

KOR SÜDKOREA
Marine Corps SEALs

Als Spezialkräfte der südkoreanischen Marine stehen die Aufklärungseinheiten des Marine Corps und die Navy SEALs vor der schwierigen Aufgabe, das Land vor Übergriffen durch die Kampfschwimmer seines aggressiven Nachbarn im Norden zu schützen.

Südkorea muss nicht nur für eine Großinvasion aus dem kommunistischen Norden gerüstet sein, Aufgabe des Marine Corps und der Navy SEALs sind auch verdeckte Daueroperationen, geheimdienstliche Missionen, Sabotageakte und Küstenaufklärung im Norden zur Vorbereitung eines etwaigen Vergeltungsschlags. Angesichts der permanenten Bedrohung ist es verständlich, dass die maritimen Spezialkräfte Südkoreas zur Weltspitze gezählt werden.

Das Marine Corps ist weltweit der zweitgrößte Verband seiner Art. Es kann auf eine lange, ruhmreiche Tradition zurückblicken, und auf beeindruckende Kampferfolge im Korea- und Vietnamkrieg. Das Korps besteht aus drei Divisionen (der 1., 2. und 6.), die je ein Bataillon für amphibische Aufklärung besitzen. Am Beispiel der 1. Division lässt sich die Grundstruktur veranschaulichen: Ihr Aufklärungsbataillon ist in zwei mal zwei Kompanien untergliedert.

Die beiden Kompanien für amphibische Aufklärung fungieren als Speerspitze einer größeren Invasionstruppe, während die beiden Kompanien für Spezialaufklärung mit Sabotage, stoßtruppartigen Missionen und Rebellenbekämpfung beauftragt sind. Die Kompanien setzen sich durchweg aus Freiwilligen zusammen.

SEALS

Die für spezielle Kriegsführung zuständigen Navy SEALs bestehen aus drei Teams. Die SEAL-Teams I und II führen herkömmliche maritime Spezialoperationen durch wie Nachrichtendienst, Strandaufklärung und Sprengungen unter Wasser. SEAL-Team III ist hingegen auf Terrorbekämpfung und Geiselbefreiung spezialisiert. Die Einheit unterhält enge Kontakte zu ihren amerikanischen Pendants.

Folgende Waffen werden verwendet: Sturmgewehr Daewoo K2 5,56 mm, Maschinenpistolen HK MP5 sowie Pistolen Daewoo DP51 9 mm und Beretta 92S 9 mm. Bevorzugtes Scharfschützengewehr ist das HK PSG-1 7,62 mm.

Unbewaffneter Nahkampf

Die Marines haben eine eigene Spielart des unbewaffneten Nahkampfs entwickelt. Diese basiert auf dem Tae-Kwon-Do und trägt den Namen „mujeokdo" – „Kein feindlicher Soldat kann dich schlagen."

MYS MALAYSIA
Pasukan Khas Laut (Paskal)

Paskal, die Spezialeinheit der malaysischen Marine, dient vor allem dem Schutz der nationalen Ölbohrplattformen. Die gut ausgerüstete Einheit wurde bereits gegen philippinische Guerillas eingesetzt.

Paskal ist die Spezialeinheit der königlich-malaysischen Marine. Ihre Geschichte begann 1975, als man einige Offiziere und Mannschaftsdienstgrade durch das indonesische KIPAM/ PASKA ausbilden ließ. Diese Führungsgruppe bildete den Grundstock der Paskal-Einheit. Sie wurde 1980 formell gegründet, als die malaysische Regierung begann, in den heimischen Gewässern alleinige Nutzungsrechte durchzusetzen und an-

Links: Paskal-Mitglied auf Wache an Bord eines Patrouillenboots vor der Küste von Sabah im Jahr 2000.

lässlich des Streits um die Spratly-Inseln erkannte, dass sie mehr Autorität auf See benötigte. Paskal soll die rund 30 landeseigenen Bohrinseln vor Terrorattacken schützen und ist für maritime Aufklärung, Überfälle, Sabotage und Sprengungen zur Unterstützung größerer Landeunternehmen des Heeres zuständig.

Die strenge Ausbildung umfasst einen dreimonatigen Kommandokurs, gefolgt von Springer- und Tauchkursen in Sungai Udang. Nur etwa zehn Prozent der Bewerber schaffen es bis zum Schluss. Aufbau und Taktiken der Einheit, die Kontakte zu KIPAM/PASKA und den US Navy SEALs unterhält, zeigen einen starken Einfluss des britischen SBS. Finanzspritzen jenes Ölkonsortiums, dessen Bohrinseln von Paskal bewacht werden, gewährleisten, dass die Einheit hervorragend ausgerüstet ist.

Zu den verwendeten Transportmitteln zählt interessanterweise auch ein tauchfähiges, PS-starkes Schlauchboot mit Regenerations-Tauchgeräten für den Einsatz unter Wasser.

Vor allem das Sturmgewehr M16A2 und Maschinenpistolen der Baureihe MP5 kommen zum Einsatz.

NLD NIEDERLANDE

Amfibisch Verkennings Peloton – 7 NL SBS

Die niederländische Special Boat Section unterhält bemerkenswert intensive Kontakte zu ihrem britischen Pendant, dem SBS. In Kriegszeiten soll diese überaus professionelle Truppe britische und niederländische amphibische Verbände unterstützen.

Die Niederlande sind eine traditionsreiche Seefahrernation. Ihr einstiges Handelsimperium erstreckte sich von Südamerika über die Karibik bis nach Südostasien. Deshalb war das Königlich-Niederländische Marinekorps überall auf der Welt aktiv. Als Elitetruppe innerhalb der niederländischen Streitkräfte enthält das Marinekorps auch das 7 NL SBS als nationale maritime Spezialeinheit.

Rechts: Zwei Mitglieder der 7 NL SBS üben die unbemerkte Annäherung an eine Ölraffinerie. Der Mann rechts prüft die eigene Position per Kompass und Tiefenmesser, während sein Partner ihn mit einer MP5 sichert.

Links: Das Aufbringen und Entern von Schiffen sind Schlüsselfertigkeiten der 7 NL SBS, die in den Niederlanden gemeinsam mit der BBE für die maritime Terrorbekämpfung zuständig ist.

Die 1959 von den Niederlanden begonnene Kampfschwimmerausbildung wurde 1961 nach dem Vorbild der US-Amerikaner und Franzosen reformiert. Der erste, aus zehn Mann bestehende Kampschwimmertrupp entstand zwei Jahre darauf. Briten und Niederländer gründeten 1973 die gemeinsame United Kingdom/Netherlands Amphibious Force (UKNLAF), bestehend aus den Kriegsschiffen beider Nationen, der britischen Royal Marine 3 Commando Brigade und der niederländischen Group of Operational Units Marines (GOUM), die gewöhnlich auch das 1. Marinebataillon umfasst.

Im Rahmen dieser Reform und der Integration der Marineinfanterie wurde auch der Aufbau des Kampfschwimmertrupps verändert und dieser als 7 NL SBS in das Unterstützungsbataillon der GOUM eingegliedert. Im Krieg oder anderen Phasen internationaler Kooperation wird die 7 NL SBS indes unter britischem Kommando stehen – und zwar im Rahmen des britischen SBS als Teil des C Squadron, dem Aufklärungstrupp der 3. Kommandobrigade.

Die lediglich aus rund 25–26 Mann bestehende Einheit ist anscheinend in vier bis fünf Teams gegliedert. Im Krieg ist die 7 NL SBS für die Durchführung von Operationen zur Unterstützung britischer und niederländischer Landungstruppen zuständig, darüber hinaus hat sie folgende Aufgaben: Fernaufklärung, Stoßtruppaktionen, Ausbildung der niederländischen Marine in Minenbeseitigung und Sicherheitstechniken sowie Durchführung maritimer Anti-Terror-Missionen (gemeinsam mit der Anti-Terror-Einheit BBE) wie dem Schutz der niederländischen Bohrinseln in der Nordsee und der Befreiung von Schiffsgeiseln. Bemerkenswert ist, dass auch die BBE einen Bootstrupp unterhält und im Prinzip ebenfalls dem Marinekorps angehört, wenngleich sie im Krisenfall dem Justizminister unterstellt ist.

Die Rekruten müssen einen 22-wöchigen Auswahl- und Trainingskurs absolvieren, den nur schätzungsweise jeder Dritte besteht. Am Anfang steht die Grundausbildung zum Marinetaucher, gefolgt von einer Einführung im Umgang mit dem Klepper-Kanu und dem Tauchen in Binnengewässern. Hinzu kommen Aufklärung, Absetzen und Ausweichen sowie Anti-Terror-Techniken. Den Abschluss bildet eine Ausdauerübung.

Verwendete Waffen: Sturmgewehre C-7 und C-8 5,56 mm (die kanadischen Ausführungen des M16 und CAR-15), MP5, Pistole Glock 17, Maschinengewehr FN MAG 7,65 mm für erhöhte Feuerkraft und Steyr SSG 7,62 mm als Scharfschützengewehr.

NOR NORWEGEN
Marinejaegerkommando

Die geografische Lage des NATO-Mitglieds Norwegen war im Kalten Krieg von großer strategischer Bedeutung: Das Land verkörperte ein potenzielles Hauptziel sowjetischer Spezialkräfte. Aufgabe des Marinejaegerkommandos war es, dieser Bedrohung zu begegnen.

Angesichts seiner langen, zerklüfteten Küste und der im Kalten Krieg strategisch bedeutenden Lage verfügt Norwegen schon lange über maritime Spezialeinheiten. Bereits im Zweiten Weltkrieg hatten seine Kommandos entlang der von Deutschland besetzten norwegischen Küste gute Arbeit geleistet. Die norwegische Marine gründete 1953 eine „Taucher- und Froschmann-Schule“ für den Erwerb von Techniken für Sprengungen unter Wasser, Bergung und Strandaufklärung. Die zunehmende Bedrohung durch sowjetische Spezialkräfte führte 1968 zur Aufteilung der Tauchertruppe in eine Sektion für EOD/UDT und das Marinejæger-

Bewaffnung des Marinejaegerkommandos

Folgende Waffen werden verwendet: Sturmgewehr AG3 7,62 mm (die norwegische Ausführung des G3, oft zusammen mit Granatwerfer 40 mm), Maschinenpistolen HK MP5A3 und MP5SD5 9 mm, Maschinengewehr FN Minimi 5,56 mm (für Schützengruppen), Pistolen HK P7 9 mm und Smith & Wesson .357, Spezialpistole HK USP 9 mm und Glock 17 (beide erst seit kurzem) sowie das norwegische NM149S 7,62 mm als Scharfschützengewehr.

kommando. Nach dem Vorbild des britischen SBS und der US Navy SEALs strukturiert, ist das Marinejægerkommando zuständig für Aufklärung, Überfälle und Nachrichtendienst; während des Kalten Krieges sollte es sich im Fall einer sowjetischen Invasion hinter der Front aufhalten.

Hauptquartier des rund 200-köpfigen Marinejægerkommandos ist der Marinestützpunkt Ramsund. Teile der Einheit sind auf der Marinetauchschule und U-Boot-Basis Haakonsvern stationiert. In der harten, 22-wöchigen Grundausbildung/Auslese stehen Kampfschwimmen, Survival, Bergsteigen, Arbeit in kleinen Teams und Fallschirmspringen auf dem Lehrplan. Auch Wehrpflichtige kommen als Kandidaten in Betracht, wenngleich sich die meisten Neumitglieder für eine längere Dienstzeit verpflichten.

Das Marinejægerkommando unterhält enge Kontakte zu den US Navy SEALs, dem britischen und niederländischen SBS und dem dänischen Frømandskorpset.

PAK PAKISTAN

Special Services Group (Navy) – SSG (N)

Angesichts der exponierten pakistanischen Küste und der fortdauernden feindlichen Beziehung zu seinem indischen Nachbarn ist eine gut trainierte Spezialeinheit der Marine, wie sie von der SSG (N) verkörpert wird, unabdingbar.

Die SSG (N) ist als Kommandotruppe für Spezialoperationen unter Wasser zuständig. Die Einheit ist 1966 aus der Special Services Group (SSG) des pakistanischen Heeres hervorgegangen, da man in der Marine kaum Erfahrungen im Kampftauchen hatte (abgesehen von den Geräte-

Unten: Vorbeimarsch von Mitgliedern der SSG (N) mit reichem Waffenarsenal im Rahmen einer Militärparade am Nationalfeiertag in Islamabad.

tauchern der Musa-Kompanie). Das anfängliche Training erfolgte auf den Stützpunkten Cherat, Peshawar und Karachi. Später wurde die SSG (N) mit Küsten- und Hochseeoperationen betraut, während Musa für die Binnengewässer zuständig blieb.

Die SSG (N) konnte in den folgenden Jahren reiche Erfahrungen sammeln, vor allem dank der Aufklärung der indischen Küstenlinie.

Die annähernd kompaniestarke SSG (N) ist in mehrere Züge aufgeteilt. Das Hauptquartier befindet sich in Karachi. Die zehnmonatige Grundausbildung wird im Trainingszentrum PNS Iqbal absolviert, das ebenfalls in der Landeshauptstadt liegt. Sämtliche Mitglieder der SSG (N) besitzen eine Springerausbildung (HAHO/HALO). Trotz zahlreicher Trainings gemeinsam mit den US Navy SEALs hat der britische SBS in puncto Struktur und Arbeitseinstellung die Einheit maßgeblich beeinflusst. Die breite Palette der verfügbaren Transportmittel umfasst auch Zodiacs und Klepper-Kanus. Die pakistanische Marine verwendet das Kleinst-U-Boot SX404 und besitzt überdies eine große Helikopterflotte.

Eingesetzte Waffen: Sturmgewehr HK G3 7,62 mm und Maschinenpistolen der Modellreihe MP5.

PER PERU

Fuerza de Operaciones Especiales (FOES)

Neben ihrer Funktion als traditioneller Kampftaucherverband verfügt die peruanische FOES über ein beträchtliches Anti-Terror-Potenzial, was angesichts der zahlreichen aktiven Guerillagruppen auch angeraten erscheint.

Der Andenstaat Peru besitzt einen der größten Marineverbände in ganz Südamerika und verfügt mit zehn U-Booten nach Kanada und den Vereinigten Staaten über die größte Unterwasserflotte auf dem gesamten Kontinent. Die aus zwei Kreuzern, sechs Zerstörern und vier Fregatten bestehende Schiffsflotte ist mehrheitlich in Callao bei Lima stationiert. U-Boot-Stützpunkt ist die Insel San Lorenzo. Die FOES verfügt somit über eine breite Palette an Entfaltungsplattformen für Operationen im Pazifik, wenngleich man auch häufig in den Dschungeln des Amazonas gegen Aufständische und Drogengangs vorgeht. Im Jahr 1969 als Sprengkommando entstanden, hat sich die FOES seither zu einer maritimen Kommandogruppe entwickelt, die neben ihren

Links: Mitglied einer peruanischen Spezialeinheit mit stark modifizierter MP5 kurz vor dem Sturm auf die Residenz des japanischen Botschafters im April 1997, an dem auch die FOES beteiligt war.

angestammten Aufgaben als Kampftaucher auch für die Bekämpfung von Terroristen und Rebellen sowie für Aufklärung und Rettung von Schiffsgeiseln zuständig ist. Am 22. April 1997 war die FOES an der Befreiung von 72 Geiseln aus der Residenz des japanischen Botschafters in Lima beteiligt. Die FOES rekrutiert ihre Mitglieder aus der Marineinfanterie. Die Ausbildung umfasst Kampfschwimmen, Operationen mit Tauchgeräten, Sprengungen unter Wasser, Überlebenstraining im Dschungel, Geiselbefreiung und Fallschirmspringen.

Folgende Waffen werden von der Fuerza de Operaciones Especiales eingesetzt: M16A2, AK-47, HK MP5 sowie MGP-79A, MGP-87 und das ultrakompakte, bisweilen als MGP-15 bezeichnete MGP-84 9 mm (gefertigt am Marinestützpunkt Callao bei Lima).

PHL PHILIPPINEN

Special Warfare Group (SWAG)

Als Spezialeinheit der philippinischen Marine zeigt sich die SWAG stark von den US Navy SEALs beeinflusst, zu denen sie auch enge Kontakte unterhält. Die SWAG wurde im Süden des Landes bereits vielfach gegen dort operierende Guerillagruppen eingesetzt.

Die philippinische Marine ist seit langem mit den USA verbündet, weshalb auch ihre Spezialeinheit einen deutlichen amerikanischen Akzent trägt. Nachdem sich die Marine 1972 zur Gründung einer maritimen Spezialeinheit entschlossen hatte, suchte man Rat bei den Amerikanern. Die so entstandene Underwater Operations Unit (UOU) war dann auch weitgehend ein Ebenbild der SEAL-Teams. Diese Kampftauchereinheit wurde

Unten: Der Krieg, den die USA dem Terrorismus erklärt haben, umfasst inzwischen auch die Unterstützung der Philippinen bei ihrem Kampf gegen die Abu-Sayyaf-Gruppe. Hier US Navy SEALs und Mitglieder philippinischer Spezialeinheiten (2002).

1983 in Special Warfare Group (SWAG) umbenannt, als die traditionellen Aufgaben wie Sprengung/Räumung unter Wasser und Strandaufklärung um maritime Terrorbekämpfung und Geiselbefreiung erweitert wurden. Haupteinheit der SWAG ist die in 30 Teams unterteilte SEALs-Brigade der philippinischen Marine. Doch die Ähnlichkeiten mit den US Navy SEALs, mit denen man auch regelmäßig trainiert, gehen noch weiter: Bewerber für die philippinischen SEALs müssen ebenfalls BUD/S absolvieren und erhalten im Erfolgsfall einen Dreizack. Der Kurs dauert sechs Monate, bei einer Versagerquote zwischen 75 und 90 Prozent.

Die SWAG hat vor allem im Süden des Landes reiche Erfahrungen in der Guerillabekämpfung erworben und war verantwortlich für die Ermordung moslemischen Rebellenführers Abu Sayyaf.

Das philippinische Marinekorps verfügt über ein Force Recon Battalion (siehe US Marine Recon), das auch für das Entern von Schiffen zuständig ist. Die gemeinsame, dem Marinegeheimdienst unterstehende spezielle Reaktionsgruppe Force Recon/SEAL ist weitgehend ein Pendant der US Navy SEALs DEVGRU.

POL POLEN

Grupa Reagowania Operacyjno Mobilnego (GROM)

Polens zahlreiche, noch aus der kommunistischen Ära stammenden Spezialeinheiten wurden 1991 mit Blick auf westliche Praktiken neu strukturiert. Dies führte zur Entstehung der elitären, viel beachteten Kommandoeinheit GROM. Als ihr maritimer Arm sorgt die Special Boat Unit (SBU) für den Schutz der polnischen Küste.

Polens maritime Anti-Terror-Truppe hat die Gestalt einer Spezialbooteinheit der Grupa Reagowania Operacyjno Mobilnego (GROM). Die GROM besteht aus rund 270 Mann und wurde 1991 ins Leben gerufen. Bereits ein Jahr später sah man Gefahren für die zahlreichen Fähren und Bohrinseln in der Ostsee durch das Fehlen einer maritimen Anti-Terror-Truppe und gründete die SBU.

Ehrgeizige GROM-Mitglieder und solche, die bereits Taucherfahrungen besaßen, wurden unter Federführung des britischen SBS und der US Navy SEALs ausgebildet. Heute indes reichen die Fähigkeiten der Einheit weit über den ursprünglichen Auftrag hinaus und umfassen auch maritime Aufklärung und stoßtruppartige Angriffe auf Meeres- und Küstenziele.

Während des normalen Auswahlverfahrens für die GROM werden Bewerber, die seemännische Fertigkeiten besitzen, vom Kommandeur der SBU ausgelesen und zu einem maritimen Aufbautraining abkommandiert. Sämtliche Mitglieder der GROM haben eine Springerausbildung.

Folgende Waffen werden verwendet: Maschinenpistolen MP5, Tantal 5,45 mm und PMK-DGN-60 (polnische Kopien der AKS-74U und der AK-47) sowie Scharfschützengewehre HK PSG-1 und Mauser 86.

Während der Operation „Iraqi Freedom" führte die SBU offene und verdeckte Wasserpatrouillen rund um den Tiefwasserhafen von Umm Qasr auf der Halbinsel Al-Faw durch. Im Irak entstanden gute Arbeitsbeziehungen zu anderen westlichen Spezialeinheiten.

Oben: Schwer bewaffnete GROM-Operatoren beim Auftauchen. Die Special Boat Unit der GROM war im zweiten Golfkrieg 2003 maßgeblich an der Sicherung des Hafens von Umm Qasr beteiligt.

PRK NORDKOREA

Amphibische leichte Infanteriebrigaden

Nordkorea besitzt eine der aktivsten maritimen Spezialeinheiten überhaupt. Ihre Kampfschwimmer wurden wiederholt gegen südkoreanische, japanische und US-amerikanische Einrichtungen in der Region eingesetzt.

Die Demokratische Volksrepublik Korea verfügt über beträchtliche Ressourcen für maritime Spezialoperationen gegen den südlichen Nachbarn. Man schätzt sogar, dass die koreanische Halbinsel Schauplatz der weltweit intensivsten Aktivitäten dieser Art ist. Die drei amphibischen leichten Infanteriebrigaden der nordkoreanischen Volksarmee haben die Aufgabe, Küstenziele einzunehmen und zu zerstören, die konventionellen Verbände durch amphibische Angriffe an den Flanken zu unterstützen und Strandköpfe aufzuklären und zu besetzen. Hinzu kommen verdeckte Operationen wie Nachrichtendienst, Mordkommandos, Sabotage und Überfälle.

Diese Armeeverbände sind der Kriegsmarine unterstellt. Die erste Brigade ist beim III. Armeekorps in Hakkye stationiert, die zweite Brigade ist dem VII. Korps in Wosnan zugeordnet, während die dritte Brigade ihren Stützpunkt beim VIII. Korps in Tasa-ri hat. Jede Brigade verfügt über eine Kampfschwimmereinheit unbekannter Größe (wahrscheinlich mehr als kompaniestark) und eine Gruppe mit speziellen Wasserfahrzeugen wie Mini-U-Booten und SDVs. Für die Infiltration seiner Spezialkräfte verwendet Nordkorea neben konventionellen U-Booten auch Fischkutter und Handelsschiffe. Vermutlich sind die meisten nordkoreanischen Operatoren ausgebildete Fallschirmjäger. Als Transportflugzeug ist die aus Holz bestehende (und so für Radar fast unsichtbare) Antonov An-2 Colt verfügbar.

Nach amerikanischer Schätzung dauert die Kommandoausbildung zwei Jahre und dürfte neben dem Geräte- und Kampftauchen sämtliche Aspekte traditioneller und unkonventioneller Kriegsführung umfassen.

Die maritimen Spezialeinheiten Nordkoreas sammeln überaus eifrig nachrichtendienstliche Informationen über den südlichen Nachbarn. Südkorea konnte 1965 ein Kleinst-U-Boot erbeuten, und 1979 ein der Infiltration von Agenten dienendes Schnellboot. Der spektakulärste Vorfall im letzten Jahrzehnt ereignete sich 1996, als 26 Kommandosoldaten in Südkorea aufgegriffen wurden, nachdem ihr U-Boot auf Grund gelaufen war.

Die Tauchausrüstung der Kampfschwimmer umfasst neben heimischem und sowjetischem Gerät auch chinesische Produkte. Anhand von Beutestücken weiß man, dass auch moderne Regenerationsgeräte und weitere Tauchausrüstungen aus westlicher Produktion verwendet werden.

PRT PORTUGAL

Destacamento de Acções Especiais (DAE)

Das portugiesische Marinekorps kann auf eine besonders lange Tradition zurückblicken und verfügt mit dem Eliteverband DAE über ein beachtliches Potenzial für Spezialoperationen.

Für die unkonventionelle Kriegsführung ist innerhalb der portugiesischen Marine der DAE des Marineinfanteriekorps zuständig. Die Tradition des Marinekorps reicht bis 1618 zurück, während der DAE erst 1985 formiert wurde und folgende Aufgaben hat: amphibische Überfälle, Ermitteln und Entfernen von Strandblockaden im Vorfeld größerer Opera-

Training und Auslese

Der DAE rekrutiert sich ausschließlich aus erfahrenen Marineinfanteristen, die sich einem harten zehnmonatigen Auswahltraining unterziehen müssen; die zweite Phase umfasst fortgeschrittene Techniken im Bodenkampf sowie Englischunterricht. Nach erfolgreichem Abschluss steht einer Übernahme in den DAE nichts mehr im Wege.

Links: Sichtlich erschöpfter Marineinfanterist in einem Zodiac beim kurzen Verschnaufen während einer strapaziösen Such- und Rettungsaktion (2001). Alle DAE-Kandidaten stammen aus dem portugiesischen Marinekorps.

tionen des Marinekorps, EOD sowie maritime Sabotage und Terrorbekämpfung. Der derzeit nur aus rund 28 Mann bestehende DAE gliedert sich in eine Kommandozelle und vier vierköpfige Kampftrupps. Die Ausrüstung umfasst Zodiacs und Skua-Sturmboote sowie Regenerationstauchgeräte LAR V. Folgende Waffen werden verwendet: Sturmgewehre M16A2, CAR-15 und HK G3, Maschinenpistolen Walther MPK und MPL 9 mm, Pistolen Walther PP 7,62 mm und P-1 9 mm, leichtes Maschinengewehr M3 und das Steyr-Mannlicher SSG-69 als Scharfschützengewehr.

RUS RUSSLAND
Spetsnaz

Im Kalten Krieg sollte die Spetsnaz den Hauptstreitkräften den Weg ebnen. Seit dem Zusammenbruch der UdSSR hat sie sich eher in Richtung auf die westlichen Spezialeinheiten weiterentwickelt.

Die im Russischen als Sondereinsatzkräfte oder kurz Spetsnaz bezeichneten Einheiten gehörten im Kalten Krieg zu den meistgefürchteten sowjetischen Truppen. Ihr Auftrag bestand in der ablenkenden Aufklärung; dafür gab es innerhalb der westlichen Militärstrukturen kein Pendant. Neben feindlichen Anführern hatten sie es auch auf Kommando-, Kontroll- und Kommunikationseinrichtungen, Kernwaffen und andere lebenswichtige Anlagen abgesehen, um weit umfassendere Operationen vorzubereiten. Wenngleich dies in Europa niemals stattfand, wurden Spetsnaz-Truppen während des Kalten Krieges überall auf der Welt im Sinne sowjetischer Interessen eingesetzt. Treibende Kraft hinter den maritimen Spezialkräften der Sowjets war Mitte der 1950er Jahre Verteidigungsminister Georgi Schukow. Alle vier Sowjetflotten (Nordsee-, Ostsee-, Schwarzmeer- und Pazifikflotte) erhielten eine Spetsnaz-Marinebrigade.

Dies ist im Grunde auch heute noch der Fall, wenngleich es Hinweise darauf gibt, dass die Spezialeinheiten inzwischen weniger den traditionellen Kommandos der Sowjetära ähneln, sondern eher den US Navy SEALs und Israels Shayetet 13. Die maritime Spetsnaz ist nicht Teil der Kommandostruktur der russischen Marineinfanterie, sondern dem Militärgeheim-

PDSS

Das PDSS verkörpert das sowjetische Pendant zu den westlichen Kampftauchern (UDT) und wurde 1967 gebildet. Jede der vier Flotten (s. Text) besitzt eine PDSS-Einheit, die aus rund 100 Mann besteht. Sie rekrutiert sich aus Freiwilligen der Marineinfanterie, mit einer Führungsgruppe aus Berufsoffizieren. Die Bewerber absolvieren ein strapaziöses Trainings- und Ausleseprogramm, das sich aus Tauchunterricht, Aufklärung und Kampftechniken an Land und im Wasser zusammensetzt. PDSS-Teams waren bereits weltweit aktiv und wurden gelegentlich auch zum Schutz des russischen Präsidenten an Bord eines Schiffs eingesetzt.

Oben: Spezialkräfte der russischen Marine in Paradeuniform (deutlich sichtbar ist das quergestreifte Hemd der Marineinfanterie). Spetsnaz-Mitglieder tragen die Uniform des Verbandes, dem sie zugeordnet sind, hier also der Marineinfanterie.

Links: Mitglied der Marine-Spetsnaz bei der Demonstration von Nahkampftechniken. Der Mann trägt einen einteiligen Kampfanzug in Tarnfarben und das traditionelle schwarze Barett der Marineinfanterie. In den Händen hält er das Standardbayonett der AK-Sturmgewehre.

dienst GRU (Hauptverwaltung für Aufklärung beim Generalstab) unterstellt. Die aus 1000–1300 Mann bestehende Brigade gliedert sich in eine Nachrichtenkompanie und diverse Spezialverbände: eine Gruppe für Kleinst-U-Bote, drei Kampfschwimmer-Bataillone, ein Luftlande-Bataillon sowie je eine Fernmelde- und Logistik-Kompanie. Die Bataillone sind noch zweimal untergliedert; kleinste Einheit ist das Team – von seinem Aufbau her durchaus vergleichbar mit einem Team der US Navy SEALs. Die Marine-Spetsnaz wurde bereits in Europa und dem Libanon, vor der japanischen Küste und weltweit gegen US-Stützpunkte eingesetzt, dem Vernehmen nach auch gegen Israel. Im Kalten Krieg war Schweden das bevorzugte Ziel von Aufklärungsmissionen per Mini-U-Boot.

Verwendet werden normale, verkürzte und schallgedämpfte Ausführungen des Sturmgewehrs AK-74 5,56 mm. Für Einsätze unter Wasser verfügt man über ein exotisch anmutendes Waffenarsenal, wie etwa ein Unterwasser-Sturmgewehr (UAR) 5,56 mm mit 26-schüssigem Magazin und einer Reichweite von rund 100 m (wahrscheinlich über Wasser). Eine weitere russische Erfindung ist die Unterwasserpistole SSP-1 mit einer Reichweite von 5–17 m unter Wasser.

Auch diverse SDVs und Mini-U-Boote kommen zum Einsatz.

SWE SCHWEDEN

Kustjägare
Attack Dykarna
Bassäkerhetsförband (Bassäk)

Mit der Bildung maritimer Spezialkräfte reagierte Schweden im Kalten Krieg auf entsprechende Operationen von sowjetischer Seite. Kustjägare und Bassäk wurden eigens geschaffen, um dieser Bedrohung begegnen zu können.

Sowjetische U-Boote und Spetsnaz unternahmen während des Kalten Krieges immer wieder Aufklärungsmissionen vor der schwedischen Küste. Um das Land zu schützen, rief die schwedische Marine im Jahr 1959 mit den Kustjägare eine elitäre Kommandotruppe ins Leben. Ihr Aufgabenbereich umfasst Überfälle, Küstenaufklärung, das Rückerobern verlorenen Terrains und die Vorbereitung amphibischer Landeunternehmen. Die Bewerber rekrutieren sich aus den besten zehn Prozent der Wehrpflichtigen, die eine harte sechsmonatige Ausbildung absolvieren. Insgesamt gibt es sechs „amphibische Küstenbataillone" mit je zwei Kustjägare-Kompanien. Die dem schwedischen Standard entsprechende Bewaffnung umfasst das Sturmgewehr AK5 5,56 mm und das leichte Maschinengewehr KSP-90 5,56 mm (Minimi); von Unterstützungstruppen werden das Maschinengewehr KSP-58 (FN MAG) 7,62 mm und die Panzerfaust Carl Gustav 84 mm verwendet.

Die Sektion Attack Dykarna (Sturmtaucher) ist dem Aufklärungszug der Kustjägare zugeordnet. Ihre Mitglieder stammen aus Einheiten der Kustjägare und haben eine zehnmonatige Zusatzausbildung absolviert. Verwendet werden schwedische Standardwaffen, für Transportzwecke das Patrouillenboot 90H, Klepper-Kanus und Flugzeuge der Marine.

Bassäk

Eine weitere Spezialeinheit der schwedischen Marine, der Bassäkerhetsförband (Verband für elementare Sicherheit, kurz Bassäk), wurde 1992 gegründet und soll schwedische Marineeinrichtungen und Schiffe schützen. Die aus einem Kommando- und Logistikzug, zwei Ranger-Zügen und zwei Wachzügen bestehende 134. Kompanie verfolgt feindliche Eindringlinge und besitzt mit die besten Hundeführer in ganz Europa. Man verwendet ähnliche Waffen wie die Kustjägare.

THA THAILAND

Marine Recon Battalion und SEALs

Die thailändische Regierung hat viel Geld in ihre Spezialeinheiten gesteckt. Die thailändischen SEALs und das Marine Recon Battalion werden zu den besten Spezialkräften in ganz Südostasien gerechnet, zumal sie aufgrund zahlreicher Operationen entlang der kambodschanischen Grenze kampferprobt sind.

Die Spezialverbände unterstehen dem Königlich-Thailändischen Kommando für besondere Kriegsführung. Dieses umfasst auch die beiden Marineeinheiten Royal Thai Navy's SEALs und Marine Recon Battalion. Das Königlich-Thailändische Marinekorps hatte 1965 eine amphibische Aufklärungskompanie aufgestellt, die 1978 auf Bataillonsstärke erweitert wurde. Derzeit auf der Marinebasis Sattaship stationiert, besteht das Bataillon aus einer Stabskompanie, zwei motorisierten Aufklärungskompanien und einer amphibischen Aufklärungskompanie. Ergänzt wird dies durch eine kleinere Anti-Terror-Truppe. Die Einheit kämpfte in den 1970er Jahren gegen die kommunistische Guerillabewegung Pathet Lao (laotisch: „Land der Lao") und war an zahlreichen Operationen entlang der kambodschanischen Grenze beteiligt.

1956 formierte die Königlich-Thailändische Marine eine kleine Kampftauchereinheit nach dem Vorbild der amerikanischen UDTs. Unter Beibehaltung einer UDT-Sektion wurde die Einheit dann 1965 umstrukturiert, wobei man sich an den Teams der US Navy SEALs orientierte. Während das UDT weiterhin für Bergung und Räumung unter Wasser zuständig ist, sind die SEALs für Terrorbekämpfung verantwortlich.

Der sechsmonatigen, in Sattaship stattfindenden Ausbildung schließt sich ein Springerkurs an. Die SEALs bestehen aus schätzungsweise 150 Mann. Neben Einsätzen an der kambodschanischen Grenze war die Einheit auch an Anti-Piraterie-Operationen im Golf von Thailand beteiligt.

Die meisten verwendeten Waffen stammen aus US-amerikanischer Produktion, abgesehen von HK-Gewehren und UZI-Maschinenpistolen.

Oben: Wer in das Marine Recon aufgenommen werden will, muss buchstäblich durchs Feuer gehen – hier mit Sturmgewehr M16.

Oben: Diese Bewerber für das Marine Recon waten während des 13-wöchigen Kurses für amphibische Aufklärung am Marinestützpunkt Sattaship bei Bangkok durch Schlickwasser.

TUR TÜRKEI

Su Altı Savunma (SAS) und Su Altı Taarruz (SAT)

Die Türkei unterhält zwei maritime Spezialeinheiten: die SAS mit ihren Kampfschwimmern und UDTs und die SAT, deren Aufgaben und Zusammensetzung eher den US Navy SEALs und dem britischen SBS entsprechen.

Die strategisch bedeutende Lage der Türkei als Bindeglied zwischen Asien und Europa sowie Schwarzem Meer und Mittelmeer bescherte dem Land eine Schlüsselrolle im Kalten Krieg. Heute besitzt die Türkei weiterhin eine große Marine, doch nur zwei recht kleine maritime Spezialeinheiten: Su Altı Savunma (SAS – Unterwasserverteidigung) und Su Altı Taarruz (SAT – Unterwasserangriff).

Die Hauptaufgaben der SAS ähneln annähernd denen der UDTs und EOD-Gruppen. Sie umfassen Bergungsoperationen und speziell das Räumen von Minen und anderen Sprengstoffen und Hindernissen für die türkische Marine.

In ihrem Aufbau und Auftrag den US Navy SEALs und dem britischen SBS ähnelnd, unterhält die SAT enge Kontakte zur israelischen Shayetet 13. Das Aufgabenprofil besteht aus Aufklärung, Stoßtruppmissionen, verdeckter Infiltration und maritimer Terrorbekämpfung. Sämtliche Operatoren haben eine Springerausbildung (HAHO und HALO).

Beide Einheiten wurden auf Zypern und bei Operationen gegen kurdische Guerillas eingesetzt.

Oben: SAT-Operator unter dem wachsamen Auge des Einweisers beim Abseilen auf das Deck der Fregatte* Oruç Reis*, 2000.

Links: Ein SAT-Mitglied macht einen „feindlichen" Wachtposten im Rahmen einer NATO-Übung im Nordwesten der Türkei (2000) unschädlich.

Die von SAS/SAT verwendeten Waffen sind weitgehend amerikanischer und deutscher Herkunft, wie etwa M16 und CAR-15 (nicht selten mit Granatwerfer M203), Modelle der Baureihe HK MP5 oder das Sturmgewehr G3. Schützengruppen verwenden das Maschinengewehr MG3, Präzisionsschützen das PSG-1.

Als Entfaltungsplattformen stehen die Schiffe und U-Boote der türkischen Marine zur Verfügung. Besondere Fluggeräte für Spezialoperationen sind nicht vorhanden, man nutzt aber die türkische Helikopterstaffel aus UH-60 Blackhawks und AS 90.

USA VEREINIGTE STAATEN VON AMERIKA

US Navy SEALs SBS- und SDV-Teams Marine Recon

Die innerhalb der US-Marine für spezielle Kriegsführung zuständigen SEALs werden durch SBS- und SDV-Teams unterstützt. Außerhalb des US Special Warfare Command besitzt das US Marine Corps mit der Marine Recon eine weitere eine Elitetruppe.

Spezialkräfte sind in den USA seit dem 17. Jahrhundert bekannt; zur festen Einrichtung wurden sie jedoch erst in der zweiten Hälfte des 20. Jahrhunderts. Die jüngsten, von Präsident Kennedy formierten Einheiten sind die SEAL-Teams (Sea-Air-Land), die SDV-Teams (SEAL Delivery Vehicles) als Transporttruppe und die SBS (Special Boat Squadrons), mithin die drei Zweige des Navy Special Warfare Command (NAVSPECWARCOM).

Die SEALs sind auf unkonventionelle maritime Kriegsführung spezialisiert. Dies umfasst nicht nur die Küste, sondern auch Seen, Flüsse und Sümpfe, die maximal 20 Meilen vom Meer entfernt sind. Ihre Aufgaben und Möglichkeiten überschneiden sich bisweilen unweigerlich mit denen ihrer Kollegen – so verwenden die US Army Rangers ähnliche Fahrzeuge für ihre Strandoperationen, und die Spezialkräfte der US Army sind ebenfalls für Tauchoperationen gerüstet. Der Unterschied liegt vielmehr in der Größenordnung, oder mit den Worten eines SEAL-Kommandeurs:

Wir von den SEALs sind eine kleine Truppe für maritime Spezialoperationen … Mit mehrzügigen Operationen haben wir nichts zu tun und hatten damit auch nie Erfolg … Wir bevorzugen kleine Einheiten abseits von den Großverbänden. In dieser Nische mit Teams von oftmals nicht einmal acht Mann sind wir sehr gut. So sind wir schwerer zu entdecken, besser zu führen und können die begrenzten Spezialoperationen,

Unten: Zwei Navy SEALs bei einer Aufklärungsmission während der Operation „Enduring Freedom" in Afghanistan (Jan. 2002).

Oben: Navy SEAL mit stark modifiziertem Sturmgewehr CAR-15 beim Sichern einer Stellung (Afghanistan, 2002).

für die wir trainieren, besser erledigen. Die Umgebung ist ein weiterer Unterschied ... denn wir stehen ständig mit einem Bein im Wasser. Wenn wir nämlich im Binnenland operieren müssen, dann hat das immer etwas mit Wasser zu tun ... Immer mit einem Bein im Wasser zu stehen bedeutet, dass wir anderen Operatoren nicht ins Gehege kommen.

Trotz des Widerstands der Traditionalisten innerhalb der Navy konnten die SEALs expandieren, sich ein beachtliches Renommee erkämpfen und ein eigenes Arbeitsethos entwickeln.

Die Vorläufer der SEALs entstanden im Zweiten Weltkrieg. Am 20. November 1942 startete das US Marine Corps einen Angriff auf die in japanischer Hand befindliche Insel Tarawa. Die Insel, ihre Küsten und Gezeiten waren den Amerikanern kaum bekannt und nur oberflächlich erkundet worden. Das Landungsboot der Marines lief gut 500 m vor dem Strand auf ein Riff und die Soldaten mussten unter gezieltem Beschuss an Land waten. Ihren Sieg mussten sie mit schrecklichen Verlusten bezahlen, weshalb die Navy beschloss, einen amphibischen Angriff nie mehr ohne angemessene Vorbereitung durchzuführen. Dies führte zur Gründung der Naval Combat Divers Unit (NCDU) mit ihren auf Aufklärung und Sprengungen spezialisierten Kampftauchern. Die NCDU sondierte die Strände und versuchte, die dortigen Hindernisse zu beseitigen, bevor die Allierten 1943 in Italien und im Juni 1944 in der Normandie landeten.

Als man diese Techniken auch im Pazifik anwandte, wurden die NCDU-Teams in Underwater Demolition Teams (UDT) umgetauft. Ihre Aufgabe indes war die Gleiche wie auf dem europäischen Kriegsschauplatz, nämlich das Aufklären und Räumen von Stränden. Nachdem die Waffen verstummt waren, wurden die UDTs aufgelöst, doch nur um 1950 für die amphibische Landung von UN-Truppen im koreanischen Inchon eilends neu formiert zu werden. Nach Inchon erweiterten sich die Aufgaben der UDTs auf eher traditionelle Kommandounternehmen fern von den Stränden – ein früher Ausblick auf das Missionsprofil der heutigen Navy SEALs.

Dann kam Vietnam. An unkonventioneller Kriegsführung recht stark interessiert und davon überzeugt, dass begrenzte Operationen das Markenzeichen vieler künftiger Konflikte sein würden, war Präsident Kennedy entschlossen, die entsprechenden Kapazitäten seines Landes auszubauen. Am

1. Januar 1962 stellte er die Navy SEAL Teams One und Two in Dienst, mit dem Auftrag maritimer und verdeckter Spezialoperationen. Die SEALs hatten einen Kurzauftritt während der Kubakrise von 1962 und während der US-Intervention in der Dominikanischen Republik 1965. Ihre Reputation erwarben sie sich jedoch in Vietnam.

Die ersten SEALs wurden 1962 nach Vietnam entsandt, um südvietnamesische Marinetruppen zu trainieren. Erstmals in Kampfhandlungen verwickelt wurden sie, nachdem zwei Züge von SEAL Team One 1965 in die Sonderzone Rung Sat unweit von Saigon beordert worden waren. Durch gezielte Hinterhalte und Aufklärung konnte man die regionale Dominanz der Vietcong rasch beenden – und zwar so erfolgreich, dass vier weitere SEAL-Züge nach Vietnam geschickt wurden. SEAL Team Two traf 1967 ein. Die Teams sondierten Strände, drangen mit Kleinbooten tief ins Binnenland vor (oft auch schwimmend von U-Booten aus) und legten Hinterhalte. Besonders effizient waren sie bei Operationen im Mekong-Delta. Eine Schlüsselrolle spielten sie 1970–72 während der Operation „Brightlight", bestehend aus tiefen Vorstößen auf feindliches Gebiet mit dem Ziel, US-Soldaten zu befreien, die im Mekong-Delta gefangen gehalten wurden. Hierzu SEAL Captain Richard Couch: „Die Befreiung von Kriegsgefangenen ist das Schwierigste."

Die Operation war erfolgreich in dem Sinn, dass viele südvietnamesische Soldaten befreit und Vietcong-Lager erobert werden konnten, doch kein einziger amerikanischer Kriegsgefangener wurde je gefunden. Couch erinnert sich: „Unser Überfall war an sich erfolgreich. Wenn wir nur ein paar GIs in diesen Käfigen gefunden hätten." Schließlich wurden die SEALs 1972 zusammen mit den übrigen US-Truppen aus Vietnam abgezogen.

Ihre Erfolge in Vietnam bedeuteten für die SEALs, dass sie nun nicht

Links und oben: Als erste SEAL-Einheit wurde SEAL Team One 1962 in die Sonderzone Rung Sat bei Saigon beordert. Später wurden weitere Abteilungen in Nha Be, Binh Thuy, My Tho und Da Nang stationiert. 1966 operierten SEALs rund um Saigon und später auch im Mekong-Delta, bevor sie 1972 abgezogen wurden.

Oben: SEALs beim Verlassen eines Flusspatrouillenboots während Operationen gegen die Vietcong im Januar 1968 südwestlich von Saigon.

jenem Druck ausgesetzt waren, der auf den Spezialkräften der Army lastete. Intern erfolgte eine Rückbesinnung auf die Kernaufgaben der maritimen Spezialeinheiten. Hierzu ein Veteran in der Rückschau: „Eine ausgewählte Gruppe hochrangiger SEALs erkannte, dass wir nach Vietnam so schnell wie möglich zu den angestammten Prioritäten einer Flotte zurückfinden mussten." So verlagerte sich der Hauptakzent auf das neue Tauchfahrzeugprogramm und die Anzahl der SEAL-Teams wurde auf fünf erhöht.

Nachdem die Delta Force 1980 bei ihrem Versuch gescheitert war, die im Iran festgehaltenen US-Geiseln zu befreien, wurde eigens für maritime Terrorbekämpfung und Geiselbefreiung SEAL Team Six geschaffen. In den 1980er Jahren wurde Team Six wiederholt eingesetzt, etwa 1985 nach der Kaperung der SS *Achille Lauro* und zur

Jüngste Einsatzchronik

Während des Iran-Irak-Kriegs hatten SEAL-Teams die Aufgabe, Öltankern im Persischen Golf den Weg zu bereiten. Außerdem waren sie an der Operation „Desert Shield/Storm" beteiligt. Die SEALs räumten Minen, unterstützten CSAR-Missionen, überfielen irakische Ölplattformen, eroberten die Insel Qaruh und erkundeten die kuwaitischen Strände. Als dieser Plan einer Landung dort verworfen wurde, beauftragte man die SEALs mit der Inszenierung eines Scheinangriffs.

Am 23. Februar 1991, kurz vor dem Hauptangriff der Koalitionskräfte, schwammen SEAL-Teams zu zwei Stränden, markierten geeignete Landungszonen und installierten Sprengladungen, um danach zu ihren vom SBS gesteuerten Booten zurückzukehren. Nun wurden die Sprengladungen gezündet und die irakischen Abwehrstellungen zusammengeschossen, unterstützt durch Luftangriffe. Mindestens zwei irakische Panzerdivisionen wurden in die Region abkommandiert.

Nach dem Krieg operierten SEALs in Somalia (1993), evakuierten US-Bürger aus Liberia, beteiligten sich an Anti-Drogen-Operationen in Südamerika und waren Mitte der 1990er Jahre auf den Balkan. Ihr größter Einsatz der letzten Jahre erfolgte im Rahmen der Operation „Enduring Freedom", mit aktiver Beteiligung an Missionen in Afghanistan, auf den Philippinen, in Pakistan, Jemen, Somalia, Südkorea und im Irak.

Während der Operation „Iraqi Freedom" (2003) führten SEALs auf der Halbinsel Al-Faw Angriffe auf irakische Anlagen durch, nachdem sie intensive Strandaufklärung, taktische Überwachung und Zielbestimmung geleistet hatten.

Beendigung einer Geiselnahme in Beirut. Als verheerend für die SEALs erwies sich die übereilte US-Invasion in Grenada 1983. Obwohl SEAL Team Four festgestellt hatte, dass sich ein Strand unweit des Pearls Airfield nicht für einen amphibischen Angriff eignete, ertranken insgesamt vier Mann des mit Aufklärung beauftragten SEAL Team Six unweit von Point Salines. Außerdem versuchten Mitglieder von SEAL Team Six, den Inselgouverneur Sir Paul Scoon zu retten, konnten aber keine geeigneten Landeplätze finden. Als sich zwei SEAL-Züge vom Helikopter aus auf das Gelände abseilten, sahen sie sich durch einheimische und kubanische Truppen in die Enge getrieben. Trotz Intervention eines Kampfhubschraubers vom Typ AC-130 Spectre mussten die „Retter" 24 Stunden ausharren, bis US Marines zu Hilfe eilten.

Grenada beleuchtete eine Reihe von Problemen innerhalb der Spezialeinheiten, so vor allem die mangelnde Kommunikation zwischen den Teilstreitkräften. Aufklärung, Vorbereitung und Einsatz der Spezialverbände waren unzureichend gewesen. Ein augenfälliges Beispiel dafür war der Vorfall auf dem Grundstück des Gouverneurs, wo man Seal Team Six, eine Anti-Terror-Truppe, als leichte Infanterie eingesetzt hatte. Diverse Reformen wurden durchgeführt, so vor allem die Bildung des US Special Operations Command (USSOCOM) im Jahr 1986, um sämtliche Spezialeinheiten unter einem Oberkommando mit eigenem Budget zu vereinen.

Die Finanzmittel wurden aufgestockt, als die Spannungen des Kalten Krieges nachließen und man sich auf jene Gefahren zu konzentrieren begann, wie sie durch begrenzte Kon-

Unten: Mitglied des US Marine Corps 1st Recon Battalion beim Dschungeltraining. Das Marine Recon ist weniger bekannt als die SEALs, doch nicht minder elitär.

Oben: Klassischer vierköpfiger SEAL-Schützentrupp bei einer Übung. Der Truppführer trägt das Standardsturmgewehr M16A2 mit Granatwerfer M203.

flikte und Terrorismus verkörpert werden. Diese Reformen sollten in den kommenden Jahren Früchte tragen.

Bei der Operation „Just Cause" gegen den panamaischen Machthaber Manuel Noriega im Jahr 1989 hatten die SEALs vor allem zwei Aufgaben: das Kapern des Patrouillenboots *Presidente Porras* der Panama Defence Force (PDF) und die Beschlagnahme von Noriegas Privatjet. Die erste Mission verlief reibungslos, nicht so die Zweite. Obwohl es den SEALs gelang, die Maschine manövrierunfähig zu machen, stießen sie auf dem Flugplatz Paitilla

Missionsprofil der SEALs

Die US Navy SEALs haben folgende fünf Hauptaufgaben:
Direkte Aktion – im Wesentlichen Kampfhandlungen wie Überfälle, Sabotage, Geiselbefreiung und Einnahme von Wasser- und Küstenzielen.
Spezialaufklärung – die Aufklärung und Überwachung von feindlichem Territorium, vor allem von Strandköpfen, ist eine Spezialität der SEALs. SEAL-Teams führen Stranderkundungen durch, wobei sie (wie ihre Vorgänger, die UDTs) Landungswege markieren und Hindernisse und Befestigungen in Vorbereitung einer amphibischen Landung beseitigen.
Ausländische Innere Verteidigung – Ausbildung von Militär- und Sicherheitskräften befreundeter Nationen, meist in Friedenszeiten.
Unkonventionelle Kriegsführung – dies war für Präsident Kennedy einer der wichtigsten Gründe, die Bildung von Spezialeinheiten zu unterstützen. Bei Bedarf werden Guerillatruppen von den SEALs trainiert, ausgerüstet und hinter den feindlichen Linien angeführt.
Anti-Terror-Operationen – reagierende sowie vorbeugende Aktionen zur Terrorbekämpfung insbesondere seitens der DEVGRU.

auf massiven Widerstand der PDF und mussten die Aktion mit vier Toten und acht Verwundeten bezahlen. Darüber hinaus waren SEALs an Anti-Drogen-Operationen in Mittel- und Südamerika, hauptsächlich in Kolumbien, beteiligt.

Von den rund 4000 Mitgliedern der US Navy Special Operations Forces besteht annähernd die Hälfte aus SEALs. Diese unterstehen dem NAVSPECWARCOM, das sich in zwei Naval Special Warfare Groups (NSWGs) gliedert. NSWG 1 ist im kalifornischen Coronado stationiert (hier befindet sich auch das Naval Special Warfare Center, in dem die SEALs ausgebildet werden). NSWG 1 ist zuständig für den Pazifik, den Persischen Golf und Asien und besteht aus den spezialisierten SEAL Teams One, Three, Five und Seven, SDV Team One und Special Boat Squadron One (mit den SB Units 11, 12 und 13).

Die größere NSWG 2 hat ihren Stützpunkt in Little Creek (Virginia Beach) und ist für Europa, den atlantischen Raum und Lateinamerika zuständig. Sie besteht aus SEAL Team Two (für Europa, Afrika und Teile des Nahen Ostens), SEAL Team Four (südliche Hemisphäre, einschließlich Südamerika), SEAL Team Eight und SEAL Team Ten. Letzteres wurde erst 2002 aktiviert, nachdem Präsident George W. Bush dem Terror den Krieg erklärt hatte. Unterstützt werden diese Teams durch SBS 2 (bestehend aus den SB Units 20, 22, 24 und 26) sowie SDV Team Two.

Damit diese Truppen sinnvoll eingesetzt werden können, verfügt das NAVSPECWARCOM über fünf im Ausland stationierte Naval Special Warfare Units: NSWU-1 in Guam, NSWU-2 in Stuttgart, NSWU-4 und NSWU-8 (früher in Panama) in Rossey Roads, Puerto Rico, sowie NSWU-10 im spanischen Rota. Trainingsabteilungen befinden sich auf Hawaii und in Alaska. Ein SEAL-Team setzt sich aus rund 30 Offizieren und 200 Mannschaftsdienstgraden zusammen und wird durch eine kleine

Oben: SEAL-Schwimmerpaar mit M16A2 und Regenerationsgerät Dräger LAR V beim Landgang.

Oben: SPIE (Special Purpose Insertion and Extraction) ist eine spektakuläre Methode der In- oder Exfiltration von SEAL-Operatoren.

Unterstützungsgruppe aus rund 20 Marinesoldaten ergänzt, die keine SEALs sind. Die dreiköpfige Führungsgruppe besteht aus vollqualifizierten SEALs. Zwei Offiziere plus 14 Mannschaften bilden ein Platoon (Zug). Ein Platoon ist in zwei Squads (Trupps) aufgegliedert (mit einem Offizier und sieben Mannschaften), und dieses in zwei vierköpfige „Feuerteams", die aus zwei „Schwimmpaaren" bestehen. Für Operationen werden vorzugsweise Squads eingesetzt.

SEAL Team Six, die maritime Anti-Terror-Einheit, wurde in den späten 1980er Jahren aufgelöst, nachdem man seinem Gründer und Kommandeur verschiedene Dienstvergehen hatte nachweisen können. Später wurde die Einheit als Naval Special Warfare Development Group (DEVGRU) neu konstituiert, um neben ihrer angestammten Aufgabe auch neue Taktiken, Waffen und Ausrüstungen zu erproben. DEVGRU gliedert sich in die drei Kampfgruppen Red, Blue und Gold. Ergänzt werden sie durch die Spezialbooteinheit Gray und die Trainingseinheit Green, die Neuzugänge auf den Dienst in den anderen Gruppen vorbereitet. DEVGRU setzt sich aus rund 300 Mann zusammen und ist in Little Creek stationiert.

SBS- UND SDV-TEAMS

Die Special Boat Squadrons (SBS) besitzen eine Schlüsselstellung innerhalb der maritimen US-Spezialeinheiten, da sie für den Einsatz diverser Spezialboote zuständig sind – vom 52 m langen PBC-Boot für Küstenpatrouillen bis zu starren Schlauchbooten wie dem 5 m langen Combat Rubber Raiding Craft (CRRC) mit einer Höchstgeschwindigkeit von 20 Knoten. Das SBS hat im Prinzip drei Aufgaben:

Küstenpatrouillen und Durchsetzung der Hoheitsansprüche – da dies ein recht großes Boot erfordert, wird meist das PBC verwendet, das auch für einen längeren Einsatz ausreichend Platz für größere Mengen an Waffen und Spezialkräften bietet. Das Boot erreicht 35 Knoten und hat bei einer moderaten Reisegeschwindigkeit von 12 Knoten eine Reichweite von 2000 Seemeilen. Die Crew der 13 PBCs (beginnend mit PC-1, USS *Cyclone)* besteht aus vier Offizieren und 24 Mannschaften. Außer Kojen für die zu transportierenden Spezialkräfte und Platz für zwei CRRCs gibt es eine hintere Plattform zum Absetzen und Aufnehmen von Kampfschwimmern. Für küstennähere Operationen verwendet man das 20 m lange Swift Patrol Boat Mk III – ein Veteran aus den 1960er Jahren, der eine 11-köpfige Besatzung hat, 30 Knoten erreicht und nach und nach gegen einen moderneren Nachfolger ausgetauscht wird.

Unterstützung von Spezialoperationen – heimliche Operationen wie die Infiltration von SEALs erfordern kleinere, per Radar kaum zu ortende Boote. Dies ist die Domäne der starren Schlauchboote (RIBs). Das 7-m-RIB kann einen halben Trupp transportieren, besitzt Radar, ein MG M60 und einen Innen-/Außenborder von Volvo, der 25 Knoten erreicht, während das 10-m-RIB einen ganzen Trupp aufnehmen kann. Für verdeckte Operationen favorisiert man allerdings das CRRC. Es wiegt 120 kg und kann von U-Booten oder Schiffen aus abgesetzt oder aus einem Helikopter oder einer C-130 abgeworfen werden. Es ist 15 m lang und besitzt einen 55-PS-Motor, kann bei Bedarf aber auch gepaddelt werden.

Sämtliche U-Boote der US Navy können den SEALs als Absetzbasen dienen; manche von ihnen sind umrüstbar, um die Sicherheit und Effizienz des Personentransports zu erhöhen. Diese U-Boote können an Deck einen kleinen, trockenen Hangar mit Platz für ein Swimmer Delivery Vehicle (SDV) aufnehmen. Das SDV Mk VIII ist eines der interessantesten und geheimsten Spezialfahrzeuge und dient der Infiltration unter Wasser. Es besitzt einen Elektromotor, wurde als „kleines Schnellboot, das unter Wasser fährt" beschrieben und wird, wie jedes U-Boot, „blind" gesteuert. Trotz bestehender Luftzufuhr müssen die SEALs ihre Tauchgeräte anlegen, da der Transport in einem gefluteten Abteil erfolgt. Sechs Schwimmer plus Ausrüstung können befördert werden. Die zweiköpfige Crew (qualifizierte SEALs) und das Team für Versorgung und Instandhaltung gehören zu einer Spezialeinheit des NAVWARCOM, dem SDV-Team. Demnächst soll ein fortgeschrittenes SEAL-Beförderungssystem mit Trockenabteil in Dienst gestellt werden.

Flusspatrouillen und Durchsetzung der Hoheitsansprüche – dies war im Vietnamkrieg die Domäne vieler US-Spezialkräfte; in einem ähnlichen Umfeld sind SEALs und SBS heute in Lateinamerika tätig, oftmals unterstützt durch einheimische Militär- oder Polizeieinheiten. Standardboote des SBS sind das 10 m lange, gut be-

Bewaffnung der SEALs

Abhängig von der Aufgabenstellung und in gewissem Maß auch von den persönlichen Vorlieben greifen die SEALs auf die vielfältigsten Waffen zurück. Folgende Pistolen und Revolver werden verwendet: SIG Sauer P-226 9 mm, M1911A1 .45, Smith & Wesson .357, HK P9S 9 mm sowie die eigens für das USSOCOM konstruierte HK Mk23 Mod O Special Operations Forces Offensive Handgun .45. Erste Wahl unter den Sturmgewehren ist das CAR-15 (oft plus Granatwerfer M203), außerdem dessen größere Ausführung, das M16A2. Auch das bewährte M14 7,62 mm wird wegen seiner höheren Aufhaltekraft weiterhin verwendet. Als Maschinenpistolen kommen vor allem unterschiedliche Versionen der HK MP5 zum Einsatz, darunter die speziell für das NAVWARCOM konstruierte MP5K-PDW. Zum Entern von Schiffen und für Operationen im Dschungel und Nahbereich favorisiert man Flinten im Kal. 12 wie die Remington M870. Erhöhte Feuerkraft liefert das Maschinengewehr M60 7,62 mm, während das M2HB .50 HMG eine beliebte Bordwaffe darstellt. Wichtigste Scharfschützengewehre sind das Remington M40A1 7,62 mm, M86 7,62 mm, M24, M21 7,62 mm (ein M14 mit erhöhter Präzision) sowie das McMillan SASR .50.

MP5K von Heckler & Koch

Unten: Als Elite in der Elite ist das Marine Recon für Nachrichtendienst, Aufklärung und Überfälle im Vorfeld eines Großangriffs des US Marine Corps zuständig.

Links: Schulteremblem des United States Marine Corps, einer Elitetruppe der US-Streitkräfte.

waffnete und gepanzerte Patrol Boat River (PBR), das in einem Transportflugzeug C-5 Galaxy befördert werden kann, sowie das 8 m lange Patrol Boat Light (PBL) – beides bewährte Vietnamveteranen.

MARINE RECON

Obwohl das US Marine Corps (USMC) als hochkarätige Kampftruppe gilt, verkörpern ihre Aufklärungsbataillone innerhalb des amerikanischen Militärs eine stark vernachlässigte Größe, vielleicht weil sie nicht zum USSOCOM gehören. Dem stehen jedoch die Worte eines britischen SBS-Offiziers entgegen: „Die Recce Marines sind eine Klasse für sich und mehr als eine gewöhnliche Spezialeinheit!“ Das USMC ist zuständig für Aufklärung und Operationen im Vorfeld des Hauptangriffs der Marineinfanterie und kann auch mit Stoßtruppmissionen beauftragt werden.

Erste Anfänge gab es im Zweiten Weltkrieg, als man Sturmbataillone bildete und die Beobachtungsgruppe der 1. Division (die spätere Kompanie für amphibische Aufklärung) mit Strandaufklärung und vorgeschobener Beobachtung beauftragte. Auch in Korea wurde die Einheit vielfach eingesetzt, oft für tiefe Vorstöße nach Nordkorea. Nach dem Koreakrieg entstand 1957 im Zuge einer umfassenden Restrukturierung die 1st Company „Force“ Recon Marines, ein Jahr später gefolgt von der 2nd Company. Die Marine Recon wurde 1965 nach Vietnam beordert, um die Marines mit den dringend benötigten Aufklärungsdaten zu versorgen.

Weitere Einsätze erfolgten in Grenada, während der Krise am Persischen Golf 1987/88, bei der Rettung einer Flugzeugcrew, die bei einem Angriff über Libyen zu einem Notausstieg gezwungen war und im Rahmen von „Desert Storm“. Jüngere Schauplätze waren Somalia, Liberia, Bosnien, Afghanistan und Irak. Während der Operation „Iraqi Freedom“ (2003) kämpften Teile der Marine Recon in einem neuen, gemischten Team von Spezialkräften, aus dem schließlich das US Ma-

Rechts: Mitglied der Marine Recon mit Standardtarnanzug „Woodland“, grünem Stirntuch und Karabiner XM17.

rine Corps Special Operations Command werden soll.

Vor 1998 beruhte die Aufklärungskapazität des Marinekorps auf den beiden Einheiten Recon und Force Recon. Recon unterstützte Divisionsoperationen, während Force Recon für tiefe Vorstöße und Aufklärungspatrouillen zuständig war. Danach verschmolzen die beiden Gruppen zu einem einzigen Aufklärungsbataillon für jede aktive Division. Ein Recon Battalion besteht aus drei Kompanien: A Coy ist für das Training neuer Recon Marines verantwortlich, B Coy für die Unterstützung größerer Operationen auf Divisionsebene (ähnlich den alten Recon-Bataillonen) und C Coy, bestehend aus den erfahrensten Marines, für tiefe Vorstöße (und Überfälle), wie sie zuvor von Force Recon praktiziert wurden.

Von den Rekruten der Marine Corps Recon werden wenigstens drei bis vier Jahre Berufserfahrung erwartet und das Bestehen des „Army Airborne Test“. Fortgesetzt wird die Ausbildung beim Recon Indoctrination Platoon, gefolgt von Kursen im Gerätetauchen in Coronado, einer Springerausbildung (HALO/HAHO) in Fort Benning und einem Aufbautraining im Bodenkampf auf der Infantry School. Im jeweiligen Aufklärungsbataillon geht es dann weiter mit Spezialtraining im Absetzen und Ausweichen, Survival im Dschungel und Präzisionsschießen. Der Kurs für Kampftaucher des Marinekorps wurde 1993 am Naval Diving and Salvage Training Center in Panama City (Florida) eingerichtet. Standardwaffe der Recon Marines ist das Sturmgewehr M16A2 (oft plus Granatwerfer M203), das jedoch bald durch den Karabiner M4 ersetzt werden könnte. Ebenfalls verwendet werden das Sturmgewehr CAR-15, Maschinenpistolen MP5 und die Pistolen Beretta M9 und M1911A1, ferner M249 SAW und Maschinengewehr M60 sowie als Scharfschützengewehre das Remington M40 7,62 mm und das Iver Johnson SAR .50.

Unten: Ein Aufklärungsgruppe des US Marine Corps sucht Schutz vor den Rotorwirbeln eines startenden CH-53E Sea Stallion – Marine Corps Air Ground Combat Center, Twenty-Nine Palms, Kalifornien.

LUFTGESTÜTZTE SPEZIAL-EINHEITEN

Luftlandetruppen wurden Ende der 1930er Jahre von Deutschland, Italien und Russland und in den ersten Jahren des Zweiten Weltkriegs auch von Großbritannien und den USA entwickelt. Luftbewegliche Operationen erfordern Soldaten, die viele Kilometer hinter den feindlichen Linien abgesetzt werden können und auf eine verbleibende Lebenserwartung von vielleicht nur wenigen Stunden eingestellt sind. In Frage kommen daher nur anpassungsfähige und intelligente Personen, die ihre Ausrüstung souverän einzusetzen wissen. Luftlandeoperationen sind längst nicht mehr auf den Fallschirmabsprung mit automatischer Auslösung beschränkt. Vielmehr können sie per Helikopter erfolgen, durch Absprung aus großer Höhe mit frühem (HAHO) oder spätem (HALO) Öffnen des Fallschirms, durch Schnellausstieg nach erfolgter Landung und sogar per Flugdrachen oder Ultraleichtflugzeug. Luftlandetruppen sind aufgrund ihrer Kenntnisse und Belastbarkeit überaus gefragt. Man begegnet ihnen an den Frontlinien von konventionellen Konflikten wie auch von Anti-Terror-Operationen, und ihre verlustreichen Regimentschroniken erfüllt all jene, die in ihre Reihen treten, mit Stolz.

Links: US-Fallschirmjäger nach dem Absprung aus einer Hercules im Rahmen einer Übung.

BEL BELGIEN
Para-Commando Brigade

Die belgische Para-Commando Brigade kann auf eine ruhmreiche Tradition bis zum Zweiten Weltkrieg zurückblicken. Nach dem Krieg wurde sie in den ehemaligen belgischen Kolonien und im Rahmen zahlreicher internationaler NATO-Operationen eingesetzt.

Die Para-Commando Brigade ist derzeit der Multinationalen Division des Allied Rapid Reaction Corps (ARRC) zugeordnet. Sie besteht aus zwei Fallschirmjägerbataillonen und einem Kommandobataillon mit je 500 Mann. Die Brigade ist in kürzester Zeit einsetzbar – mitsamt der Unterstützungseinheiten, bestehend aus einem Luftlande-Aufklärungsbataillon (3e Régiment de Lanciers), einer Artilleriebatterie sowie Versorgungs-, Pionier- und Sanitätstruppen.

Die Brigade entstand, als die belgische Exilregierung im Zweiten Weltkrieg Fallschirmjäger- und Kommandoeinheiten formierte, die mit den Briten gegen die deutschen Besatzer kämpfen sollten. Die erste unabhängige belgische Fallschirmjägerkompanie entstand im Mai 1942 als Teil der britischen 6. Division, wurde jedoch später für eine spezielle Kommandoausbildung der britischen SAS-Brigade zugeordnet. In ihrer neuen Funktion war sie für verdeckte Operationen in Frankreich und Belgien zuständig, vor allem für Stoßtrupp-Aktionen gegen feindliche Versorgungslinien und Verbände.

Bereits 1940 waren unabhängige Kommandoeinheiten entstanden. In Großbritannien ausgebildet, wurden sie noch im gleichen Jahr in Norwegen eingesetzt. 1942 überfielen sie feindliche Einrichtungen in Madagaskar, Bruneval, St. Nazaire und Dieppe. Danach wurden die Einheiten in das 10. Alliierte Kommando eingegliedert, um in Fernost, Griechenland, Italien und Nordwesteuropa eingesetzt zu werden.

Oben: Belgische Fallschirmjäger üben den Häuserkampf. Ihr Lehrplan ist weitgehend deckungsgleich mit dem des britischen Parachute Regiment.

Links: Auch die belgischen Fallschirmjäger tragen die typischen, stark gewölbten Helme, die verhindern, dass sie sich beim Sprung in Leinen oder Gurte verheddern.

Verwendete Waffen

Die Para-Commando Brigade greift praktisch auf das gesamte Arsenal der landeseigenen Fabrique Nationale zurück, darüber hinaus auch auf Mörser, Milan-Panzerabwehrraketen, 105-mm-Feldgeschütze und leichte Panzer vom Typ Scorpion.

Im Gegensatz zu den Einheiten, die nach dem Krieg aufgelöst wurden, konnte die Para-Commando Brigade nach 1945 in fast unverminderter Stärke fortbestehen und wurde erst nach Ende des Kalten Krieges auf 3000 Mann reduziert.

Ihre spektakulärste Operation ereignete sich am 10. November 1964 in Stanleyville (heute: Kisangani) in der damaligen Kolonie Belgisch-Kongo, der heutigen Dem. Rep. Kongo. Per Fallschirm abgesprungen, konnte man 800 Nicht-Kongolesen retten, die von der Kongolesischen Armee mit der Hinrichtung bedroht worden waren.

Die Para-Commando Brigade besteht durchweg aus Freiwilligen. Bevor die Bewerber das rote Barett tragen dürfen, müssen sie eine fünfmonatige Kommandoausbildung absolvieren, gefolgt von einem einmonatigen Springerkurs (mit sieben Sprüngen, davon ein Nachtsprung). Interessant ist, dass die Mitglieder des 1. Bataillons außer dem roten Barett auch das Mützenabzeichen des britischen SAS – den „geflügelten Dolch" – tragen, um ihre einstige Verbundenheit in Kriegszeiten auszudrücken.

ESP SPANIEN

Spanish Airborne Brigade (SAB)

Die Spanish Airborne Brigade ist neben der Spanischen Legion und den Marine-Einheiten als schnelle Eingreiftruppe konzipiert. Der Eliteverband kann auf diverse Kampfeinsätze wie auch auf Friedensmissionen zurückblicken.

Die Spanish Airborne Brigade (SAB) besteht aus den drei Fallschirmjägerbataillonen Roger de Flor, Roger de Lauria und Ortiz de Zarate, je einem Artillerie-, Pionier- und Logistikbataillon sowie einer überaus versierten Pathfinder-Kompanie. Als Fuerza de Acción Rápida (FAR, schnelle Eingreiftruppe) ist die SAB Teil des spanischen Kontingents für das Allied Rapid Reaction Corps (ARRC).

Spaniens erstes Fallschirmjägerbataillon gehörte ursprünglich zur Luftwaffe, wurde dann aber dem Heer überstellt. Die exzellente Truppe war für Spezialoperationen und Freifallinfiltration überaus gut geeignet und wurde dementsprechend 1956 in Spanisch-Sahara und 1958 in Marokko eingesetzt.

Die Spanish Airborne Brigade verwendet folgende Waffen: Sturmgewehre CETME LC und Colt Commando, leichtes Maschinengewehr CETME Ameli, Granatwerfer 40 mm sowie Mörser 60 mm und 81 mm.

FRA FRANKREICH

11. Fallschirmjägerdivision Commando Parachutiste de l'Air No. 10

Fallschirmjäger bildeten nach dem Zweiten Weltkrieg die Speerspitze nahezu aller französischen Großoperationen – von umfassenden Luftlandeunternehmen in Indochina bis zur Friedenssicherung in Beirut. Zudem haben sie nach 1945 eine höhere Zahl von Großeinsätzen absolviert als alle anderen vergleichbaren Einheiten.

Die 11. Fallschirmjägerdivision ist in Tarbes, in der südfranzösischen Region Midi-Pyrénées, stationiert. Bei den rund 11 000 Mann handelt es sich hauptsächlich um sehr erfahrene Berufssoldaten, denen es nicht an Motivation mangelt, Frankreichs lange Tradition der Fallschirmoperationen fortzusetzen.

Die 11. Fallschirmjägerdivision gehört derzeit zur nationalen schnellen Eingreiftruppe, die zudem aus der 6. Leichten Panzerdivision, der 4. Luftbeweglichen Division, der 27. Gebirgsjägerdivision und der 9. Leichten Marineinfanteriedivision besteht.

In zwei Brigaden gegliedert, besteht die 11. Fallschirmjägerdivision insgesamt aus sieben Einheiten mit Bataillonsstärke: 1 RPIMa, 2 REP (von der Fremdenlegion), 1 und 9 RCP (Leich-

***Rechts:* Französische Fallschirmjäger kurz nach der Landung mit einem Aérospatiale SA330 Puma, auf weitere Anordnungen wartend.**

te Infanterie) sowie 3, 6 und 8 RPIMa. Folgende Waffen werden verwendet: Sturmgewehr FAMAS, Maschinenpistole HK MP5, leichtes Maschinengewehr FN Minimi, Mörser 81 mm und 120 mm, Panzerabwehrraketen Milan und IR-Lenkwaffensystem Mistral.

***Links:* Die Ausrüstung für den Absprung aus großer Höhe umfasst Sauerstofftank, Thermohandschuhe, Höhenmesser und barometrisch ausgelöste Reißleine.**

COMMANDO PARACHUTISTE DE L'AIR NO. 10

Das kompaniestarke, hochspezialisierte CPA 10 ist zuständig für Aufgaben wie Laser-Zielbezeichnung, Wiederherstellung von Flugplatzeinrichtungen, Aufklärung sowie die Sicherung und Markierung von Lande- und Absetzzonen für Luftlandeoperationen. Die Einheit besteht aus rund 125 Mann und gliedert sich in eine Führungsgruppe, drei Kampftrupps und eine Abteilung für Logistik und Training.

Einer der Kampftrupps ist HALO/HAHO-fähig und wurde in der Golfregion, in Bosnien und im Kosovo für die Zielzuweisung eingesetzt.

GBR GROSSBRITANNIEN

16 Air Assault Brigade (AAB) Pathfinder Platoon Parachute Regiment No. 47 Squadron (Special Forces Flight) RAF

Luftlandeeinheiten bilden die Speerspitze der militärischen Reaktionskräfte Großbritanniens. Die 16 Air Assault Brigade verkörpert die jüngste autarke und umfassend luftbewegliche Einheit der British Army.

Der Stützpunkt Colchester beherbergt die elitäre 16 Air Assault Brigade und ihren Aufklärungstrupp, das Pathfinder Platoon. Erst 2000 formiert, steht die Brigade für die schlagkräftige Kombination von Luftlandeinfanterie und Kampfhubschraubern. Dies bedeutet eine Bereicherung des taktischen Repertoires, da man in kürzester Zeit eine stattliche, gut ausgestattete Truppe weit hinter den feindlichen Linien absetzen kann – zu

Rechts: Soldaten der 16 Air Assault Brigade im Irak beim Verlassen ihrer Puma-Helikopter während der Operation „Telic". Die 16 AAB kann in einer Aktion mehr als 1000 Mann mobilisieren.

jeder Tages- und Nachtzeit und bei jedem Wetter. Ursprünglich als mobile panzerbrechende Truppe konzipiert, wurde die Einheit seitdem beträchtlich aufgestockt und kann inzwischen vielfältige Missionen wie Geiselbefreiung, Eroberung strategischer Einrichtungen, In- und Exfiltration alliierter Verbände, Gegenstöße, Flankenschutz, Überfälle auf Schlüsselziele durchführen und humanitäre Hilfe leisten.

Die einzigartigen Fähigkeiten der 16 Air Assault Brigade gestatten es ihr, aus einer beliebigen Richtung anzugreifen, sich rasch zu konzentrieren, aufzufächern oder neu zu formieren, eher aus dem Hintergrund heraus einen größeren Feindverband aufzuhalten, Reserve- und Reaktionstruppen zu stellen, rasch auf taktische Gegebenheiten zu reagieren, Truppen an natürlichen Engstellen zu platzieren, auf rückwärtige Gefahren zu reagieren, feindliche Positionen zu umgehen, Täuschungs- und Überraschungsmanöver zu unterstützen und vorhandene Truppen rasch zu verstärken.

Die 16 Air Assault Brigade besteht aus rund 10 000 Mann. Ihr Stab ist für die Koordinierung der luftbeweglichen Angriffsoperationen verantwortlich, während das per Fallschirm absetzbare 216 Signal Squadron für die Herstellung und Aufrechterhaltung der Kommunikation zwischen allen Elementen der 16 AAB zuständig ist.

Das Pathfinder Platoon ist verantwortlich für das Ermitteln und Markieren von Helikopterlandezonen und Absprungzonen für die Fallschirmjäger. Aufgaben des 3., 4. und 9. Regiments des Army Air Corps sind Aufklärung (mit Gazelles), Panzerabwehr (mit Lynx und Apache) und leichte logistische Unterstützung (mit Lynx). Die 16 AAB ist derzeit für 48 Kampfhubschrauber Apache Longbow ausgelegt (mit zwei Staffeln aus acht Helikoptern pro Regiment).

Der 16 AAB sind drei Luftlande-Infanteriebataillone zugeordnet. Jedes Bataillon besteht aus fünf Kompanien – mit drei Schützenkompanien, einer Logistik- und einer Stabskompanie. Jedes Bataillon verfügt über eine extrem beeindruckende Feuerkraft in Form von 80 GPMGs, 14 schweren Maschinengewehren Browning .50, neun 81-mm-Mörsern und 16 Panzerabwehrraketensystemen vom Typ Milan.

16 AAB – Unterstützung

Die Brigade wird durch folgende Einheiten unterstützt:

7th Para, RHA – drei Batterien mit je sechs leichten 105-mm-Geschützen.

21st Defence Battery, RA – leistet Luftverteidigung (mit Javelin und Starstreak MANPADS).

9th Parachute Squadron, RE – leistet pioniertechnische Unterstützung.

Household Cavalry Regiment (HCR) – leistet bei Bedarf Aufklärung auf mittleren Distanzen mit drei Trupps aus vier Panzerspähwagen Scimitar.

47 Air Despatch Regiment – verantwortlich für Disposition und Abfertigung der Ausrüstung in das Fluggerät.

The Parachute Regiment – stellt zwei der drei Infanteriebataillone bereit, die der 16 AAB zugeordnet sind.

RAF Support Helicopter Force – stellt je 18 Chinook- und Puma-Helikopter bereit; bei Bedarf kann die 16 AAB auch auf die Transportmaschinen C-130 Hercules der RAF zurückgreifen.

PATHFINDER PLATOON

Eigentlich müsste man das Pathfinder Platoon als Spezialeinheit ansehen, doch mit typisch britischem Understatement wird es nur als Eliteeinheit

Rechts: Soldat der 16 AAB beim Üben mit dem LSW (Light Support Weapon) 5,56 mm, einem Gewehr SA80 mit verlängertem Lauf.

aus Spezialisten eingestuft. Seine Mitglieder verstehen sich jedoch nicht als kämpfende Truppe, sondern konzentrieren sich auf die Kunst der verdeckten Aufklärung. Dies aber ist übermäßig bescheiden, denn immerhin handelt es sich um Mitglieder des Parachute Regiment, dessen Kampfkraft weltweit hohes Ansehen genießt. Aufgrund ihrer beeindruckenden Vielseitigkeit sind sie offensichtliche Kandidaten für den SAS, und tatsächlich verkörpern die Pathfinders vielfach eine Zwischenstation vom Parachute Regiment zum SAS.

Während des Zweiten Weltkriegs entstanden, sprangen die Pathfinders als Vorhut der Haupttruppe aus Fallschirmjägern ab und sicherten für diese eine Absprungzone. Im September 1944 sprangen „Pfadfinder" der 21st Independent Company über Arnheim ab, um für die Operation „Market Garden" eine Absprungzone zu finden und zu sichern. Trotz erfolgreicher Mission wurde die Einheit nach dem Krieg aufgelöst.

Im Jahr 1981 erkannte das 2 Para die Notwendigkeit eines Pathfinder Platoons und begann mit der Bildung eines modernen Pendants mit nahezu den gleichen Aufgaben wie die der ursprünglichen Pathfinders des Zweiten Weltkriegs. Wenngleich die neue Einheit mit 16 Mann lediglich Zugstärke besaß, wurde sie beim 2 Para als C Company geführt und verkörperte gewissermaßen die Augen und Ohren des Regiments.

Bereits ein Jahr später wurde das Pathfinder Platoon in Gestalt des

Links: Verdächtige irakische Fedajin werden westlich von Basra zu einem Puma-Helikopter eskortiert (April 2003).

Recce Platoon und des Patrol Platoon neu formiert. Von einem Platoon (Zug) konnte eigentlich keine Rede sein, denn die Einheit hatte Kompaniestärke erreicht. Im Jahr 1985 in die 5 Airborne Brigade integriert, erhielt das Pathfinder Platoon weitere operative Aufgaben, darunter auch verdeckte Aufklärung und Sabotage – unter Beibehaltung des Titels „Platoon" für die kompaniestarke Einheit.

Die Auslese von Pathfinder-Kandidaten ist stark an der Praxis des SAS orientiert und entsprechend rigoros. Neuzugänge müssen eine einjährige Probezeit absolvieren, bevor sie offiziell aufgenommen werden. Wer noch nicht im Besitz einer Springerqualifikation ist, muss auf der RAF-Basis Brize Norton einen Grundkurs besuchen. Obligatorisch ist auch das anschließende HALO-Training, das durch einen anspruchsvolleren HAHO-Kurs ergänzt werden kann. Anschließend werden die Absolventen dem Air oder dem Mountain Platoon zugewiesen, die jeweils aus fünf Vier-Mann-Trupps bestehen. Der Hauptunterschied zwischen den beiden Zügen liegt darin, dass alle Mitglieder des Air Platoon eine HALO- und HAHO-Ausbildung haben, während die Soldaten des Mountain Platoon nur in HALO trainiert, dafür aber auf arktische Kriegsführung spezialisiert sind.

Bereits als Fallschirmjäger ist man gefordet, doch die Pathfinders stehen unter dem steten Druck, erworbene Fertigkeiten zu erhalten und sich neue anzueignen. Sie müssen Absetz- und Ausweichtechniken verinnerlichen, da sie im Ernstfall die meiste Zeit hinter den feindlichen Linien operieren werden. Obwohl sie vornehmlich mit verdeckten Operationen beauftragt sind, werden sie auch im Nahkampf ausgebildet. Jeder Vier-Mann-Trupp ist mit zwei M249 Minimi, zwei M16A2 mit Granatwerfer M203 und Handgranaten ausgestattet.

Von den Mannschaftsdienstgraden erwartet man eine Dienstzeit von wenigstens drei Jahren, die Offiziere dienen nur zwei Jahre. Mit diesen eher kurzen Zeiten soll gewährleistet werden, dass die Offiziere und Mannschaften später ihre Kenntnisse und Erfahrungen mit anderen Einheiten und Regimentern austauschen. Überdies unterhalten die Pathfinders Kontakte zu zahlreichen ausländischen Einheiten wie den Jordanian Special Forces, den US Army Rangers, den US 82nd Airborne Pathfinders und dem 2 REP der Fremdenlegion.

Unten: Kurzer Blick durch ein Visier vom Typ SUSAT (Sight Unit Small Arms Trilux), einem Standardzubehör des Gewehrs SA80.

Operationen in der jüngeren Vergangenheit

Die Pathfinders spielten 1999 eine wichtige Rolle im Kosovo, wo sie die Aufgabe hatten, vor der Ankunft der alliierten Invasionsverbände sichere Landungszonen für Hubschrauber zu identifizieren, mit denen die britischen Voraustruppen eingeflogen wurden. Im September 2000 wurden die Pathfinders nach Sierra Leone beordert, wo sie bei einer spektakulären Geiselbefreiung mitwirkten. Die Rettungsaktion wurde gestartet, nachdem einige britische Friedenssoldaten von einer Gruppe unter Drogen stehender Rebellen als Geiseln genommen worden waren. Teile der Operation unterliegen weiterhin der Geheimhaltung, doch die Pathfinders trugen jedenfalls maßgeblich zum Erfolg bei, indem sie geeignete Angriffspunkte für die Helikopter von 2 Para ausmachten und den Männern beim Schnellabseilen in die Absetzzone Feuerunterstützung leisteten. Die Pathfinders hatten sich schon 1999 in Sierra Leone während einer Friedensmission einen Schusswechsel mit Rebellen geliefert.

2002 wurden die Pathfinders zusammen mit 2 Para für eine kürzere Friedensmission nach Kabul entsandt. Das Pathfinders Platoon gehört inzwischen zur neu formierten 16 Air Assault Brigade und fungiert als deren Voraustruppe. Ihre operativen Aufgaben umfassen verdeckte Aufklärung sowie die Lokalisierung und Markierung von Absprungzonen, taktischen Landungszonen und Hubschrauberlandeplätzen im Vorfeld luftgestützter Angriffe.

2003 wurde die 16 Air Assault Brigade in den Irak verschoben, und zwar im Rahmen einer größeren Operation zur Absicherung wertvoller Ölfelder im Süden des Landes, da man fürchtete, diese könnten von militanten Gruppen in Brand gesetzt werden, um die alliierten Truppen bei ihrer Mission zu behindern.

Die Operation war ein großer Erfolg, weshalb Stimmen laut wurden, die Brigade auch andernorts im Süden einzusetzen; ihre Fertigkeiten waren sehr gefragt. So wurden Teile der 16 Air Assault Brigade nach Basra entsandt und dort in zahlreiche heftige Feuergefechte mit den Fedajin und deren Sympathisanten verwickelt. Weitere Operationen umfassten Patrouillen zur Verhinderung von Feindbewegungen sowie Räumaktionen, um Anführer von Rebellengruppen und andere aktive Unterstützer des abgesetzten Regimes von Saddam Hussein aufzuspüren.

Für HALO-Operationen verwenden die Pathfinders den Fallschirm GQ360 Ram Air, der wegen seiner besonders guten Steuerbarkeit geschätzt wird und sich bei einer vorgegebenen Höhe per „Hitefinder" automatisch öffnet. Die übliche Absprunghöhe für HALO beträgt 25000 Fuß, mit einer Entfaltung bei 2500 Fuß. Hiermit werden zugleich zwei Dinge erreicht: Das Flugzeug ist vor Radar geschützt und der Springer kann bei Bedarf den Reservefallschirm auslösen.

Für HAHO-Missionen ist eine Sauerstoffmaske unabdingbar, da Absprung und Öffnen des Fallschirms in einer Höhe von 30000 Fuß stattfinden, gefolgt von einem nahezu 90-mi-

Rechts: Panzerabwehrtrupp der 16 Air Assault Brigade beim Abfeuern einer Milan-Rakete (Irak 2003).

nötigen Gleitflug. Bei günstigen Winden können beträchtliche Distanzen zurückgelegt werden, wodurch zugleich die Gefahr reduziert wird, dass Fallschirmjäger oder Flugzeug per Radar geortet werden.

Pathfinders tragen die Standarduniformen der British Army und das berühmte rote Barett mit seinem markanten Abzeichen.

PARACHUTE REGIMENT

Das in Colchester stationierte Parachute Regiment repräsentiert weitgehend die Infanteriekomponente der 16 Air Assault Brigade. Zwei seiner drei Bataillone sind stets der brigadeeigenen Luftlandeinfanterie zugeordnet. Anders als Russland, Deutschland und Italien mit ihrer langen Tradition fallschirmgestützter Operationen, hat Großbritannien das Potenzial der Luftlandetruppen erst spät erkannt. Nachdem man jedoch 1940 eine erste Einheit formiert hatte, meldeten sich schon bald Freiwillige aus den existierenden Kommandotruppen, so dass die 2nd Airborne Brigade entstehen konnte.

Ihr erster Einsatz in Tunesien, bei dem sie allerdings nicht aus der Luft abgesetzt wurden, brachte den Männern den von den Deutschen verliehenen Spitznamen *Die Roten Teufel* ein – bis heute tragen sie den Namen The Red Devils. Bereits 1943 war die 2nd Airborne Brigade erheblich größer und einsatzfähiger geworden und besaß eigene Lastensegler. In 1st Airborne Division umbenannt, wurden die Paras mit ihren Pegasus-Abzeichen und roten Baretts über Sizilien abgesetzt. (Diese Aktion war ein Vorläufer der ambitionierten und mutigen, doch insgesamt unglückseligen Operation „Market Garden“ im September 1944 in Arnheim). Zeitgleich mit der Operation in Sizilien bereitete sich die neue 6th Airborne Division auf die Invasion der Normandie am D-Day vor. Nach Kriegsende waren die Paras in Palästina, Malaya, Sues, Aden, Borneo, Nordirland und auf den Falklandinseln in zahlreiche Konflikte involviert.

Oben: Pathfinder-Patrouille in einem Land Rover mit auf Lafetten montierten MGs (Browning .5 und GPMG 7,62 mm).

1999 waren es die Paras, die der NATO den Weg in den Kosovo ebneten; in Sierra Leone waren sie außerdem an einer spektakulären Geiselbefreiung beteiligt. Wieder zurück in Großbritannien, wurden die Paras der neu formierten 16 Air Assault Brigade zugeordnet. Nach dem 11. September 2001 indes wurde eine kleine Einheit außerhalb der 16 Air Assault Brigade als Teil der internationalen Friedenstruppe nach Afghanistan entsandt.

Während der Operation „Telic" (2003) hatten die Paras zahlreiche Einsätze im gesamten Südirak, mehrheitlich in Form heftiger Gefechte. Ihre Fähigkeit, per Helikopter und mit überwältigender Feuerkraft ausgestattet rasch an jeden möglichen Konfliktpunkt zu gelangen, erwies sich als eine tödlich effiziente Kombination, der die Irakis nichts entgegenzusetzen hatten, zumal die Paras auch nachts mit unverminderter Kraft weiterkämpfen konnten.

Die Paras rekrutieren sich durchweg aus Freiwilligen. Bewerber müssen einen harten, zweitägigen Auswahlkurs bestehen, bevor der gefürchtete, rund 23 Wochen dauernde Trainingskurs beginnt. Die ersten acht Wochen konzentrieren sich auf die militärische Grundausbildung mit Exerzieren, Waffen- und Geländekunde. Führungstraining, Bergsteigen, Handhabung von Kanus und Abseilen schließen sich an. Den Abschluss bildet die „P Company" (Pre-Parachute Selection Company) – diese letzte Auslesephase ist körperlich besonders anspruchsvoll und mit dem Kommandokurs der Royal Marines vergleichbar. Auf die erfolgreichen 35 Prozent wartet nun eine Springergrundausbildung als letzte Hürde, bevor sie das begehrte Abzeichen tragen dürfen.

No. 47 Squadron (Special Forces Flight) RAF

Das auf der Luftwaffenbasis Lyneham stationierte 47 Squadron RAF (Royal Air Force) hat die Aufgabe, den Langstreckentransport der britischen Spezialkräfte zu gewährleisten. Hierzu steht eine kleine Flotte aus modifizierten C-130 Hercules zur Verfügung. Diese sind mit TFR (Terrain-Following Radar, Bodenfolgeradar) ausgestattet, das den Flug in sehr geringer Höhe und bei jedem Wetter ermöglicht. Die Piloten müssen längere Zeit in geringer Höhe fliegen können, was bei manchen starke Desorientierung verursachen kann. Die für geeignet befundenen Piloten arbeiten mit dem SAS und SBS zusammen.

Regelmäßig eingesetzte Techniken sind: TALO, „ghost insertion" (mehrere Maschinen fliegen so nah beieinander, dass sie auf dem Radarschirm lediglich als ein einzelner Punkt erscheinen) und JATO (in den USA trainiert).

No. 7 Special Forces Flight, auch als „22 SAS taxi service" bekannt, ist für die In- und Exfiltration der britischen Spezialeinheiten zuständig. Hierfür verwendet man eine kleine Flotte aus stark modifizierten Helikoptern des Typs Chinook HC Mk 2s, ausgerüstet mit Luftbetankungsstutzen, modernsten Navigationssystemen, Störsendern zur Abwehr von Raketen, Langstreckentanks, Miniguns und Maschinengewehren M60. Viele ihrer Operationen sind geheim, doch man weiß, dass die Einheit in der Golfregion, in Bosnien, im Kosovo, in Sierra Leone und Afghanistan eingesetzt wurde. Die Auswahlkriterien und Trainingsstandards von No. 7 SFF sind extrem anspruchsvoll, da ein Großteil der Flüge in geringer Höhe und bei Nacht (unter Verwendung von Nachtsichtgeräten der dritten Generation) geübt werden.

Links: Soldat des Parachute Regiment mit Uniform „Combat Soldier 95", dem roten Barett der Luftlandetruppen und dem unzuverlässigen Sturmgewehr SA80 5,56 mm.

ISR ISRAEL
Unit 5707
Shaldag (Unit 5101)
Parachute Reconnaissance Sayeret

Die israelischen Luftlandetruppen spielten eine Schlüsselrolle bei den Siegen im Sechstagekrieg (1967) und im Jom-Kippur-Krieg (1973). Seitdem kommen sie immer wieder gegen Terroristen und Unruhestifter zum Einsatz.

Die Unit 5707 ist auf dem Luftwaffenstützpunkt Palmahim stationiert. Die Einheit ist spezialisiert auf die Aufklärung im Vorfeld von und die Schadensbewertung nach einer Bombardierung. Sie wurde 1996 formiert, nachdem man bei Luftoperationen im Libanon festgestellt hatte, dass es sich schwierig gestaltete, Terroristen zu treffen, die ihre Boden-Boden-Raketen auf Israel abfeuerten und sich dann in dicht besiedelten Gebieten versteckten, weshalb ein flächendeckender Vergeltungsschlag unmöglich war.

Die Aufgabe der Unit 5707 besteht darin, Siedlungszonen zu infiltrieren und Informationen über das Versteck von Terroristen zu gewinnen. Sobald ein Ziel eindeutig identifiziert ist, wartet man, bis keine Zivilisten mehr vor Ort sind, um einen Präzisionsluftangriff anzufordern. Eingesetzt werden modernste Infrarotsysteme und Restlichtverstärker, um die Piloten und Kommandozentralen mit Echtzeitbildern über die erzielten Schäden zu versorgen. Wenn Mitglieder der Unit 5707 vor Ort präsent waren, konnten Terroristen, die mit dem Auto aus sicheren

Rechts: Gefreiter der 202nd Parachute Brigade auf Patrouille im Gazastreifen. An seinem Sturmgewehr M16A2 ist ein Granatwerfer M203 40 mm angebracht.

Unten: Das abgebildete FN FAL 7,62 mm wurde inzwischen oft durch das einheimische Galil 5,56 mm ersetzt.

Oben: Oberleutnant von Sayeret Tzanhanim, dem elitären Aufklärungstrupp der israelischen Fallschirmjägerbrigade.

Häusern flohen, bisweilen auch vom Boden anvisiert werden.

Eine weitere Aufgabe besteht darin, sofern möglich, die zerbombten Gebäude und Leichen der Terroristen nach nützlichen Informationen zu durchsuchen. Die Unit 5707 besteht aus vier achtköpfigen Teams, bewaffnet mit Karabiner Colt M4 oder M16 plus Granatwerfer M203. Die Einheit dürfte über ein unerreichtes operatives Potenzial verfügen und wird hauptsächlich im Libanon eingesetzt.

SHALDAG

Die Einheit 5101, besser bekannt als Shaldag, hat vor allem die Aufgabe, unbewegliche feindliche Einrichtungen wie Gebäude, Funktürme, Bunker und Munitionsdepots als Ziele für die israelischen Bomber und Kampfhubschrauber zu identifizieren. Darüber werden auch bewegliche Ziele wie Boote und Autos anvisiert. Für Präzisionsluftangriffe verwendet man

Unten: Israelischer Fallschirmjäger, bewaffnet für den Angriff (Sturmgewehr Galil 5,56 mm) und für Unterstützungsaufgaben (Maschinengewehr FN MAG 7,62 mm mit Gurtzuführung).

Hochenergielaser, die ein potenzielles Ziel mit ihrem Strahl fixieren, der von lasergelenkten Bomben oder aus dem Helikopter AH-64 Apache abgefeuerten Hellfire-Raketen verfolgt werden kann. Infiltration ist eine Kernaufgabe der Einheit; sie wird oft für Fernaufklärung, Terrorbekämpfung und Geiselbefreiung herangezogen.

Die Shaldag ist ebenfalls auf dem Luftwaffenstützpunkt Palmahim stationiert, besteht aus rund 40 Soldaten und gliedert sich in fünf gleich große Teams. Sämtliche Bewerber für diese Eliteeinheit müssen sich einem strengen Auslese- und Trainingsprogramm unterziehen, das mit dem der Sayeret Mat'kal und der Sayeret T'zanhanim vergleichbar ist. Die fast 20-monatige Ausbildung besteht aus Dauermärschen, Navigation, Fernmeldetechnik, Waffenkunde und Luftüberwachung. Ihren Wert konnte die Einheit 1996 im Libanon unter Beweis stellen, wo sie mobile Raketenabschussrampen lokalisierte, von denen aus grenznahe israelische Siedlungen beschossen worden waren.

Folgende Waffen werden verwendet: Sturmgewehr M16 mit Granatwerfer M203 40 mm, Sturmgewehr Colt M4, Scharfschützengewehr Mauser SR 82 sowie Pistolen Glock 17 und SIG Sauer P228.

PARACHUTE RECONNAISSANCE SAYERET

Nachdem die ersten israelischen Fallschirmjäger 1948 in der Tschechoslowakei ausgebildet worden waren, wurde ein Jahr später die erste Springereinheit der isarelischen Armee formiert. 1955 entstand das erste Parachute Reconnaissance (Aufklärung) Sayeret, nachdem man eine erste Parachute Brigade (202) aufgestellt hatte. Das Gros der Bewerber rekrutierte sich zunächst aus der aufgelösten Unit 101 und dem 890th Parachute Battalion. Im Rahmen diverser Anti-Terror-Operationen konnte man schon bald erste Erfolge verzeichnen. Während des Sinai-Feldzugs 1956 beteiligte sich die Einheit als gesonderter Verband an dem erbitterten Gefecht um den Mitla-Pass.

Als 1964 die 35th Parachute Brigade entstand, wurde die Einheit zu einer Elite innerhalb der Elite. Die Brigade nahm 1967 an einigen Gefechten rund um Rafa Junction teil und wurde dabei durch die Parachute Reconnaissance Sayeret von der Front aus geführt. Doch erst der Abnutzungskrieg sollte die Sayeret wirklich bekannt machen, denn sie unternahm einige gewagte Vorstöße bis weit hinein nach Ägypten (teils bis fast 300 km).

Im Jom-Kippur-Krieg kämpfte die Sayeret an der Seite der Brigade auf der Sinai-Halbinsel gegen Ägypten auf beiden Seiten des Sueskanals – mit schweren Verlusten. 1976 schloss man sich zur Befreiung der Entebbe-Geiseln mit anderen Sayerets zusammen. Im Libanonkrieg drang die Sayeret 1982 mit Booten auf dem Awali in Feindesland vor und stieß auf dem Weg nach Beirut auf den zähen Widerstand von PLO-Kämpfern.

Neben anderen israelischen Spezialeinheiten ist auch die Parachute Reconnaissance Sayeret ständig gegen PLO und Hisbollah aktiv.

ITA ITALIEN
„Folgore" Airborne Brigade

Italien war eines der ersten Länder, die militärische Fallschirmjägerverbände aufstellten. Die Fallschirmbrigade „Folgore" entstand bereits 1938. Heute bedarf es einer 16-monatigen Ausbildung, um einen „Para" hervorzubringen, der sich dieser Tradition würdig erweist.

Als fester Bestandteil des italienischen Feldheers in Pisa stationiert, besteht die Fallschirmbrigade „Folgore" aus einem Fallschirmjäger-Regiment (zwei Bataillone), einem Artilleriebataillon, einem Carabinieri-Bataillon, einem Fluggeschwader, einer Pionierkompanie, einer Fernmeldekompanie und einer administrativen Unterstützungseinheit, die allesamt luftbeweglich sind oder per Fallschirm abgesetzt werden können. Die luftbeweglichen Carabinieri können auf eine Geschichte zurückblicken, die bereits im Ersten Weltkrieg beginnt. (Sie wurden 1942 aufgelöst und 1951 neu konstituiert). Im Jahr

Rechts: Das Emblem der „Folgore"-Brigade – geflügelter Dolch vor einem Fallschirm und von weiteren Schwingen umrahmt – ist durchaus typisch für eine Springereinheit.

Links: Oberfeldwebel der „Folgore"-Brigade 1982 im Libanon; das Sturmgewehr Beretta BM59 zeichnet sich durch eine abklappbare Schulterstütze aus.

Oben: Fallschirmjäger der „Folgore"-Brigade kurz nach dem Absprung aus einer C-130 Hercules beim Freifalltraining.

1975 wurde die Einheit in 1. Luftbewegliches Carabinieri-Bataillon Tuscania umbenannt und kurz darauf in die Luftlandebrigade „Folgore" integriert.

Obwohl es sich um eine Luftlandeeinheit handelt, haben ihre Operationen mehrheitlich die Mafia im Visier, weshalb man über zahlreiche gepanzerte Mannschaftswagen verfügt, was höchst ungewöhnlich für Fallschirmjäger ist.

Für die Bekämpfung von Terroristen und Guerillas war die Einheit an UN-Friedensmissionen beteiligt.

Folgende Waffen kommen zum Einsatz: Sturmgewehr Beretta SCP 90, leichtes Maschinengewehr Beretta AR70/90, Pistole Beretta 92F und schweres Maschinengewehr M2 .50.

NLD NIEDERLANDE

11e Luchtmobiele Brigade

Erst 1992 formiert, doch mit einem Vorläufer aus den 1960er Jahren, steht die 11. Luftbewegliche Brigade für einen neuen Typ der schnellen NATO-Eingreiftruppen. Den Kern der Brigade bilden drei luftbewegliche Infanteriebataillone.

Die Niederlande verfügen mit der 11. Luftbeweglichen Brigade über einen modernen, gut ausgerüsteten Luftlandeverband, der im Rahmen der Multinational Division (Central) der NATO operiert. Diese wiederum ist ein Element des Allied Rapid Reaction Corps (ARRC). Die Einheit ist mit der britischen 16 Air Assault Brigade vergleichbar, da ihre Vorgehensweise praktisch identisch ist und auch mit den Helikoptern CH-47 Chinook und AH-64 Apache die gleichen Taktiken verfolgt werden.

Die 11. Luftbewegliche Brigade umfasst drei Infanteriebataillone; diese werden unterstützt durch eine Mörserkompanie, je eine Pionier-, Instandhaltungs- und Sanitätskompanie sowie einen Transporttrupp mit Geländefahrzeugen ATV.

Die Brigade ist mit modernsten Kommunikations- und Navigationssystemen ausgestattet. Für massive

Feuerunterstützung sorgen Mörser, Panzerabwehrraketen (TOW, AT-4 und Dragon) sowie Stinger MANPADS.

Hubschrauber können bei der Taktischen Helikoptergruppe der niederländischen Luftwaffe angefordert werden, wobei für den kurzfristigen Transport einer bataillonsstarken Einheit eine kleine Flotte in Dauerbereitschaft steht. Diese Kooperation konnte man während der Bosnienkrise nachdrücklich unter Beweis stellen, als alle drei Bataillone von Januar 1994 bis Juli 1995 zur Unterstützung der UN-Schutztruppe zum Einsatz kamen.

Der Vorläufer der 11. Luftbeweglichen Brigade wurde am 14. November 1960 in Gestalt der für infanterieorientierte Operationen zuständigen 11. Brigade formiert.

Kaum fünf Jahre später erfolgte eine Namensänderung in 11. Mechanisierte Infanteriebrigade. Ihren heutigen Namen erhielt die Brigade 1992.

RUS RUSSLAND

Luftbewegliche Angriffstruppen (VDV)

In den 1980er Jahren umfassten die russischen Luftbeweglichen Angriffstruppen noch mehr als 100000 Mann. Sie sind inzwischen zwar verkleinert worden, doch sie zeichnen sich weiterhin durch besondere Fähigkeiten aus, die bei massiven Kampfhandlungen in Tschetschenien zum Einsatz kamen.

In puncto Größe und Potenzial gibt es im Westen keinen militärischen Verband, der mit den russischen VDV vergleichbar wäre. Russland verfügt mit den VDV über eine Einheit, die in Krisenzeiten rasch einsetzbar und autark ist und eigene Transportmittel besitzt. Trotz ihrer für den westlichen Betrachter imposanten Größe sind die VDV nach herkömmlichem sowjetischem Standard eher klein, da jede Division nur aus rund 6000 leicht bewaffneten Soldaten zuzüglich der gepanzerten Unterstützungsfahrzeuge besteht. Diese Truppe ist jedoch strategisch wertvoll, da sie in luftbeweglichen Angriffstaktiken geschult und kurzfristig mit Langstrecken-Transportflugzeugen weltweit einsetzbar ist.

Zudem verfügen die VDV über beträchtliche Möglichkeiten als Fallschirmjäger und können bei Bedarf innerhalb weniger Stunden an allen mit einer Tankfüllung erreichbaren Orten abgesetzt werden. Da sie jedoch gefechtsmäßig und logistisch nicht durch reguläre Bodentruppen unterstützt werden, müssen sie bereits nach wenigen Tagen selbst für Nachschub und Verstärkung sorgen.

Mitte der 1990er Jahre bestanden die Luftbeweglichen Angriffstruppen aus acht Luftlande-Kampfbrigaden und fünf Luftlandedivisionen, die allesamt im europäischen Teil Russlands stationiert waren: eine Division im Nördlichen Militärdistrikt, zwei im Militärdistrikt Moskau und je eine in den Militärdistrikten Wolga und Nordkaukasus (Letztere kämpfte in Tschetschenien).

Erwähnenswert ist, dass das Wirkungspotenzial der Luftlande-Kampf-

Rechts: Russische Fallschirmjäger beim Kontrollieren ihrer Waffen vor einem Angriff auf tschetschenische Rebellen.

Rechts: Mitglieder einer Luftlandedivision vor einem Mil Mi-24 Hind, dem typischen russischen Kampfhubschrauber.

brigaden geringer ist als das der Divisionen, da ihre Feuer- und Durchsetzungskraft mangels Artillerie und Panzern stark eingeschränkt ist. Nachdem sie mit dem Fallschirm abgesprungen sind oder – vorzugsweise – per Helikopter abgesetzt wurden, sind die Luftlande-Kampfbrigaden auf das Überraschungsmoment angewiesen, um den Gegner zu überwinden, da Verstärkung meist einige Tage auf sich warten lässt.

1991 erhielten die Luftbeweglichen Angriffstruppen den Status eines Sonderverbands mit eigenem Stab und unmittelbarer Verantwortlichkeit gegenüber dem Verteidigungsministerium. Offiziell wurde diese Reform damit begründet, dass Luftlandetruppen nicht rasch genug reagieren können, wenn sie einem Heereskommando unterstellt sind. Später sollte sich indes herausstellen, dass dieser Entscheidung keine militärischen Erfordernisse zugrunde lagen, sondern innenpolitische Erwägungen: Die russische Staatsführung wünschte einfach nicht, dass Luftlandetruppen dem Generalstab oder den Heeresverbänden unterstellt waren.

Als Moskau 1992 sein militärisches Potenzial genauer prüfte, kam man zu der bestürzenden Erkenntnis, dass Russland so gut wie keine militärischen Reserven besaß und nur begrenzt Kräfte in potenzielle Krisenherde entsenden konnte. Der damalige Präsident Boris Jelzin ordnete daraufhin die Aufstellung einer neuen mobilen Einsatztruppe an. Diese sollte ähnliche Aufgaben erfüllen können wie die Luftbeweglichen Angriffstruppen, zugleich aber auch qualitativ und quantitativ mit den mobilen US-Truppen vergleichbar sein. Doch dies blieb ein frommer Wunsch und stattdessen wurden die Luftbeweglichen Angriffstruppen ein weiteres Mal reformiert – mit der Folge, dass sich ihre Leistungsstärke erneut verringerte.

Russland benötigte also unverändert eine Truppe, die innerhalb von 3–5 Tagen einsatzbereit ist und eine weitere, die innerhalb von 30 Tagen entsendbar ist. Um den schnellen Reaktionskräften der NATO wie dem Allied Rapid Reaction Corps (ARRC) Konkurrenz zu machen, wären rund 100000–150000 Mann erforderlich. 1996 entstand das Konzept

Links: Russischer Fallschirmjäger 1979 in Afghanistan. Russische Elitetruppen tragen ein blau-weiß gestreiftes T-Shirt.

Oben: Sprungübung bei Wjasma zum 60. Jahrestag eines Angriffs auf dort befindliche Wehrmachtsverbände (1942).

einer mobilen Truppe mit einer Sollstärke von etwa 100 000 Mann (davon 60 000 Luftbewegliche Angriffstruppen), plus motorisierte Schützenverbände, Marineinfanterie, Transportstaffeln und Logistikeinheiten. Um dies zu verwirklichen, wurden vier der acht unabhängigen Luftlandebrigaden und zwei der fünf Luftlandedivisionen dem jeweiligen Distriktkommandeur unterstellt, während man die restlichen drei Divisionen der strategischen Reserve zuordnete.

Als gegen Ende 1996 zwei der Luftlandedivisionen aufgelöst wurden, sah sich die Gesamtstärke der VDV von 64 300 auf 48 500 Mann reduziert – für den westlichen Betrachter immer noch eine imposante Zahl, doch kümmerlich verglichen mit den einst riesigen Sowjettruppen.

Nach russischen Standards gelten die VDV als Elitetruppe, da ihre Mitglieder aus freiwilligen Rekruten individuell ausgelesen werden. Auswahlkriterien sind Intelligenz, Loyalität und körperliche Fitness, kombiniert mit einer Reihe von psychologischen und physischen Tests. Kandidaten, die sich so für die Springerausbildung qualifiziert haben, müssen täglich ein anstrengendes Konditionstraining absolvieren. Bei den Luftlandetruppen herrscht strenge Disziplin, denn ihre operativen Aufgaben als Stoßtrupps sind extrem anspruchsvoll.

Jeder Soldat wird im Umgang mit seinen persönlichen Waffen gedrillt. Hierbei legt man großen Wert auf Präzisionsschießen und sachgerechte Verwendung der Munition – wichtig bei Operationen hinter feindlichen Linien, wenn erst nach Tagen Nachschub zu erwarten ist. Ergänzt wird dies durch den Erwerb der für Luftlandetruppen unverzichtbaren Fertigkeiten im Nahkampf.

Nach nur drei Sprüngen muss jeder Soldat seinen Fallschirm selbst packen. Trainiert werden Tag- und Nachtsprünge aus Flugzeugen unter realitätsnahen Gefechtsbedingungen und unter Verwendung von scharfer Munition und echtem Sprengstoff.

ORBAT (Order of Battle)

Die Zusammensetzung der Luftbeweglichen Angriffstruppen:

106. Fallschirmjäger-Gardedivison, Träger des Ordens „Rotes Banner“ und des Kutunoz-Ordens 2. Stufe

76. Fallschirmjäger-Gardedivision „Rotes Banner“ in Tschernigow

98. Fallschirmjäger-Gardedivision „Svirsk“, Träger des Ordens „Rotes Banner“ und des Kutunoz-Ordens 2. Stufe

7. Fallschirmjäger-Gardedivision

104. Fallschirmjäger-Gardedivision

Militärakademien –

242. Trainingszentrum für Fallschirmtruppen

Oben: Russische Fallschirmjäger 1996 bei der Ankunft in Bosnien als Teil des russischen Friedenskontingents.

Die VDV können auf vielfältige Einsätze zurückblicken, darunter in der Tschechoslowakei, Ungarn, Afghanistan und Tschetschenien. Beinahe wäre es auch im Kosovo zu Kampfhandlungen gekommen, wo man den NATO-Truppen, die den Flugplatz von Pristina sicherten, gegenüberstand. Dies konnte jedoch durch Verhandlungen vermieden werden.

Folgende Fahrzeuge und Waffen werden verwendet: leichte Panzer, gepanzerte Mannschaftswagen (vornehmlich BMD-3s), Selbstfahrlafetten, Panzer- und Flugabwehrartillerie, MANPADS, Mörser sowie leichte, mittlere und schwere Maschinengewehre.

USA VEREINIGTE STAATEN VON AMERIKA

82nd Airborne Division 101st Airborne Division (Air Assault) – „The Screaming Eagles" 160th Special Operations Aviation Regiment (SOAR)

Die US Army beherbergt die weltweit schlagkräftigsten Luftlandetruppen. Divisionen wie die 82nd Airborne und die 101st Airborne ermöglichen umfassende Angriffsoperationen, während sich die Fallschirmjäger der Special Operations auf die verdeckte oder punktgenaue luftgestützte Infiltration konzentrieren.

Die berühmte 82nd Airborne Division ist in Fort Bragg (North Carolina) stationiert und besteht aus dem Divisionsstab, einem Divisions-Unterstützungskommando und drei luftbeweglichen Brigaden. Jede Brigade gliedert sich in drei Fallschirmbataillone sowie eine Stabs- und Unterstützungsgruppe, die mit Mörsern, Panzerabwehrraketen und schweren Maschinengewehren ausgerüstet ist. Sämtliche Bewerber, darunter auch Freiwil-

Oben: Abzeichen der US 82nd Airborne Division. AA steht für „All American".

lige aus anderen Einheiten, durchlaufen ein strenges Auswahlverfahren, gefolgt von einem rigorosen Ausbildungsprogramm mit Springerkurs, das im Erfolgsfall mit dem Erwerb der Divisionsabzeichen und des kastanienfarbenen Baretts gekrönt wird.

Die Hauptaufgabe der 82nd Airborne Division besteht darin, auf dem Luftweg einzutreffen, die Kontrolle am Boden zu gewinnen und diese bis zum Entsatz durch einen größeren Verband zu wahren. Zu jeder Zeit befindet sich jeweils ein Springerbataillon in 18-stündiger Bereitschaft. Für Mobilität sorgen die strategischen Transportmaschinen der US Air Force. Während des Einsatzes erhält jeder Soldat für die ersten drei Tage einen Vorrat an Nahrung, Wasser und Munition.

Die 82nd wurde bereits in zahlreichen Ländern eingesetzt, etwa in Vietnam, Grenada, Panama, Afghanistan und Irak. Sie sprang 2003 über dem Nordirak ab, um einen Flugplatz zu erobern und abzusichern, damit dieser im Rahmen der Operation „Iraqi Freedom" als Versorgungsstützpunkt genutzt werden konnte.

Die 82nd Airborne verwendet folgende Waffen: Sturmgewehr M16A2, Karabiner Colt M4, leichtes Maschinengewehr M249 SAW, mittleres Maschinengewehr M60, schweres Maschinengewehr M2 .50, Granatwerfer M203 40 mm und Mörser 81 mm.

101ST AIRBORNE DIVISION (AIR ASSAULT) – „THE SCREAMING EAGLES"

Fort Campbell (Kentucky) ist die Heimat der weltweit einzigen Luftangriffsdivision. Anders als das benachbarte 160th Special Operations Aviation Regiment (SOAR) gilt die 101st Airborne (Air Assault) nicht als Spezialeinheit. In militärischer Hinsicht handelt es sich dennoch um eine Eliteeinheit, die zudem in puncto Größe und Einsatzfähigkeit unerreicht ist. Die 101st Airborne Division (Air Assault) besteht aus drei Brigaden plus Divisionsartillerie, Divisions-Unterstützungskommando, der 101st Aviation

Unten: Soldat der 82nd Airborne Division im Allzwecktarnanzug „Woodland" der US Army.

Unten: US-Luftlandetruppen beim Besteigen von Blackhawk-Hubschraubern. Er kann elf Soldaten aufnehmen.

Rechts: Soldaten der 101st Airborne Division beim Einsatz eines CH-47 (Nutzlast: 3 t).

Brigade, 159th Aviation Brigade und 101st Corps Support Group sowie diversen separaten Kommandos.

Der Kern der 101st umfasst derzeit 26819 Mann plus 18166 Unterstützungskräfte, womit Fort Campbell der drittgrößte Stützpunkt der US Army ist und der siebtgrößte aller US-Streitkräfte.

Die 101st hat den Auftrag, innerhalb von 36 Stunden an einen beliebigen Ort zu gelangen und Feindkontakt aufzunehmen, den Gegner durch Feuerkraft oder taktische Manöver auszuschalten oder gefangen zu nehmen, oder seinen Angriff durch Feuerkraft, Nahkampf oder Gegenattacke abzuwehren. Die Einheit ist im Zweiten Weltkrieg entstanden und wurde am 15. August 1942 formiert. Ihr erster Kommandeur, Generalmajor William C. Lee, versprach seinen neuen Rekruten nur wenige Tage später, die 101st habe ein „Rendezvous mit dem Schicksal". Nicht zu Unrecht, denn die 101st Airborne Division führte die nächtliche Absprungaktion an, die dem D-Day vorausging. In Bastogne von Deutschen umzingelt und zur Kapitulation aufgefordert, gab Brigadegeneral Anthony McAuliffe die inzwischen berühmte Antwort: „Quatsch!" Trotz ihrer Unterlegenheit kämpften die „Screaming Eagles" bis zum Ende der Belagerung, wofür sie später mehrere Auszeichnungen erhielten.

Nach dem Zweiten Weltkrieg sah die 101st einer ungewissen Zukunft entgegen, denn in Friedenszeiten bestand einfach kaum Bedarf für eine derart große Luftlandeeinheit. Nachdem man die Truppe 1948 und 1950 in Camp Breckinridge (Kentucky) kurzzeitig als Trainingseinheit reaktiviert hatte, wurde die 101st im März 1956 (ohne den Großteil von Personal und Ausrüstung) nach Fort Campbell (Kentucky) umquartiert und als Kampfdivision neu aufgestellt.

Mitte der 1960er Jahre wurde die 1st Brigade mit ihren Unterstützungstruppen nach Vietnam beordert. Als 1967 die restliche Division nachkam, entstand die weltweit erste luftbewegliche Division. In Vietnam bildete sich auch das Konzept der „Luftkavallerie" heraus. Sein Erfolg verdankt sich weitgehend der 101st, die bewiesen hatte, dass Helikopter und leichte Infanterie eine tödliche Kombination darstellen. Während ihrer

Links: Männer der 101st Airborne Division beim Verlassen ihrer Blackhawk-Helikopter während der Operation „Iraqi Freedom".

sieben Jahre in Vietnam beteiligte sich die 101st Airborne Division an 15 Feldzügen und erzielte viele Erfolge.

Im Oktober 1974 wurde die 101st zur 101st Airborne Division (Air Assault) umstrukturiert – in der Folge verlagerte sich das Aufgabengebiet der 3rd Brigade auf den Luftangriff. Um eine größtmögliche operative Effizienz zu erzielen, gründete die 101st eine entsprechende Schule, auf der vor allem neue Rekruten in die Kunst der helikoptergestützten Kriegsführung eingewiesen werden. Auch durfte diese neue Soldatengeneration das neue Emblem der 101st, das Air Assault Badge, tragen.

Mitte der 1970er Jahre führte die noch im Aufbau begriffene 101st zahlreiche Trainings- und Bereitschaftsübungen durch. Mit der Öffnung ihrer Air Assault School auch für andere Einheiten der US Army wollte man diesen ein besseres Verständnis der Taktiken und Techniken von Hubschrauberangriffen und der Vorgehensweise der Infanterie im Gefecht vermitteln. Dieses Training erwies sich als überaus nützlich und war für die 101st

Struktur der 101st Airborne Division

Die 101st Airborne Division (Air Assault) ist wie folgt zusammengesetzt:

- 1st Brigade – 1st, 2nd und 3rd Battalion 327th Infantry
- 2nd Brigade – 1st, 2nd und 3rd Battalion 502nd Infantry
- 3rd Brigade – 1st, 2nd und 3rd Battalion 187th Infantry
- 101st Aviation Brigade – 2nd Battalion, 17th Cavalry Squadron sowie 1st, 2nd, 3rd und 6th Battalion 101st Aviation Regiment
- 159th Aviation Brigade – 4th, 5th, 7th und 9th Battalion 101st Aviation Regiment

Die Division besitzt folgende Unterstützungseinheiten:

- 1st, 2nd und 3rd Battalion, 320th Field Artillery, 106th Transportation Battalion, 129th und 561st Combat Support Battalion, C Company, 1st Battalion 377th Field Artillery, 63rd Chemical Company, 101st Division Band und mehrere Hilfskompanien.

Unten: Zwei Soldaten der 101st Airborne Division beim Schießtraining mit Laser-Zielerfassungssystemen.

eine gute Vorbereitung auf künftige Operationen.

Am 12. Dezember 1985 kam es zu einer Tragödie: Nach einem Routineeinsatz auf der Sinai-Halbinsel starben 248 Mitglieder der 101st Airborne Division unweit von Gander (Neufundland) bei einem Flugzeugabsturz – menschlich sowie personaltechnisch zweifellos ein schwerer Schlag.

Dennoch hatte die 101st einen Auftrag zu erfüllen. Am 17. August 1990 trafen Elemente des 101st als Teil der alliierten Koalitionstruppen in Saudi-Arabien ein. Ihre Mission: Unterstützung der Verbündeten bei ihren Operationen gegen den Irak. Das erste Kontingent der 101st bestand aus 2700 Soldaten, 117 Helikoptern und 487 Fahrzeugen, die mit 110 Maschinen C-5 und C-141 der USAF transportiert wurden. Die übrigen Divisionsteile wurden auf dem Seeweg bis zum saudischen Hafen Ad-Dammam befördert, was 46 Tage dauerte.

Die „Screaming Eagles“ – Irak 2003

Im Rahmen der Operation „Iraqi Freedom“ (März/April 2003) führte die 101st in den Außenbezirken von Bagdad zahlreiche Angriffe auf Einheiten der Republikanischen Garde durch. Der unvermittelt in Bagdad erzielte Sieg verdankt sich teilweise der Zusammenarbeit mit der US 3rd Infantry Division, die sich im Rahmen eines Drei-Fronten-Angriffs durch den Südirak hinaufgekämpft hatte.

Gegen Ende des Feldzugs entwickelte man einen Plan, der einen massiven Luftangriff der 101st auf die irakische Hauptstadt vorsah – doch Bagdad war bereits erobert, bevor das Vorhaben durchgeführt werden konnte.

Unten: Soldat 2001 im Kosovo bei einer Grenzpatrouille auf der Suche nach Waffenschmugglern.

Vor Ort errichtete die 101st Airborne ihr Basislager auf dem König-Fahd-Flughafen. Nach Abschluss der Vorbereitungen wurde die 101st zu einer vorgeschobenen Operationsbasis (FOB) verlegt, der man – mit Bezug auf einen der größten Erfolge im Zweiten Weltkrieg – den Codenamen „Bastogne“ gab. Von dort aus übte man rund um die Uhr diverse Angriffsmanöver. Am 17. Januar 1991 startete die Operation „Desert Storm“ zur Befreiung von Kuwait. Das 101st Aviation Regiment attackierte zunächst zwei wichtige irakische Frühwarneinrichtungen mit acht Kampfhubschraubern AH-64 Apache. Nachdem man diese zerstört hatte, waren alliierte Bomber in der Lage, Einsätze gegen Bagdad zu fliegen, ohne feindliche Abfangjäger fürchten zu müssen. Derweil unternahmen Blackhawk-Helikopter des 1st Battalion CSAR-Patrouillenflüge für den Fall, dass doch eine Maschine abgeschossen wurde.

Die 101st flog Hunderte von Einsätzen gegen irakische Stellungen, bis ab dem 24. Februar 1991 die Bodentruppen zum Einsatz kamen. Die 101st und die französische 6. Leichte Panzerdivision stießen an der linken Flanke Richtung Bagdad und das Euphrattal vor. Zunächst wurde die 101st Airborne mit 300 Helikoptern zu ihrem ersten Ziel gebracht: FOB Cobra, 175 km im Landesinneren.

Das Eintreffen der 101st auf Cobra hatte die Irakis derart überrascht, dass sie nach einem kurzen Feuergefecht kapitulierten. Noch am ersten Tag konnte die 101st ihre Stellungen konsolidieren und den Highway Nr. 8, die Hauptversorgungsader des Landes, abriegeln.

„Rendezvous mit dem Schicksal“

Der Aufstellungsbefehl Nr. 5 schwört die Divisionsmitglieder ein:

Die 101st Airborne Division hat keine Geschichte, sondern ein Rendezvous mit dem Schicksal. Wie die frühen amerikanischen Pioniere, deren unübertrefflicher Mut den Grundstein dieser Nation verkörpert, haben wir mit der Vergangenheit und ihren Traditionen gebrochen, um unseren Anspruch auf die Zukunft zu verankern.

Bedingt durch die Art unserer Waffen und der Taktiken, in denen wir uns zu vervollkommnen haben, werden wir aufgerufen, Operationen von weit reichender militärischer Bedeutung durchzuführen, und wir werden in den Kampf ziehen, wenn eine Notwendigkeit besteht.

Ich möchte euch darauf aufmerksam machen, dass der große amerikanische Adler unser Abzeichen darstellt. Dies ist ein passendes Emblem für eine Division, die wie ein Blitz aus heiterem Himmel hinabstürzt.

Die Geschichte, die wir schreiben werden, und die großen Erfolge, die wir in den Annalen der amerikanischen Armee und des amerikanischen Volkes zu verewigen hoffen, sind allein von den Männern dieser Division abhängig. Jeder Einzelne, gleich ob Offizier oder einfacher Soldat, muss sich daher als notwendigen Teil eines komplexen und mächtigen Instruments begreifen. Bei seinem Tun muss jeder Einzelne begreifen, dass er nicht nur daran teilhat, sondern dass seine unverzichtbare Mitwirkung hilft, das Ziel – den Sieg – zu erreichen. Daher ist es keine Übertreibung zu sagen, dass nichts weniger als die Zukunft, die wir mitzugestalten erwarten, in den Händen der Soldaten der 101st Airborne Division liegt.

***Oben: Abzeichen des 160th Special Operations Aviation Regiment (SOAR). Daneben kursieren auch Abzeichen mit dem inoffiziellen Motto „Night Stalkers Don't Quit“* (Night Stalkers geben nie auf).**

Tags darauf wandte sich die 3rd Brigade gen Norden, um Stellungen am Südufer des Euphrat zu besetzen, und traf dort kaum auf Widerstand. Unterdessen hielten die verbleibenden Teile der 101st ihre Stellungen am Highway Nr. 8 und auf Cobra, um einen eventuellen irakischen Gegenangriff abzuwehren.

Am 26. Februar begann die 101st, die massenhafte Kapitulation irakischer Soldaten zu akzeptieren – der Krieg war vorüber. Für die 101st Airborne Division – ihr war der größte je unternommene Hubschrauberangriff ganz ohne eigene Verluste geglückt – war „Desert Storm“ ein bemerkenswerter Erfolg.

In den folgenden Jahren war die 101st Airborne Division an friedenserhaltenden und humanitären Missionen in Ländern wie Ruanda, Somalia, Haiti und Bosnien beteiligt.

Bedingt durch die Ereignisse vom 11. September 2001 wurde die 101st Airborne im Januar 2002 nach Afghanistan entsandt, um die 26th Marine Expeditionary Unit abzulösen – mit dem Auftrag, Vernichtungsschläge gegen Al Quaida und die Taliban zu unternehmen. In Afghanistan kam es zu ersten Opfern in den eigenen Reihen, als nach dem Sturm auf einen Höhlenkomplex unweit von Gardez ein Soldat getötet und mehrere verwundet wurden.

Am 2. März 2002 starteten die USA die Operation „Anaconda“ mit dem Ziel, Osama bin Laden und seine Gehilfen von Al Quaida und den Taliban zu finden und festzunehmen oder zu töten. Die Mission in den Bergen Ostafghanistans sollte 16 Tage dauern und wurde von annähernd 1000 US-Soldaten durchgeführt, darunter auch Spezialkräfte und Teile der 101st Airborne und der 10th Mountain Division.

„Anaconda“ stieß gleich zu Beginn auf Probleme: Die 101st Airborne wurde inmitten feindlicher Stellungen abgesetzt, anstatt in einem parallel gelegenen Tal. Die US-Truppen gerieten somit unter massiven Feindbeschuss und mussten diesen Fehler mit acht Toten und 73 Verwundeten bezahlen. Das Feuergefecht war derart intensiv, dass jeder zur Unterstützung der Bodentruppen eingesetzte Hubschrauber von feindlichen Geschossen getroffen wurde – mit dem Ergebnis, dass zwei Chinooks verloren gingen und mehrere weitere nicht mehr eingesetzt werden konnten. Trotz dieser Rückschläge erwehrte sich die 101st mit großer Entschlossenheit ihrer Haut und tötete Hunderte von Al-Quaida-Soldaten. Obwohl die Ameri-

Links: Soldat der 101st Airborne Division bei einer Kaffeepause auf dem Flughafen von Kandahar (Afghanistan) während der Operation „Enduring Freedom".

kaner weder Osama bin Laden noch einen seiner Stellvertreter hatten finden können, wurde die Operation intern als Erfolg gewertet, da sie die verbliebenen Kämpfer von Al Quaida und den Taliban ins benachbarte Pakistan vertrieb.

Die Division verwendet hauptsächlich folgende Waffensysteme: Infanterie, Kampf- und Unterstützungshubschrauber sowie Feld- und Flugabwehr-Artillerie. Folgende Helikopter kommen zum Einsatz:

AH-64 Apache – für Nahunterstützung, leicht bewaffneten Angriff, Panzerabwehr und Eskorten.

OH-58D Kiowa Warrior – für bewaffnete Aufklärung und Erkundungsmissionen.

UH-60 Blackhawk – für die Kurzstreckeninfiltration/-exfiltration sowie den Abtransport von Verwundeten.

CH-47 Chinook – für die Unterstützung auf mittleren Distanzen und der Infiltration/Exfiltration ähnelnde Missionen.

160TH SPECIAL OPERATIONS AVIATION REGIMENT (SOAR)

Nach dem Scheitern der Operation „Eagle Claw" (1980) beschloss die US Army, ein eigenes Flugregiment für Spezialoperationen zu formieren. Das auch als „Night Stalker" bekannte 160th SOAR ist verantwortlich für die weltweite Unterstützung von SOF-Personal und außerdem zur Durchführung unterschiedlichster Missionen fähig, darunter bewaffnete Angriffe, Ein- und Ausfliegen von Truppen, Luftsicherheit, elektronische Kriegsführung und Stabsunterstützung.

Die Piloten des 160th SOAR zählen zu den Besten der Welt und trainieren ständig, um ihr hohes Niveau zu halten. Das 160th wurde bereits in Grenada, Panama, im Iran, in der Golfregion, Somalia, Afghanistan und im Irak eingesetzt. Das Regiment verfügt über einige der modernsten Hubschrauber, wie etwa A/MH-6 Little Bird für Infiltration/Exfiltration über kurze Distanzen, Aufklärung, Nachschub, Verbindungsaufgaben und leicht bewaffneten Angriff; MH-60 K/L Blackhawk für das Ein- und Ausfliegen von Truppen über mittlere Distanzen bei Tag und Nacht, Nachschub, Bergung und Rettung (auch von Verwundeten) sowie Kurzstrecken-CSAR; und schließlich MH-47 D/E Chinook für Infiltration/Exfiltration über mittlere bis große Distanzen bei jedem Wetter, Betankung, Bergung und Rettung sowie Truppenversorgung in umkämpften Gebieten.

DAS AIR FORCE SPECIAL OPERATIONS COMMAND (AFSOC)

Das dem USSOCOM angehörende AFSOC wurde am 22. Mai 1990 gegründet und ist in der Lage, Spezialkräfte und ihre Ausrüstung jederzeit an einen beliebigen Ort zu befördern.

Rechts: Die Piloten des 160th SOAR sind auf hochriskante Rettungsaktionen ebenso spezialisiert, wie auf das Absetzen von Spezialkräften (hier im Irakkrieg 2003).

Rechts: Helikopter des 160th Special Operations Regiment (SOAR) an Bord eines US-Flugzeugträgers während einer Übung.

Die Einheit besteht aus rund 10 000 Soldaten, von denen 22 Prozent im Ausland stationiert sind. Ihre Piloten sind toptrainierte Profis, die mit kühler Präzision operieren und zu den weltweit renommiertesten Fliegern zählen. Der kurzfristig einsatzbereiten Einheit stehen einige der besten derzeit verfügbaren Hubschrauber und Flugzeuge zur Verfügung, um den Spezialkräften Mobilität, Präsenz und Präzision zu verleihen. Dem AFSOC sind folgende Einheiten der aktiven Air National Guard (ANG) und der Air Force Reserve zugeordnet:

16th Special Operations Wing (SOW) – mit acht Staffeln für Spezialoperationen: fünf Flugzeug- und eine Hubschrauberstaffel, eine Fliegergruppe für Foreign Internal Defence (FID, Innere Sicherheit von Drittstaaten) und eine Fugzeugtrainingsstaffel.

352nd und 353rd Special Operations Group – in Großbritannien und Japan stationierte Kampfgruppen mit zwei Flugzeugstaffeln und einer Hubschrauberstaffel für Spezialoperationen plus einer Staffel für Spezialtaktiken.

919th AF Reserve Special Operations Wing – mit zwei Flugzeugstaffeln für Spezialoperationen.

193rd Special Operations Wing (ANG) – mit einer Flugzeugstaffel für Spezialoperationen.

720th Special Tactics Group – Die Gruppe verfügt über gemischte Teams für Spezialtaktiken. Diese bestehen aus Kontrolleuren und Sanitätern. Sie sind zuständig für Luftverkehrsüberwachung zwecks Festlegung von Landungszonen, Nahluftunterstützung für Kampfbomber und Kampfhubschrauber und stellen Sammelstationen für Gefallene und Versorgung von Verwundeten auf.

US Air Force Special Operations School – an dieser Schule in Hulburt Field werden Mitglieder aller Teilstreitkräfte sowie Angehörige von Regierungseinrichtungen und verbündeter Nationen ausgebildet. Die Kurse behandeln Regionalpolitik, interkulturelle Kommunikation, Anti-Terror-Bewusstsein, revolutionäre Kriegsführung und psychologische Operationen.

18th Flight Test Squadron – Diese ebenfalls in Hulburt Field beheimatete Gruppe testet Ausrüstungen, Konzepte, Taktiken und Verfahrensweisen auf ihre Praxistauglichkeit. Viele dieser Tests sind kommando- und streitkraftübergreifende Projekte mit dem Ziel, das allgemeine Leistungsspektrum bei weltweiten Spezialeinsätzen auszubauen.

ID 0
F/S 0

AUSBILDUNG DER SPEZIAL-EINHEITEN

Bewerber für den Dienst in einer Spezialeinheit durchlaufen in der Regel eine dreistufige Ausbildung. Den Anfang bilden Fitnesstests in Form zermürbender Trainings, bei denen es gilt, Entschlossenheit und Charakterstärke unter Beweis zu stellen. Darauf folgt der Erwerb spezifischer Schlüsselfertigkeiten wie Infiltration, Umgang mit Waffen und Nachtkampf. Den Abschluss bildet gemeinhin eine Spezialisierung innerhalb der jeweiligen Einheit, sei es zum Fernmeldetechniker, Scharfschützen, Sprengmeister oder Anti-Terror-Experten. Die Kandidaten können in jeder Ausbildungsphase ausgemustert werden, wobei manche Auswahlkurse länger als ein Jahr dauern. Meist schaffen es nur rund 20 Prozent der Bewerber bis zum Schluss. Eine derart strenge Auslese hat zur Folge, dass nur selbstsichere, entschlossene, robuste und intelligente Persönlichkeiten übrig bleiben, um die hohen Standards einer Elitetruppe fortschreiben zu können.

Links: HALO-Freifalltraining über einem Vertikalgebläse des Typs „Aerodium".

AUSBILDUNG DER SPEZIALEINHEITEN

Unkonventionelle Kriegsführung erfordert versierte Individuen, die zu selbstständigem Handeln und innovativem Denken fähig sind. Die Geschichte der Spezialeinheiten lehrt, dass solche Soldaten in kleinen Teams eine weit größere Wirkung erzielen können, als ihre geringe Zahl erwarten lässt.

Der Soldat einer Spezialeinheit dürfte in den Augen der meisten Menschen einer Kreuzung aus Sylvester Stallone in „Rambo" und Arnold Schwarzenegger in „Commando" entsprechen. In der Tat hat uns das Kino Actionfilme beschert, in denen die Mitglieder von Spezialkommandos als muskelbepackte Draufgänger porträtiert werden, behangen mit großkalibrigen Waffen, meterlangen Munitionsgürteln und Dutzenden von Handgranaten. In der Realität aber sind die Spezialkräfte körperlich wie auch mental ganz anders als die Leinwandhelden – alles andere als großmäulig und arrogant, sondern eher ruhig und bescheiden. Bei der Lektüre dieses Buches werden Sie ein Element erkannt haben, das sämtliche Spezialeinheiten miteinander verbindet: die strengen Aufnahmekriterien. Erwünscht sind nur die Besten, und man kann und muss es sich leisten, wählerisch zu sein, da diese Männer (gelegentlich auch Frauen) einmal sehr wichtig für ihre Nation sein können.

„Nicht der Kritiker zählt, auch nicht jener, der herausstellt, wie der Starke strauchelte oder was der Handelnde hätte besser machen können. Die Anerkennung gebührt vielmehr jenem, der tatsächlich in der Arena steht, dessen Gesicht vom Staub und Schweiß und Blut gezeichnet ist, der tapfer strebt, der wieder und wieder irrt und fehlt, der die großen Gefühle der Begeisterung und Hingabe kennt und sich einer lohnenden Sache widmet, der bestenfalls schließlich den Triumph hoher Leistungen erfährt und der schlimmstenfalls, so er scheitert, zumindest mit großem Wagemut versagt, sodass er nie mit jenen kalten, furchtsamen Seelen gemein sein wird, die weder Sieg noch Niederlage kennen."

Theodore Roosevelt – Sorbonne (Paris) 1910

Viele Länder verfügen über Spezialkräfte, die hervorragend ausgebildet sind und höchst professionell ans Werk gehen. Sie sehen fit und gesund aus, doch daneben deutet eigentlich nichts auf ihren besonderen Status hin. Vielen von ihnen würde man in einer Bar oder einem Einkaufszentrum keinen zweiten Blick schenken – dies ist zugleich der ultimative Test für jeden, der darauf bedacht ist, mit seiner Umgebung unbemerkt zu verschmelzen.

Oft wird nach der eigentlichen Aufgabe der Spezialkräfte im Rahmen der modernen Kriegsführung gefragt. Laut einem offiziellen US-Statement aus dem Jahr 2000 bezeichnet der Begriff „Spezialoperationen" solche Handlungen, die von speziell organisierten, ausgebildeten und ausgerüsteten militärischen oder paramilitärischen Kräften durchgeführt werden, um in feindlichen, umkämpften oder politisch sensiblen Regionen mit unkonventionellen Mitteln militärische, politische, ökonomische oder psychologische Ziele zu erreichen.

Diese Operationen können in Friedenszeiten, im Rahmen begrenzter Konflikte oder im Krieg durchgeführt

Links: In den Spezialeinheiten sorgen die Funker dank raffinierter Chiffrier- und Dechiffrierverfahren für eine sichere Kommunikation mit der Leitstelle.

werden, sei es selbstständig oder in Koordination mit konventionellen Streitkräften. Spezialoperationen werden oft durch die militärische und politische Lage diktiert; von konventionellen Vorgehensweisen unterscheiden sie sich meist durch das höhere Risiko, die eingesetzten Techniken und Taktiken, die Unabhängigkeit von externer Unterstützung und Abhängigkeit von nachrichtendienstlichen Informationen sowie die Kenntnis vor Ort verfügbarer Ressourcen.

UNKONVENTIONELLE KRIEGSFÜHRUNG

Die Geschichte kennt zahlreiche Beispiele für die Durchführung unkonventioneller Operationen, die einen Konflikt beendet oder zumindest verkürzt haben. Man denke nur an die von den Griechen ersonnene List, mit dem Hölzernen Pferd Kämpfer in das belagerte Troja einzuschleusen.

Moderne Militäroperationen haben zahlreiche Gesichter – von friedenserhaltenden Missionen größerer konventioneller Verbände bis zu den Tarnkappenbombern, die tief im Feindesland vom Radar unbemerkt operieren. Die Spezialeinheiten sind hingegen gesichtslos, denn genau diese Anonymität erhält sie am Leben.

In der Geschichte finden sich zahlreiche Belege dafür, dass es kleinen Kampftrupps gelungen ist, unter Rückgriff auf unkonventionelle Waffen, Taktiken und Methoden einen größeren konventionellen Verband zu besiegen. Meist handelte es sich jedoch um ziemlich raue und oft auch nicht eben gesetzestreue Gesellen, die den modernen Spezialkräften nicht als Vorbild dienen.

MODERNE KÄMPFER

Wer heute einer Spezialeinheit angehört, verfolgt anspruchsvolle persönliche Ziele. Nur Zweiter zu sein, gilt vielfach gar nichts. Beim britischen SAS kursiert der Spruch „Perfekte Planung verhindert schlechte Leistung“ – dem kann wohl jeder Berufs-

Oben: Zwei Soldaten des britischen SAS beim Dschungeltraining auf Borneo. Der auch in Belize durchgeführte Kurs dauert meist sechs Wochen.

Unten: Oberstleutnant David Sterling, der Begründer des britischen SAS. Dieser bestand zunächst nur aus 60 Mann und hieß „L Detachment“.

soldat zustimmen. Darüber hinaus begnügt man sich nicht damit, die nützlichsten, einfallsreichsten und meistgefürchteten Akteure zu verkörpern, die Tätigkeit soll auch moralischen Ansprüchen genügen.

In Afghanistan wurde die Rolle der Spezialkräfte einer strengen Prüfung unterzogen. Dies war ein Krieg, bei dem Flugzeuge wie der mächtige Kampfbomber B-52 für nahe Unterstützungsbombardements verwendet wurden – ein Gedanke, der nur zehn Jahre vorher lächerlich erschienen wäre und der allein dank kleiner Teams aus toptrainierten und gut ausgerüsteten Männern realisiert werden konnte, die mitten im Feindesland die Luftangriffe unerkannt und mit tödlicher Präzision dirigieren konnten. Spezialkräfte sind auch ein probates Instrument, wenn es gilt, dort Fuß zu fassen, wo konventionelle Verbände zu stark exponiert wären. Ein treffendes Beispiel hierfür stammt aus den 1970er Jahren, als der britische SAS in Oman die übermächtigen Guerillatruppen besiegen konnte. Bezeichnenderweise wurde dieser Krieg in Großbritannien kaum erwähnt – wohl auch deshalb, weil nie mehr als 80 SAS-Mitglieder im Einsatz waren.

Die Operatoren der Spezialeinheiten sind gezielt ausgewählt, ausgebildet und ausgerüstet, um Spezialaufträge zu erledigen. In Krisenfällen zieht man ihren Einsatz stets in Erwägung, da sie oft eine politisch diskrete Problemlösung ermöglichen. Man vergleiche dies einmal mit dem Medienrummel bei der Mobilmachung einer konventionellen Truppe.

Falls etwas schief gehen sollte, wird außerdem das heikle Problem der Opferzahl entschärft, die bei einer kleinen Truppe von Natur aus nicht hoch ausfallen kann – wobei die Medien oft gar nicht erfahren, wie viel Mann überhaupt entsandt wurden.

Die Aufgaben der Spezialkräfte werden immer vielfältiger, da sie manchmal das scheinbar Unmögliche möglich machen. Im Golfkrieg von 1991 konnten Operatoren des britischen SAS und der US Delta Force die mobilen Abschussrampen für die irakischen Scud-Raketen, die die Verbündeten stark in Bedrängnis gebracht hatten, lokalisieren und zerstören. Nach dem Krieg gab es folglich intensive Bestrebungen, die Zahl der Spezialkräfte zu vergrößern. Die aber lassen sich nicht am Fließband herstellen, denn von den vielen Interessenten sind nur wenige tatsächlich geeignet.

DEU DEUTSCHLAND
Kommando Spezialkräfte (KSK)

Die Ausbildung für das Kommando Spezialkräfte (KSK) dauert bis zu drei Jahre und damit so lang wie bei keiner anderen Spezialeinheit. Dafür gestattet sie aber auch eine fortgeschrittene militärische Spezialisierung.

Im Gegensatz zu vielen anderen Spezialeinheiten gibt sich das KSK hinsichtlich seiner Auswahlkriterien bemerkenswert offen. HALO, HAHO und Gerätetauchen sind nur einige der zu erwerbenden Fertigkeiten.

Soldaten des KSK durchlaufen einen Ausbildungsgang, der in der Bundeswehr einmalig ist. Am Anfang steht ein dreiwöchiges Auswahlverfahren, dem eine dreimonatige Kommandoausbildung folgt. Erst nach weiteren drei Jahren Ausbildung und Training hat der Soldat die vollständige Einsatzbereitschaft erlangt. In diesem Zeitraum kann er an 20 Lehrgängen in weltweit 17 Schulen und Ausbildungseinrichtungen teilnehmen. Allein während der Schießausbildung wird jeder künftige Kommandosoldat an allen gängigen Waffen geschult und gibt in dieser Zeit durchschnittlich 20 000 Schuss ab.

Seit Oktober 2002 können neben Offizieren und Unteroffizieren auch Mannschaftssoldaten und Bewerber

Bewerbung beim KSK

Folgende Kriterien müssen erfüllt sein:

1. Fallschirmjägerausbildung.
2. Angehöriger der Bundeswehr.
3. Verpflichtung für eine Dienstzeit beim KSK von mindestens sechs Jahren.
4. Höchstalter für Offiziere: 30 Jahre, für Unteroffiziere: 32 Jahre.

ohne militärische Vorkenntnisse an dem Auswahlverfahren teilnehmen. Diese Kandidaten nehmen zunächst am dreitägigen Auswahlverfahren in einem der Zentren für Nachwuchsgewinnung der Bundeswehr teil. Bestehen sie dieses, werden sie in den Ausbildungszug KSK an der Internationalen Fernspähschule in Pfullendorf aufgenommen. Dort durchlaufen sie einen 18 Monate dauernden Lehrgang. Danach nehmen die Bewerber am eigentlichen Eignungsfeststellungsverfahren beim KSK in Calw teil. Schließen sie dieses erfolgreich ab, können sie mit der drei Jahre dauernden Ausbildung zum Kommandofeldwebel in der Graf-Zeppelin-Kaserne beginnen.

BASISAUSBILDUNG TEIL 1

Die einwöchige SERE-Ausbildung unter extrem anspruchsvollen Bedingungen umfasst einen viertägigen Marsch über 100 km in voller Kampfmontur, mit Abseilen, Flussdurchquerung, Kartenlesen und nächtlicher Orientierung. Weitere psychologische Tests schließen sich an.

***Oben:* Fallschirmjäger mit Sturmgewehr Heckler & Koch G3 7,62 mm, das inzwischen weitgehend vom moderneren G36 5,56 mm abgelöst wurde.**

***Links:* KSK-Einheit beim Springen mit automatischer Auslösung. Trainiert werden außerdem HAHO, HALO, Nachtsprünge und das Abspringen über Wasser.**

BASISAUSBILDUNG TEIL 2

Dreiwöchiger Einzelkämpferkurs an der Internationalen Fernspähschule in Pfullendorf.

Die Absolventen des Kurses werden einem KSK-Team zugeteilt, wo sie wiederholt Gelegenheit haben, mit auswärtigen Spezialkräften wie dem britischen SAS und der US Delta Force zusammenzuarbeiten.

ZAF SÜDAFRIKA
Special Forces Brigade

Mehr als 95 Prozent der Bewerber für einen Dienst in Südafrikas Special Forces Brigade scheitern bereits im Auswahlkurs. Einen Schwerpunkt der sich anschließenden Ausbildung bilden Fertigkeiten, wie sie erforderlich sind, um in unwirtlicher Natur zu überleben.

Der Auswahlkurs für die südafrikanischen Special Forces ist einer der härtesten weltweit und wurde von Insidern als „ultimative Herausforderung" bezeichnet. Dies gilt auch für die Ausbildung, die selbst für südafrikanische Verhältnisse überaus strapaziös ist. Man ist darauf bedacht, Großmäuler und „Bodybuilder" auszuschließen, die selten zur Truppe passen und ohnehin meist bei der Vorauswahl scheitern. Neben der körperlichen Fitness wird auch die Persönlichkeit der Bewerber einer Prüfung unterzogen. Gefragt sind Eigenschaften wie Intelligenz, Geduld, Entschlossenheit, Flexibilität und Beharrlichkeit. In der Trainingsphase werden dem potenziellen Rekruten vor allem zwei Dinge abverlangt: Initiative und Mut. In einem typischen Jahr durchlaufen mehr als 700 Bewerber das Auswahlverfahren, doch nicht einmal 50 haben Erfolg.

Alljährlich werden von der Special Forces Brigade zwei Auswahlkurse durchgeführt. Im Vorfeld besuchen die angehenden Rekruten einige Einheiten, um ihre Ausbildung und Aufgaben näher kennen zu lernen. Außerdem sehen sie einen Film über den Auswahl- und Trainingskurs, um sämtliche Illusionen auszuräumen. Wer sich davon nicht abschrecken lässt, absolviert einen Fitnesstest, gefolgt von einer medizinischen Untersuchung. Für die erfolgreichen Bewerber steht nun eine dreiwöchige Vorauswahl auf dem Programm: Die zum „Aufwärmen" gedachten ersten beiden Wochen bestehen aus hartem Konditionstraining, jeden Tag acht Stunden lang. Hier scheidet annähernd jeder fünfte Bewerber aus. Für die Übrigen geht die Strapaze weiter, denn sie werden zu einem Wasserorientierungskurs nach Zululand geschickt, wo ihre seemännischen Fähigkeiten erprobt werden und eine Unterweisung in der Handhabung von Kanus und kleinen Motorbooten erfolgt.

Oben: Südafrikanisches Aufklärungskommando auf Patrouille. Spezialgebiete der „Recon"-Kommandos sind die Niederschlagung von Aufständen, Fernüberwachung und Infiltration per Fallschirm.

Eingangsvoraussetzungen

Die Teilnahme am Auswahlverfahren ist an folgende Bedingungen geknüpft:

1. südafrikanische Staatsbürgerschaft (für britische Staatsbürger werden jedoch häufig Ausnahmen gemacht)
2. High-School-Abschluss
3. mindestens einjähriger Dienst bei einem der folgenden Verbände: aktive Truppe, Reserve, Freiwilligenarmee oder Polizei
4. Beherrschen von mindestens drei Sprachen
5. Ausschluss gravierender Vorstrafen
6. Alter zwischen 18 und 28 Jahren vor Beginn des Auswahlverfahrens
7. Dienstgrad: Gefreiter bis Oberfeldwebel (Offiziere: Offiziersanwärter bis Hauptmann)

Darauf folgen Navigationsübungen in sumpfigem Gelände und ein 8-km-Lauf, bei dem Zweier-Teams einen schweren Pfahl transportieren müssen, ohne ihn fallen zu lassen. Eigentlich wären vier Mann erforderlich, um den Pfahl zu stemmen. Die Kandidaten werden während der gesamten Übung mit Argusaugen von den Ausbildern beobachtet, die auf Teamwork, Initiative und Führungsqualitäten Wert legen. Am Ende der Woche werden die Essensrationen der Bewerber reduziert. Die abschließende Bewertung umfasst Anpassungsfähigkeit, Koordination, Fitness, etwaige Klaustrophobie, Kälteunempfindlichkeit und die Fähigkeit, unter erschwerten Bedingungen zu arbeiten.

Jene Bewerber, die auch dies überstanden haben, werden unmittelbar danach auf ein Übungsgelände geflogen, wo sie den Rest des Auswahlprogramms absolvieren. In der ersten Woche stehen Orientierung im Gelände und Überlebenstraining auf dem Lehrplan, da viele Kandidaten auf diesen Gebieten keine oder zumindest kaum Erfahrung haben. Eine der ersten Aufgaben besteht für die Ausbilder darin, die Teilnehmer nach Tabak, Süßem, Essen und Toilettenartikeln zu durchsuchen, die allesamt streng verboten sind. Als persönlicher Besitz ist allein ein Erste-Hilfe-Set gestattet. Im Überlebenstraining werden Kenntnisse über essbare Pflanzen, Wassergewinnung, Feuermachen und das richtige Verhalten gegenüber Wildtieren vermittelt.

Im Anschluss an diese Unterweisung sind die Kandidaten ganz auf sich gestellt und müssen einen Unterschlupf errichten (nur Bodenplane und Reisig sind erlaubt); dieser wird im Hinblick auf Praxistauglichkeit, Ordentlichkeit und Tarnung bewertet. Nun werden die Rationen nochmals gekürzt, dazu täglich maximal fünf Liter Wasser pro Mann. Jeder Morgen beginnt mit wenigstens einer Stunde Konditionstraining, bevor das Frühstück eingenommen werden darf, das jedoch nur noch aus kaum mehr als einem Keks und etwas Wasser besteht.

In der nächsten Kursphase steht das Beobachtungsvermögen auf dem Prüfstand. Hierzu werden auf einer festgelegten Strecke zehn Gegenstände verborgen, die gefunden und korrekt zugeordnet werden müssen. Anschließend ist dreimal ein Übungsparcours zu absolvieren – zweimal ohne Gepäck und einmal mit einer 35 kg schweren, zementgefüllten Granathülse. Die nächste Übung besteht aus einem 5-km-Lauf über Geröll. Am Ziel angelangt, wird ein Baumstamm in Empfang genommen, der – ohne ihn fallen zu lassen – bis zum Camp befördert werden muss. Bewerber, die all dies hinter sich gebracht haben, werden einer Zwischenbewertung unterzogen, nach Kriterien wie Wasser- und Höhentauglichkeit, Orientierungs- und Beobachtungsvermögen, Informationsverarbeitung, Umgang mit Waffen, Führungsqualitäten und Kooperation unter Stress.

Während die Kandidaten noch über ihr Schicksal grübeln, werden sie unter Dauerbeschuss genommen, um ihre Reflexe und Reaktionen zu testen. Doch die letzte und härteste Her-

Der Fitnesstest

Die Konditionsprüfung besteht aus folgenden Elementen: 30-km-Marsch in 6 Stunden mit Standardgepäck plus Gewehr und Sandsack von 30 kg; 8-km-Lauf in Stiefeln und mit Gewehr in weniger als 45 Minuten; 40 Liegestütze, 8 Chin-pulls und 68 Sit-ups in vorgegebener Zeit, 40 Pendelläufe über 7 m in unter 90 Sekunden sowie 45 m Freistilschwimmen. Wer diesen Test besteht, kommt in die engere Auswahl und muss sich einem gründlichen medizinischen und psychologischen Check unterziehen, mit Fragen über die Gründe für die Bewerbung bei der Special Forces Brigade und nach den für die Truppe entstehenden Vorteilen.

Links: In den ersten Wochen der Grundausbildung kann das Konditionstraining jeden Tag 8 Stunden in Anspruch nehmen, weshalb man den Bewerbern rät, schon einmal ein halbes Jahr vorher mit dem Trainieren zu beginnen.

ausforderung steht ihnen noch bevor. Die verbleibenden Teilnehmer werden versammelt und erfahren die Kompassrichtung eines knapp 40 km entfernten Treffpunkts. Sie müssen dort zu einem festgelegten Zeitpunkt ankommen, damit es für sie etwas zu essen gibt. Was sie aber nicht wissen ist, dass ihre Keksration mit Benzin kontaminiert ist. Auf dem Weg passieren sie einen Kontrollpunkt und erhalten dort etwas Wasser, während die Ausbilder vor ihren Augen eisgekühlte Limonade schlürfen. Am Treffpunkt schließlich besteht kein Mangel an gutem Essen – doch nur für die Ausbilder und jene, die sich zum Aufgeben entschlossen haben.

Die verbleibenden Kandidaten werden nun über die abschließende Übung informiert: fünf Tage im Busch, nur mit einer Dose Kondensmilch, einer halben Tagesration und zwölf Keksen (acht davon mit Benzin verunreinigt). Während der gesamten fünf Tage gilt es zahlreiche Probleme zu bewältigen, seien es wilde Tiere, Buschfeuer oder Insekten. Bei Erreichen des endgültigen Treffpunkts heißt es dann, dies sei ein Versehen und es gehe noch 30 km weiter.

An diesem Punkt gibt es immer einige Bewerber, die endgültig genug haben und ausscheiden. Alle anderen (in der Regel nur 17 Prozent der Vorauswahlgruppe) erfahren dann, dass die Ausbilder mit einer Fülle frischer Speisen und kühler Getränke ganz in der Nähe – endlich – auf sie warten.

Aufbautraining und Spezialkurse

Wer das Auswahlverfahren überstanden hat, muss einen Springerkurs absolvieren, bevor er in der Aufklärungsbrigade akzeptiert wird. Dem folgt ein Aufbautraining von rund 42 Wochen in Überlebenstraining, Spurenlesen, Sprengmittelkunde, Umgang mit Waffen, unbewaffnetem Nahkampf, Navigation, erster Hilfe, unkonventioneller Kriegsführung, Verhalten im Busch, Guerillataktiken und Fernmeldetechnik. Neben der Handhabung westlicher Waffen steht auch der Umgang mit Feindwaffen auf dem Programm, daneben auch regelmäßiges Konditionstraining. Den Abschlusstest bildet eine Nacht im Löwenland, ausgerüstet nur mit Gewehr, Munition und einer Schachtel Streichhölzer.

Die frisch qualifizierten Aufklärer werden in bestehende Teams integriert und spezialisieren sich auf jene Bereiche, in denen sie sich während des Auswahlverfahrens hervorgetan haben. Später können sie ihre Fertigkeiten durch die Arbeit in einer Spezialeinheit wie etwa den Kampfschwimmern weiter ausbauen. Unabhängig davon, welchem Truppenteil er zugeordnet wird, ist jedem Neuzugang bewusst, dass er nun einer der weltweit meistgeachteten Einheiten angehört.

GBR GROSSBRITANNIEN
Special Air Service (SAS)

Das Training für den Special Air Service, eine Messlatte auch für zahlreiche andere Eliteeinheiten, gliedert sich in zwei Phasen: Beim Selection Training wird die körperliche Fitness der Bewerber bis an ihre Grenzen erprobt, während beim Continuation Training herausragende militärische Fertigkeiten vermittelt und bewertet werden.

Der britische SAS praktiziert einen der weltweit anspruchsvollsten Auswahlkurse. Er soll dem Bewerber körperlich wie mental alles abverlangen, da sich nur auf diese Weise eine wirkliche Eignung für die nachfolgende Ausbildung feststellen lässt. Das reguläre SAS Regiment berücksichtigt nur solche Bewerber, die bereits seit mindestens drei Jahren in der britischen Armee dienen. Das TA (Territorial Army Reserve Force) SAS hingegen akzeptiert Mitglieder von Reserveeinheiten wie auch Zivilisten. Gesucht werden Männer mit physischer und mentaler Kraft, Initiative, Selbstsicherheit und Intelligenz, wie sie erforderlich sind, um auch im Zustand der Erschöpfung und unter extremem Stress komplexe Probleme zu bewältigen.

AUSWAHL (SELECTION)

Das Auswahlverfahren zielt darauf ab, ungeeignete Bewerber schnell auszusondern, denn es gibt immer wieder Träumer, die sich beim SAS bewerben, ohne zu begreifen, welche Anforderungen erfüllt werden müssen. Der typische Bewerber ist Mitte zwanzig. In jedem Jahr gibt es zwei Auswahlkurse – einen im Sommer und einen im Winter. Eine Wahlfreiheit besteht nicht. Beide Kurse haben

Oben: Das Gewicht des beim SAS-Auswahltraining zu schulternden Marschgepäcks beträgt bis zu 25 kg.

Links: Motto des SAS („Wer wagt, gewinnt") mit geflügeltem Dolch. Der Dolch selbst soll das Artusschwert Excalibur repräsentieren.

Oben: Schauplatz der meisten Orientierungsmärsche während der Selection sind die walisischen Brecon Beacons, eine Bergkette mit extrem wechselhaften Witterungsverhältnissen.

ihre Vor- und Nachteile und annähernd die gleichen Erfolgsquoten.

Man geht davon aus, dass jemand, der sich ernsthaft beim SAS bewirbt, auch die vor ihm liegenden physischen und mentalen Aufgaben erkennen muss und sich daher nach besten Kräften auf das Auswahltraining vorbereitet, das einen Monat dauert und vom Training Wing des 22 SAS in Credenhill (Hereford) durchgeführt wird. Das bereits 1953 erarbeitete und seither kaum veränderte Programm beginnt mit einer „Aufwärmphase" von zwei Wochen für Offiziere und von drei Wochen für alle anderen Dienstgrade.

Die kürzere Aufbauphase bei den Offizieren liegt schlichtweg darin begründet, dass man von ihnen erwartet, ihre Untergebenen in jeder Hinsicht zu übertreffen. Falls nicht, dann haben sie in diesem Regiment als Offiziere ohnehin nichts verloren.

DIE ERSTEN WOCHEN

Sämtliche Bewerber müssen sich zunächst bei ihrer Stammeinheit einer medizinischen Untersuchung unterziehen und für tauglich befunden werden. Bei Kursbeginn erhalten sie dann Gelegenheit, ihre Kondition zu verbessern, da einige womöglich erst kürzlich von einem Einsatz zurückgekehrt sind und kaum Zeit zur Vorbereitung hatten. In der ersten Woche werden daher Trainingsläufe absolviert, die täglich über längere Distanzen gehen.

Um weiterzukommen, muss jeder Kandidat außerdem den üblichen Battle Fitness Test (BFT) in der gleichen Zeit absolvieren wie ein normaler Infanterist.

Später steht in Südwales eine Reihe von langen Gewaltmärschen in den Brecon Beacons und den Black Mountains auf dem Programm, bei denen neben der Kondition auch das Orientierungsvermögen und die Fähigkeit, Karten zu lesen, geprüft werden. Derweil werden die Teilnehmer bei jedem Wetter und bei Tag wie bei Nacht mit zunehmend komplexeren und aussichtsloseren Problemen konfrontiert, wobei das Gewicht des Gepäcks schrittweise von 11 auf 25 kg am Ende der Woche erhöht wird.

In den Wintermonaten sind die walisischen Berge nicht selten nebelverhüllt und verschneit, was die Orientierung erheblich erschwert, da keine Bezugspunkte erkennbar sind. Die Winde in den Bergen erreichen oftmals Sturmstärke, sodass es bereits schwer fällt, sich aufrecht zu halten, geschweige denn voranzukommen. Ein weiteres Problem ist die Beschaffenheit des Untergrunds. Vor allem nach starkem Regen weicht der Boden auf. Obwohl die Auswahl dazu dient, die Bewerber bis an ihre physischen Grenzen zu testen, müssen sie auf dem Weg an diversen Kontrollpunkten anhalten. Diese verfolgen dreierlei Zwecke: Sie verhindern Betrügereien, liefern Informationen über den weiteren Verlauf der Route und sorgen für Sicherheit – was unabdingbar ist, da es im Lauf der Jahre in den Brecon Beacons zahlreiche Todesfälle gab, vor allem bedingt durch Unterkühlung und schwere Stürze. (Zeitweilig wurde sogar die satellitengestützte Ortung erprobt.)

Während des gesamten Auswahlverfahrens liegt das Hauptaugenmerk auf dem einzelnen Bewerber und nicht auf der Gruppe, die in der Regel aus 120 Mann besteht. Jeder Einzelne muss sich selbst motivieren, da die Instruktoren weder helfen noch behindern, sondern allein für Information und Sicherheit sorgen. Zu keiner Zeit geben sie einem Kandidaten auch nur den geringsten Hinweis auf seine Leistung oder die für die Bewältigung einer Aufgabe noch vorhandene Zeit. Erst nachdem sich ein Bewerber für den nächsten Marsch gemeldet hat und seinen Namen tatsächlich auf der Teilnehmerliste entdeckt, kann er sicher sein, dass er noch im Rennen ist. Die Ausgeschiedenen erwartet eine kurze Reise zurück ins Basislager, einige Dankesworte für den unternommenen Versuch und ein Marschbefehl zurück zu ihrer Stammeinheit. Einige Kandidaten erhalten eine zweite Chance, doch das ist das Äußerste. Beim SAS legt man jedoch Wert darauf, den gescheiterten Bewerbern in einem Gespräch zu versichern, dass sie dennoch gute Soldaten mit vielen guten Eigenschaften sind – nur eben

Unten: Mit 884 m die höchste Erhebung in den Brecon Beacons, bildet der Pen-Y-Fan zugleich den Hauptschauplatz des berüchtigten „Fan Dance"-Marsches.

Oben: ***Rund 70 Prozent der Bewerber werden bereits in den ersten zwölf Wochen des Auswahltrainings durch die strapaziösen Konditionstests ausgesiebt.***

Unten: ***Unterkühlung verkörpert eine der größten Gefahren in der Auswahlphase. 1979 musste ein SAS-Major deshalb in den Brecon Beacons sein Leben lassen.***

nicht mit den gesuchten Qualitäten. Während die Kandidaten allmorgendlich ihres Schicksals harren, ist es für sie immerhin tröstlich, dass sie weiterhin im Rennen und dem Abschluss einen Tag näher gekommen sind. Jeden Morgen erfahren sie eine neue Route und diverse Treffpunkte, wo weitere Informationen auf sie warten. Sie dürfen jedoch nicht mitschreiben und keinerlei Einträge in ihren Karten vornehmen, da solche Markierungen dem Feind wertvolle Informationen geben könnten. Da die Kandidaten durchweg auf sich gestellt sind und nie wissen, wie gut sie in der Zeit liegen, müssen sie einfach so lange volles Tempo gehen, bis sie zum Anhalten aufgefordert werden.

Bisweilen nämlich werden einzelne Aspiranten herausgenommen und aufgefordert, ihre Waffe auseinanderzunehmen und wieder zusammenzusetzen – meist dann, wenn sie ausgekühlt und erschöpft sind und ihre Koordination nachlässt. Gern greifen die Instruktoren auch auf den Trick zurück, Karte und Kompass auf die Motorhaube eines Fahrzeugs zu legen, die Kandidaten einzuweisen und die Peilung für das nächste Etappenziel mitzuteilen. Sobald der Kompass jedoch von der Metallhaube entfernt wird, wandert der Zeiger natürlich in eine ganz andere Richtung. Wer dies nicht bemerkt, wird sich höchstwahrscheinlich verlaufen.

Unten: Anstatt des für nicht wirklich zuverlässig erachteten SA80 der britischen Armee verwendet man beim SAS das amerikanische M16A2 mit Granatwerfer M203.

DIE LETZTE WOCHE

In der Abschlusswoche gibt es eine Übung, bei der die Bewerber ihre Landkarten abgeben müssen und dafür eine dürftige Skizze erhalten, die kaum mehr als ein paar markierte Punkte enthält. Nun gilt es, das erworbene Orientierungsvermögen auszuschöpfen, um die Kontrollpunkte aufzufinden und dort die fehlenden Angaben zu erhalten.

Bei einer weiteren Übung, dem „Fan Dance" (Fächertanz), muss der überaus schwierige Pen-Y-Fan („The Fan") von drei verschiedenen Punkten aus innerhalb von vier Stunden bewältigt werden – wobei die Kandidaten zu keinem Zeitpunkt erfahren, wie oft und in welcher Zeit sie den 884 m hohen Berg erklimmen müssen. Sämtliche Aufstiegsrouten sind sehr schwierig, vor allem mit schwerem Gepäck und Gewehr, weshalb dies die anspruchsvollste Übung der gesamten Auswahlphase darstellt.

Auf dem Höhepunkt der Selection marschieren die Bewerber den ganzen Tag und fast auch die gesamte Nacht durch. Der letzte Tag besteht aus einem 81 km langen Marsch durch die Brecon Beacons, einschließlich von „The Fan" und weiteren Widerwärtigkeiten. Dies ist eine gewaltige Aufgabe, wenn man bedenkt, dass ein

Links: Herstellung eines Regensammlers aus Blättern und Zweigen beim Überlebenstraining im Dschungel während des Continuation Training.

durchschnittlicher Mensch auf flachem Grund gehend 3–5 km in der Stunde zurücklegt und dass die bereits erschöpften Männer in weniger als 20 Stunden 25 kg Gepäck plus Gewehr durch luftiges und unwegsames Gelände befördern müssen. Entsprechend hoch ist dann auch die Versagerquote mit 85 bis 93 Prozent.

FORTSETZUNG (CONTINUATION)

Den wenigen Bewerbern, die die Auswahlphase überstanden haben, steht das Schlimmste noch bevor. Die erste Phase der sechsmonatigen „Continuation" dauert 14 Wochen und dient der Vermittlung grundlegender SAS-Fertigkeiten wie dem Verhalten im Feindesland und der operativen Aufgaben eines standardmäßigen vierköpfigen SAS-Teams. Sämtliche Rekruten müssen eine Grundausbildung zum Funker absolvieren, ganz unabhängig von ihrem Dienstgrad und der künftigen Spezialisierung, da Kommunikation bei allen Spezialoperationen von zentraler Bedeutung ist. Hinzu kommen der Erwerb elementarer Fertigkeiten als Sanitäter, Präzisionsschießen, Bodenkontrolle von Luft-, Mörser- und Artilleriefeuer, Survival, Sabotage, Sprengungen sowie der Umgang mit Fremdwaffen. Der Aneignung dieser Fertigkeiten schließt sich eine Gefechts- und Survival-Phase an, in der die neuen SAS-Mitglieder das (fast) autarke Kämpfen und Überleben hinter den feindlichen Linien erlernen. Sie erfahren, wie man einen Unterschlupf findet oder errichtet, Wasser und Nahrung erschließt und dem Feind ausweicht.

Nächster Programmpunkt ist eine fünftägige Absetz- und Ausweichübung in den Brecon Beacons. Als Feinddarsteller fungiert meist ein örtliches Infanteriebataillon, gelegentlich auch ein NATO-Bataillon. So gut sich die Rekruten auch immer behaupten mögen, sorgen die Instruktoren stets dafür, dass sie irgendwann doch stolpern, da mit dem Widerstand beim Verhör (Resistance to Interrogation, RTI) bereits der nächste Punkt auf der Tagesordnung steht.

DSCHUNGELKURS

Im Anschluss an die RTI-Phase werden die Rekruten auf den Kurs „Survival im Dschungel" geschickt, der bis zu sechs Wochen dauert und meist im Fernen Osten (gewöhnlich in Brunei) stattfindet. Beim SAS legt man großen Wert auf die Ausbildung im Dschungelkrieg, da einige seiner bemerkenswertesten Operationen in der Wildnis von Malaya und Borneo stattfanden.

Die nächste Phase bildet eine vierwöchige Springerausbildung (automatische Auslösung plus acht Freifallsprünge, mit einem Nachtsprung) an der No. 1 Parachute Training School beim Luftwaffenstützpunkt Brize Norton in Oxfordshire, von dem allerdings die zahlreichen ausgebildeten Fallschirmspringer unter den Rekruten befreit sind.

Widerstand beim Verhör (Resistance to Interrogation – RTI)

Der RTI-Abschnitt dauert rund 24 Stunden und ist nicht ohne Grund einer der anstrengendsten Bestandteile der Continuation: Der SAS muss sich schließlich jederzeit auf seine Männer verlassen können, es muss die Gewissheit bestehen, dass der Einzelne seine Kameraden nicht verrät. RTI dürfte wohl das beste Mittel darstellen, um Schwachstellen aufzudecken. Die meisten Einzelheiten unterliegen der Geheimhaltung, doch es ist kein Geheimnis, dass RTI eine physische wie mentale Herausforderung bedeutet. Körperliche Folter findet zwar nicht statt, doch dafür herrscht kein Mangel an Psychoterror. Instruktoren und Verhörexperten sind nach Kräften bemüht, den Rekruten aus der Fassung zu bringen, ohne ihn auch nur zu berühren – etwa durch Beschallung mit konstantem, ohrenbetäubend lautem Rauschen, durch Verbinden der Augen und Anketten an ein befahrenes Eisenbahngleis oder durch Übergießen mit Benzin und Zurücklassen in der Nähe eines offenen Feuers. Es sei nochmals betont, dass diese Methoden bei den Rekruten keine körperlichen Schäden hinterlassen, aber dennoch brutal sind. Wer da fragt, warum der SAS seine Männer in unserer heutigen Zeit einer derart barbarischen Behandlung unterzieht, erhält eine simple Antwort: „Es wirkt."

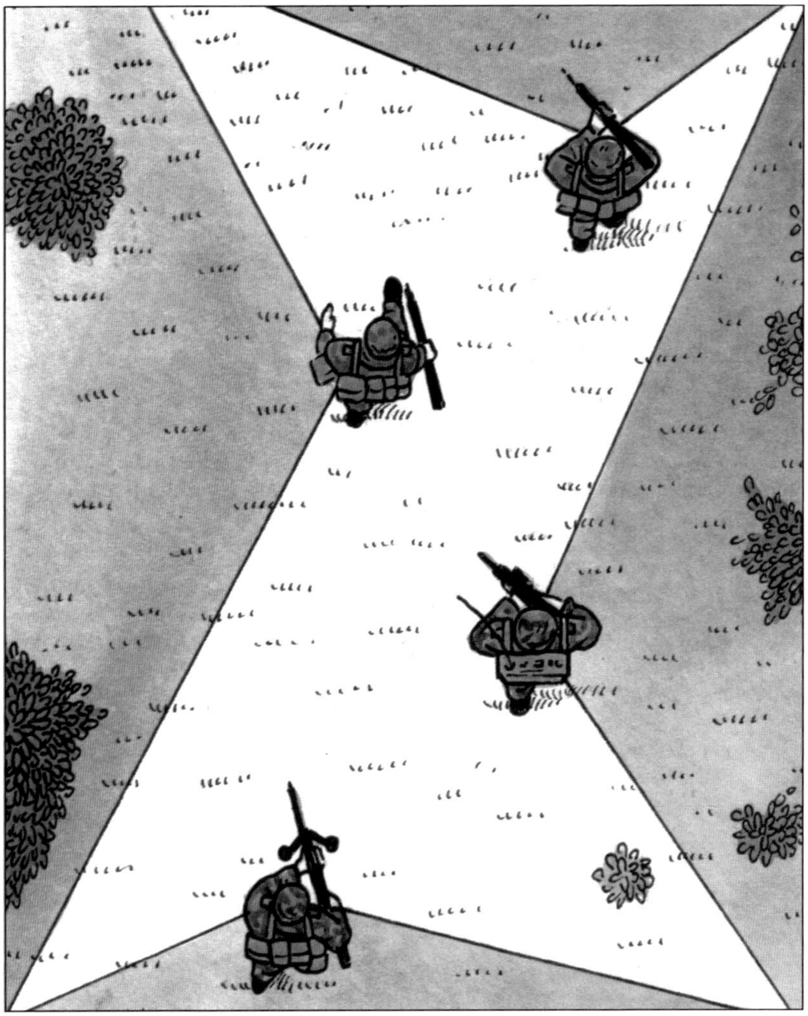

Der erfolgreiche Abschluss der Springerausbildung wird mit dem Erwerb der Sabre-Abzeichen belohnt. Nach Hereford zurückgekehrt, erhalten die Absolventen ihr sandfarbenes Barett mit dem geflügelten Dolch und sind nun Mitglieder des Special Air Service Regiment.

NACH DER AUSWAHL

Unabhängig von ihrem bisherigen Dienstgrad, an dem sich allerdings ihre weitere Besoldung orientiert, werden sämtliche Rekruten auf den untersten SAS-Rang (trooper) zurückgestuft, müssen eine einjährige Probezeit absolvieren und können in dieser Phase jederzeit entlassen werden. Die Neuzugänge können innerhalb des 22 SAS Regiment zwischen Boots-, Flieger-, Gebirgs- und Mobilitätstruppe wählen. In der Bootstruppe werden sie in maritimen Operationen und im Umgang mit Schlauchbooten, Kanus und Tauchbooten unterwiesen, daneben auch im Gerätetauchen und in Spezialoperationen wie Sprengungen un-

Links: Typische Formation einer vierköpfigen SAS-Patrouille. Jeder Mann ist für einen speziellen Feuerbereich zuständig, so ist rundum für Deckung gesorgt.

Verwendung von Skiern, Schlitten und Snowmobilen. In der Mobilitätstruppe wird die gesamte Palette der konventionellen wie unkonventionellen Fahrzeugnutzung trainiert, daneben auch Fernaufklärung und Blitzattacken, für die der SAS berühmt ist. Vermittelt wird defensives und offensives Fahren in so verschiedenartigem Gelände wie Waldland und Wüste sowie das drillmäßige Reagieren auf Hinterhalte und deren Umgehung. Die einzelnen Truppenteile absolvieren nach dem Rotationsprinzip auch ein Anti-Terror-Training im Nahkampf, Präzisionsschießen, Schnellabseilen, Infiltrieren, Erstürmen von Röhrenstrukturen und unbewaffnetem Nahkampf, da der SAS Großbritanniens primäre Anti-Terror-Truppe darstellt. Zugleich ist es die weltweit meistgefürchtete und am höchsten geachtete Spezialeinheit. Es gibt zahlreiche Gelegenheiten für Gemeinschaftstrainings mit anderen Einheiten: US Delta Force, GSG-9 und KSK aus Deutschland oder australischer respektive neuseeländischer SAS.

Unten: SAS-Training in „Killing House", dem Ausbildungszentrum für Geiselbefreiung und Häuserkampf (mit scharfer Munition) in Hereford.

Oben: Standardausrüstung des einsatzbereiten SAS-Soldaten, mit Stinger Flugabwehrrakete, Maschinenpistole MP5 und Survival-Gürtel.

ter Wasser und maritime Terrorbekämpfung. Wer sich für die Fliegertruppe entschieden hat, absolviert eine teils auch im Ausland stattfindende Spezialausbildung in HALO/HAHO und wird mit sämtlichen Aspekten der luftgestützten Infiltration vertraut gemacht. Die Gebirgstruppe vermittelt sämtliche Facetten der alpinen und arktischen Kriegsführung, einschließlich Survival, Klettertechniken und

USA VEREINIGTE STAATEN VON AMERIKA
Delta Force

Die Auswahl von Kandidaten für das Training bei der Delta Force beruht ganz auf den bisher erbrachten soldatischen Leistungen. Individuelle Bewerbungen sind nicht vorgesehen. Bei der Ausbildung legt man hohen Wert auf die Fähigkeit des Einzelnen, im Zustand dauerhafter Isolation operieren zu können.

Anders als die US Navy SEALs, die in puncto Auswahl und Training keine Geheimnisse kennen, hüllt man sich bei Delta in Schweigen. Man weiß aber, dass einzelne Repräsentanten zweimal jährlich das Personalzentrum der Armee in St. Louis (Missouri) aufsuchen, um die persönlichen Akten nach solchen herausragenden Captains und Sergeants der Green Berets und Rangers zu durchforsten, deren Fertigkeiten für Delta interessant sind.

Die Auserwählten werden daraufhin schriftlich benachrichtigt. Falls sie das Interesse erwidern, erhalten sie eine Telefonnummer. Falls nicht, werden sie angewiesen, den Brief zu vernichten. Die interessierten Anrufer erwartet ein Gespräch, bei dem die ungeeigneten Bewerber rasch ausgesiebt werden. Alle anderen müssen einen besonders anspruchsvollen Fitnesstest ablegen. Wer ihn besteht und noch keine Springerausbildung hat, muss diese nachholen, um im Rennen zu bleiben. Der Auswahlphase geht eine intensive Woche mit Dauerlauf, Zeitschwimmen und Märschen mit schwerem Gepäck voraus. Hierdurch sollen die Bewerber Gelegenheit erhalten, ihre Fitness zu verbessern und eventuelle Vorerkrankungen aufgedeckt werden, die vor der eigentlichen Auswahl abgeklärt werden müssen. Nachdem diese ersten Hürden genommen sind, folgt eine einmonatige Bewertungsphase in Camp Dawson in den Appalachen von West Virginia. Dieser Kursabschnitt ist stark an der Praxis des britischen SAS orientiert, da Colonel Charles Beckwith, der Gründer von Delta, diese als das bestgeeignete Mittel ansah, die Spreu vom Weizen zu trennen. Wie beim SAS kommt auch hier nur ein kleiner Prozentsatz durch, der sich meist im einstelligen Bereich bewegt. Während der Auswahl müssen die

Rechts: Gutes Abschneiden bei einem Geländemarsch setzt ein ausgezeichnetes Orientierungsvermögen voraus, das auch im Zustand extremer Erschöpfung und bei widrigem Wetter nicht versagen darf.

Der psychologische Test

Einer der interessantesten und zugleich auch besonders umstrittenen Aspekte des von Delta praktizierten Auswahlverfahrens ist die psychologische Bewertung, der sich jeder Bewerber unterziehen muss. Hierbei wird der Kandidat von verschiedenen Ärzten mit Fragen bombardiert: Welche Beziehung haben Sie zu Ihrer Familie? Mögen Sie Ausländer? Nehmen Sie Drogen? Laufen Sie vor etwas davon? Was denken Sie über Schwule in der Army? Halten Sie sich für hässlich? Sehen Sie Rambo, wenn Sie in den Spiegel schauen? Fürchten Sie sich im Dunkeln? Diese unnachgiebige Befragung verfolgt den Zweck, ein detailliertes psychologisches Profil zu erstellen und mögliche Psychopathen auszusieben. Der ideale Bewerber ist ausgeglichen und besitzt einen emotionalen Halt etwa in seiner Familie oder in seinem Glauben. Unerwünscht sind Eigenbrötler oder Außenseiter und erst recht Bewerber mit kriminellen Tendenzen. Der andere Profilschwerpunkt bezieht sich auf die Fähigkeit, im Besitz einer Waffe mit extremem Stress umgehen zu können. Gesucht wird auch hier das rechte Maß, also jemand, der weder schießwütig noch zögerlich ist.

Bewerber lange Märsche mit schwerem Gepäck in körperlich wie psychologisch anspruchsvollem Gelände absolvieren. Zeitangaben und der Stand der Dinge werden ihnen grundsätzlich vorenthalten, sodass jeder neue Tag erneute Ungewissheit und Bangen bedeutet.

DIE AUSWAHL

Obwohl der ursprüngliche Auswahlkurs nach britischem Vorbild entstand, wurde er im Lauf der Jahre leicht abgeändert, um den hiesigen Anforderungen an Gesundheit und Sicherheit der Teilnehmer Rechnung zu tragen. Was den Bewerbern mit am schwersten zu schaffen macht, ist die Isolation, da sie kaum Kontakte haben, ausgenommen zu den Instruktoren. Viele Kandidaten können sich darauf nur schwer einstellen, weil sie Teamarbeit gewohnt sind und ihnen bereits die Vorstellung des Einzelkämpfertums gegen den Strich geht. Dies zu erproben ist jedoch genau der Sinn der Übung, denn bei Delta sind Opera-

Links: Patrouillengänge sind Standard. Zu den spezielleren, im Training vermittelten Techniken zählt Fahren unter Gefechtsbedingungen, Sprengen von Schlössern, Skifahren, Ausweichen und Ausspähen.

Rechts: Vorbereitung auf einen Orientierungsmarsch, der bis zu 36 Stunden dauern kann und nur eine Mahlzeit vorsieht; für den Rest muss jeder selbst sorgen.

toren gefragt, die sich rasch umstellen können.

Nach Abschluss der psychologischen Bewertung werden die Kandidaten aufgefordert, einen kurzen, unverblümten Lebenslauf zu verfassen. In der zweiten Woche der Vorauswahl werden sie dann durch eine Reihe scheinbar endloser Gewaltmärsche ausgepowert, deren Krönung ein harter Nachtmarsch über 29 km durch dichten Wald darstellt. In dieser Phase sollen die Bewerber ausgelaugt werden, bevor die nächsten 18 Tage der formellen Auswahl beginnen.

Zu Beginn dieses formellen Teils erhalten die Kandidaten eine Zahl und eine Farbe. Die Zahl identifiziert die Person, während die Farbe dem jeweiligen Zug entspricht. Gespräche mit anderen Bewerbern sind verboten, wobei der Einzelne auch von den Instruktoren kaum persönlich angesprochen wird. Diese geben sich überaus sachlich; sie verwickeln die Bewerber nicht ins Gespräch und deuten in keiner Weise an, wie es um sie bestellt ist. Die Instruktoren kennen weder Zorn noch Lob und weder Stirnrunzeln noch Lächeln, was die im Unklaren belassenen Kandidaten nicht selten zermürbt.

Ein typischer Tag beginnt mit dem Aufwachen um 6 Uhr (0600) ohne Weckruf. In jeder Stube hängt ein schwarzes Brett mit dem Tagesbefehl, wie etwa „Rot 3 um 0700 in Marschausrüstung mit 18 kg Gepäck bei Wagen 6 antreten“. Antrittszeiten und Lasten ändern sich täglich, Letzere manchmal sogar stündlich, und nur selten erleichternd. Kandidaten mit zu leichtem Gepäck werden auf der Stelle abgestraft, indem sie einen schweren Stein tragen müssen. Meist gibt es je eine warme Mahlzeit am Morgen und Abend; irgendwann aber wird die Essensration ausbleiben, um herauszufinden, wer für diesen Fall gerüstet ist.

Ein typischer Marsch beginnt damit, dass ein Kandidat kurz nach dem Frühstück per Lkw als Teil eines Viererteams an einer Forststraße abgesetzt wird mit dem Auftrag, einen vorgegebenen Kartenpunkt schnellstmöglich anzusteuern. Auf dem Weg zum Kontrollpunkt wird er sich das Hirn zermartern, um welche Uhrzeit man ihn wohl erwarten wird.

Am Kontrollpunkt eingetroffen, wird jeder Kandidat müde sein, Blasen an den Füßen haben und sich fragen, ob er schnell genug war. Die Instruktoren verziehen unterdessen keine Miene, wenn sie ihre Notizen machen. Ihre Worte beziehen sich allein auf den nächsten Checkpoint – „Rot 7, hier sind die nächsten Koordinaten, gebummelt wird nicht.“

Auf dem Weg zum nächsten Kontrollpunkt, wo hoffentlich etwas Essen und Ruhe warten, ist also keine Zeit zu verlieren. Vor dem Schlafengehen erfährt der Kandidat, wann er sich am nächsten Tag einzufinden hat. Sollte er jedoch verschlafen, wird ihn niemand wecken, sodass er den Lkw verpasst und damit durchgefallen ist.

Links: Training im Schnellabseilen. Delta verfügt über spezielle Einrichtungen zum Trainieren von Angriffsoperationen, greift aber auch auf öffentliche Gebäude, Flughäfen und Anlagen zurück.

In den nächsten Tagen reicht das Spektrum von acht Marschstunden mit drei Fertigmahlzeiten (MRE) bis zu 36 Stunden Marschieren und nur einer MRE. Zwecks Desorientierung und Verunsicherung des Bewerbers wird seine Zahl und Farbe des Öfteren gewechselt. Zudem kann er jederzeit angehalten und aufgefordert werden, eine ausländische Waffe zu zerlegen und wieder zusammenzusetzen, während er schwierige Rechenaufgaben lösen muss.

Gelegentlich treten Ärzte an ihn heran, die sich nach einem kurzen Blick wortlos Notizen machen. Auch wird sich der Bewerber kaum bewusst sein, dass er fotografiert wird, um zu überprüfen, ob er sich tatsächlich durchs Unterholz schlägt oder verbotenerweise die vorhandenen Pfade benutzt. Erstmalig auf einem befestigten Weg erwischt, gibt es eine Verwarnung, beim zweiten Mal heißt es: Das war's. Viele Kandidaten sind dem Stress nicht mehr gewachsen und geben auf, während andere bereits durchgefallen sind, es aber noch nicht wissen. Um noch mehr Verwirrung zu stiften, wird die Resttruppe nicht selten mit gescheiterten Bewerbern aufgefüllt, um eine Orientierung an den Mitstreitern zu erschweren.

Jeder Kandidat erhält eine bestimmte Zahl von Leben, doch er erfährt niemals, wie viele ihm noch bleiben oder wie viele es anfangs überhaupt waren. Soldaten, die aufgeben oder ausgesiebt werden, erhalten einige lobende Worte, wobei man darauf bedacht ist, den gescheiterten Bewerber möglichst sanft anzufassen, damit seine Zuversicht und künftige Laufbahn keinen Schaden nehmen. Zudem legt man Wert darauf, der jeweiligen Stammeinheit schriftlich für die Bereitstellung eines guten Soldaten zu danken, auf den mal stolz sein könne. Das mag etwas übertrieben wirken, geschieht aber aus gutem Grund: Eines Tages kann Delta bei einer Operation vielleicht auf diesen Mann angewiesen sein, und dann könnte ein ungutes Gefühl zu Konflikten führen.

Rechts: Amphibische Kriegsführung bildet ein zentrales Element des Trainings. Neben dem Steuern von Booten wird auch das Abspringen über Wasser und das Gerätetauchen gelehrt.

Unten: Die Kampftechniken der Delta Force werden weitgehend im sechsmonatigen Operators Training Course erworben, der sich auf verdeckte Operationen und umfeldspezifische Angriffstaktiken konzentriert.

***Links:* Sämtliche Delta-Operatoren erlernen die für eine Absprunghöhe von 10 000 m perfektionierte Freifalltechnik, wobei der Fallschirm erst in der geringen Höhe von 1000 m geöffnet wird.**

DIE ABSCHLUSSPHASE

Kandidaten, die während der Auswahl scheitern, werden stillschweigend ausgesondert, ohne dass die restlichen Bewerber die Gründe erfahren. Für sie bedeutet jeder Tag, der vergeht, einen Teilsieg, denn viele ihrer Mitbewerber sind bereits mehr oder weniger freiwillig ausgeschieden, weshalb nur rund 20 Prozent in die Abschlussphase kommen.

Die letzte Auswahlphase umfasst einen schwierigen und strapaziösen

***Unten:* Fallschirmjäger beim Absprung mit automatischer Auslösung. Diese Technik kommt zum Einsatz, wenn das Absetzen in einer geringen Höhe (150 m) erfolgen muss.**

***Oben:* Der Umgang mit Schusswaffen wird intensiv trainiert – hier das Schießen in der Bewegung mit Karabiner Colt M4 5,56 mm.**

Marsch über 64 km in zwei Tagen mit vollem Gepäck auf dem dem Wind ausgesetzten, unwegsamen Appalachian Trail, an dem weitere Bewerber scheitern. Auf die Erfolgreichen wartet eine warme Mahlzeit und eine heiße Dusche im Basislager.

In die Kaserne zurückgekehrt, müssen die restlichen Bewerber in nur 18 Stunden einige anspruchsvolle Bücher lesen und deren Inhalt in schriftlicher Form ausführlich zusammenfassen. Hiermit will man ermitteln, wie aufnahmefähig die Kandidaten nach zwei Tagen ohne Schlaf sind.

Den Anschluss bilden weitere Gespräche, bei denen zahlreiche Fragen über Kindheit, Familie, militärische Laufbahn und Auswahlkurs zu beantworten sind. Wer auch dies überstanden hat, steht nun vor der letzten Hürde, dem „commander's board".

Bei dieser Befragung sitzt der Kandidat auf einem Stuhl, umringt vom Delta-Kommandeur und seinen fünf Zugführern. Nachdem sämtliche psychiatrischen Gutachten zur Kenntnis gebracht wurden, bekommt der Kandidat schwierige Fragen gestellt wie: Würden Sie das Leben Ihres Kindes für Ihr Land opfern? Wären Sie im Einsatz bereit, einen Hirtenjungen zu töten, der zufällig über Ihr Versteck gestolpert ist? Würden Sie dem Befehl des Präsidenten folgen, einen seiner politischen Gegner umzubringen? Mit derartigen Fragen will man herausfinden, wie der Einzelne in Stresssituationen reagiert: Wird er leicht nervös? Gerät er gar in Panik? Kann man ihm geheime Informationen anvertrauen?

Bisweilen wird man den Bewerber auch fragen, ob er gemogelt hat, indem er Straßen oder Pfade benutzt hat. Falls er dies einräumt, kann er noch einmal davonkommen. Sollte er jedoch lügen, wird man ihm mit Fotos das Gegenteil beweisen, gefolgt von der sofortigen Entlassung. Der Befragung schließt sich eine interne Nachbesprechung der Führungsoffiziere an.

Bewertet werden sämtliche Aspekte der über den gesamten Zeitraum erbrachten Leistungen. Massive Zweifel haben die Ablehnung des Bewerbers zur Folge. Theoretisch kann dieser Beschluss vom Kommandeur revidiert werden, was jedoch in der Praxis nur selten vorkommt. Ein positiver Entscheid wird ausschließlich per Stimmenmehrheit gefasst.

Sobald ein Kandidat von Delta akzeptiert wird, kommen seine Bewertungsakten für immer unter Verschluss. Niemandem und auch nicht dem Bewerber selbst ist es gestattet, die erzielte Punktzahl und die festgelegte Mindestpunktzahl einzusehen.

OPERATORS TRAINING COURSE

Als Nächstes muss der Bewerber den sechsmonatigen Operators Training Course (OTC) absolvieren. Trainiert werden verdeckte Operationen, Stoß-

Oben: Wie man einen Wachtposten unschädlich macht, ist Teil des Nahkampftrainings. Vermittelt werden relativ wenige Techniken, die jedoch alle tödlich sind.

Links: Helikopter sind auch in geringer Höhe wendig, hinterlassen kaum Spuren auf dem Radarschirm und setzen Truppen punktgenau ab oder nehmen sie auf.

trupp-Missionen, Nahkampf und Präzisionsschießen.

Beim OTC geht es vergleichsweise entspannt zu, wenngleich allen Neuzugängen noch eine einjährige Probezeit bevorsteht. In der Regel verbringen die Kursteilnehmer allein auf dem geschlossenen Schießstand mehr als 1000 Stunden, bis sie sämtliche Aspekte des Gefechtsschießens verinnerlicht haben. Die praktischen Übungen werden durch zahlreiche Vorträge über Psychologie, Taktik, Weltpolitik und Terrorismus ergänzt. Zudem werden die Teilnehmer eingehend in der Durchführung verdeckter Operationen und der Verwendung landestypischer Kleidung unterwiesen. Sie werden mit diversen Fahrzeugtypen vertraut gemacht und lernen das Motorradfahren.

Die nächste Phase dauert sechs Wochen und konzentriert sich auf Fernmeldetechnik, Sanitätswesen und fortgeschrittene Infanterietechniken. In den folgenden neun Wochen werden Angriffs- und Rettungsoperationen trainiert, das Eindringen in Gebäude, Seiltechniken und die Infiltration per Helikopter. Dann sind zusammen mit dem CIA echte Aufträge im Programm, etwa in Form von Personenschutz und Ermittlungsarbeit (meist gegen Kleinkriminelle).

Nachdem auch dieses Training absolviert ist, haben die Teilnehmer ihr Ziel endlich erreicht und sind ausgebildete Operatoren. Später werden jedoch noch Themen wie der Umgang mit Sprengmitteln, Gerätetauchen und HALO/HAHO-Techniken auf dem Programm stehen.

Delta-Operatoren trainieren häufig mit anderen Anti-Terror-Einheiten wie der deutschen GSG-9, der französischen GIGN, dem australischen SASR und auch dem britischen SAS, mit dem sie besonders eng zusammenarbeiten.

Anforderungen an Offiziere der Delta Force

Es ist bereits schwer genug, sich als gewöhnlicher Soldat für eine Spezialeinheit zu qualifizieren. Wer jedoch Offizier werden will, muss noch mehr leisten.

Die nachstehenden Anforderungen beziehen sich auf Offiziersanwärter für das 1st Special Forces Operational Detachment Delta (1st SFOD-D) der US Army gemäß US Army PERSCOM Online:

Das 1st Special Forces Operational Detachment Delta (1st SFOD-D) der US Army plant und implementiert eine breite Palette von Spezialoperationen im Rahmen des operativen Kontinuums. Delta ist für die Durchführung von Operationen gerüstet, die eine rasche Reaktion unter Anwendung unterschiedlichster hochspezialisierter Fertigkeiten mit chirurgischer Präzision erfordern, dies unter Wahrung einer geringstmöglichen Einbeziehung der USA.

Die Abordnung zum 1st SFOD-D setzt voraus: eine umfangreiche Vorauslese, den erfolgreichen Abschluss eines drei- bis vierwöchigen, mental und physisch anspruchsvollen Bewertungs- und Auswahlkurses und eines sechsmonatigen operativen Trainingskurses. Nach erfolgreichem Abschluss der Kurse bekommen die Offiziere eine operative Funktion innerhalb der Einheit.

Als Offizier des 1st SFOD-D werden sich Ihnen zusätzliche Gelegenheiten als Kommandeur im Rang eines Hauptmanns, Majors oder Oberstleutnants bieten, eventuell auch als Operations Officer. Nach Ende der Dienstzeit beim 1st SFOD-D stehen Ihnen dank Ihrer Ausbildung und Erfahrung diverse Führungspositionen bei DOD, JCS, DA, USASOC, USSOCOM und den Joint Headquarters offen, darüber hinaus auch Positionen in entsprechenden Dachorganisationen. Ein Offizier muss folgende Voraussetzungen erfüllen:

- Freiwilliger
- US-Bürger
- Bestehen der modifizierten Flugtauglichkeitsprüfung Klasse II
- Springerausbildung bzw. Bereitschaft hierzu
- Bestehen einer persönlichen Sicherheitsüberprüfung und Vorliegen von mindestens einer Unbedenklichkeitsbescheinigung
- Bestehen des Army Physical Fitness Test (APFT), FM 21-20, mit je 75 Punkten in der Altersgruppe 22–26 Jahre (55 Liegestütze in zwei Minuten, 62 Sit-ups in zwei Minuten und 2-Meilen-Lauf in höchstens 15:06) im Trainingszeug der Stammeinheit
- Zum Zeitpunkt der Auswahl noch mindestens zwei Jahre aktive Dienstzeit
- Hauptmann oder Major (Truppenteil unerheblich)
- Absolvent des Aufbaukurses
- College-Abschluss (BA oder BS)
- Mindestens zwölfmonatige erfolgreiche Dienstzeit als Kommandeur (Hauptmann)

Das 1st SFOD-D führt weltweit zweimal im Jahr eine Rekrutierung durch, um potenzielle Kandidaten für den Bewertungs- und Auswahlkurs zu ermitteln. Die Sichtung für den ersten Kurs erfolgt von Oktober bis Januar, diejenige für den zweiten Kurs von April bis Juli. Der Dienst beim 1st SFOD-D bietet realistisches Training und persönlich wie beruflich lohnende Erfahrungen.

GLOSSAR/ABKÜRZUNGEN

AAA – Anti-Aircraft Artillery
AFV – Armored/Armoured Fighting Vehicle
AMTRAC – Amphibious Tracked (Vehicle), z.B. LVTP-7
ANZAC – Australian and New Zealand Army Corps
APC – Armored/Armoured Personal Carrier
ARVN – Army of the Republic of Vietnam
ATV – All-Terrain Vehicle
AUG – Armee Universal Gewehr – Sturmgewehr der Fa. Steyr
BUD/S – Basic Underwater Demolitions/SEAL
C2 – Command and Control
C4I – Command and Control and Information and Intelligence
CDB – Clearance Diver Branch
CO – Commanding Officer
COFUSCO – Commandement des Fusiliers Marins Commandos
CONOPS – Concept of Operations
COS – Commandement des Opérations Spéciales
Coy – Company
CQB – Close Quarter Battle
CRRC – Combat Rubber Raiding Craft
CRW – Counter-Revolutionary Warfare
CSAR – Combat Search And Rescue
CSIS – Canadian Security and Intelligence Service
CT – Counterterrorism
CTR – Covert Tactical Reconnaissance
DEVGRU – Naval Special Warfare Development Group
DGSE – Direction Générale de la Sécurité Extérieure
DINOPS – Détachement d'Intervention Opérationnelle Subaquatique
DoD – Department of Defense
DPM – Disruptive Pattern Material
DZ – Drop Zone
EOD – Explosive Ordnance Disposal
EXFIL – Exfiltration
FIBUA – Fighting In Built-Up Areas (Kampf in bebautem Gebiet)
FN – Fabrique Nationale d'Armes de Guerre (belgischer Waffenhersteller)
FOB – Forward Operating Base
GI – Government (oder General) Issue (umgangssprachliche Bezeichnung für US-Soldat)
GIGN – Groupe d'Intervention Gendarmerie Nationale
GPMG – General Purpose Machine Gun
GRU – Glavnoie Rasvedyvatelnoie Upravlenie (wörtlich = Hauptverwaltung für Aufklärung beim Generalstab) Sowjetischer/russischer Militärgeheimdienst
HAHO – High Altitude High Opening (Absprung und Öffnen des Fallschirms in großer Höhe)
HALO – High Altitude Low Opening (Absprung in großer und Öffnen des Fallschirms in geringer Höhe)
HELOPS – Helicopter Operations
HK – Heckler und Koch (deutscher Waffenhersteller)
HMG – Heavy Machine Gun
HMS – Her Majesty's Ship
HP – Horsepower oder Hi Power (Pistole Browning 9 mm)
HSB – High Speed Boat
IDF – Israeli Defence Force
IFOR – Implementation Force (Friedenstruppe in Bosnien)
INFIL – Infiltration
JATO – Jet Assisted Take Off
Klepper – Hersteller von Faltbooten in Rosenheim. Wegen ihres geringen Gewichts und ihrer Robustheit geschätzt, gehören vor allem die Zweisitzer zur Standardausrüstung zahlreicher westlicher Spezialeinheiten.
LAW – Light Anti-Tank Weapon
LMG – Light Machine Gun
LRPV – Long Range Patrol Vehicle
LRRP – Long Range Reconnaissance Patrol
LSV – Light Strike Vehicle
LSW – Light Support Weapon
LZ – Landing Zone
MAG – Mitrailleuse d'Appui Général (Allzweck-Maschinengewehr)
Maiale (Schwein) – zweisitziges, torpedoförmiges Kleinst-U-Boot der Italiener im Zweiten Weltkrieg
MANPADS – Man-Portable Air Defence System
MCF – Marine Commando Force
MOD – Ministry of Defence
MRE – Meal Ready to Eat (Fertigmahlzeit)
NATO – North Atlantic Treaty Organisation
NAVART – Naval Artillery
NAVSPECWARCOM – Naval Special Warfare Command
NBC – Nuclear Biological Chemical
NCDU – Naval Combat Divers Unit
NCO – Non-Commissioned Officer (Unteroffizier)
NSWG – Naval Special Warfare Group
NSWU – Naval Special Warfare Unit
NVG – Night Vision Goggles (Nachtsichtgerät)
OBUA – Operations in Built-Up Areas (Operationen in bebautem Gebiet)
OP – Observations Post
Operation „Brightlight" – Rettung von US-Kriegsgefangenen in Vietnam, 1970-1972

Operation „Desert Shield" – Aufmarsch von US-Truppen in der Golfregion nach der irakischen Invasion von Kuwait, 1990
Operation „Desert Storm" – Angriff der Koalitionstruppen auf irakische Einheiten, 1991
Operation „Enduring Freedom" – multinationale Angriffe auf das Taliban-Regime in Afghanistan, 2002
Operation „Frankton" – Kommandooperation der britischen Marineinfanterie gegen die Docks von Bordeaux, Dezember 1942
Operation „Just Cause" – US-Invasion in Panama, 1989
OPSEC – Operational Security
ORBAT – Order of Battle
PBC – Patrol Boat Coastal
PBL – Patrol Boat Light
PBR – Patrol Boat River
PDF – Panamanian Defence Force
PDSS – russische Kampftaucher-Einheit
Phoenix-Programm – amerikanische Befriedungskampagne, gerichtet gegen die Infrastruktur der Vietcong in Südvietnam
Platoon (Zug) – herkömmlicherweise die kleinste, im Regelfall von einem Offizier befehligte militärische Organisationseinheit, meist aus 30-40 Mann bestehend
POW – Prisoner of War (Kriegsgefangener)
PSM – Propulseur Sous-Marin (siehe SDV)
PSYOP – Psychological Operations
RAF – Royal Air Force
RAN – Royal Australian Navy
RCP – Régiment Chasseurs Paras
Recce – Reconnaissance (Aufklärung)
REG – Régiment Étranger de Génie (Pionierregiment der Fremdenlegion)
Regenerationsgerät – Atemgerät mit geschlossenem Kreislauf, in dem die ausgeatmete Luft gereinigt und wiederverwendet wird. Da hierbei keine auffälligen Luftblasen entstehen, liegen die militärischen Vorteile auf der Hand. Die maritimen Spezialkräfte der westlichen Welt verwenden vor allem die Modelle Dräger LAR V und Oxymax.
REP – Régiment Étranger de Parachutiste (Fallschirmjägerregiment der Fremdenlegion)
RIB – Rigid Inflatable Boat
RM – Royal Marine
RMBPD – Royal Marine Boom Patrol Detachment
RN – Royal Navy
ROK – Republic of Korea
RSM – Regimental Sergeant Major
SAS – Special Air Service (GB)
SASR – Special Air Service Regiment (Australien)
SATCOM – Satellite Communication
SAW – Squad Automatic Weapon (leichtes Maschinengewehr M249)
SBS – Special Boat Squadron (USA), Special Boat Section oder Special Boat Service (GB)
SBU – Special Boat Unit
SDV – SEAL Delivery Vehicle oder Swimmer Delivery Vehicle
SEAL – Sea-Air-Land (USA)
SERE – Survival, Evasion, Resistance, Escape
SF – Special Forces
SFOD-D – Special Forces Operational Detachment Delta
SFOR – Stabilisation Force
SLR – Self-Loading Rifle
SMG – Submachine Gun
SO – Special Operations
SOE – Special Operations Executive
SOF – Special Operations Forces
SOU – Special Operations Unit
SOV – Special Operations Vehicle
Spetsnaz – sowjetische/russische Sondereinsatzkräfte
SVD – Scharfschützenkarabiner vom Typ Dragunow
SWAT – Special Weapons And Tactics
TA – Territorial Army
TAB – Tactical Advance to Battle
TACAIR – Tactical Air Support
TAG/OAT – Tactical Assault Group/Offshore Assault Team
TALO – Tactical Air Landing Operations
TOW – Tube-launched, Optical tracked, Wire-guided Missile
Tubular Work – Operationen in röhrenförmigen Gebilden wie Flugzeuge, Züge und Busse
UAR – Underwater Assault Rifle
UAV – Unmanned Air Vehicle
UCAV – Uninhabited Combat Air Vehicle
UDT – Underwater Demolitions Team
UKNLAF – United Kingdom/Netherlands Amphibious Force
UN – United Nations
UOU – Underwater Operations Unit
USN – United States Navy
USMC – United States Marine Corps
USSOCOM – United States Special Operations Command
Vietcong – südvietnamesische kommunistische Guerillakämpfer
Zodiac – bei westlichen Marine-Spezialeinheiten weit verbreitetes Schlauchboot (RIB)

USSOCOM ORGANIGRAMM

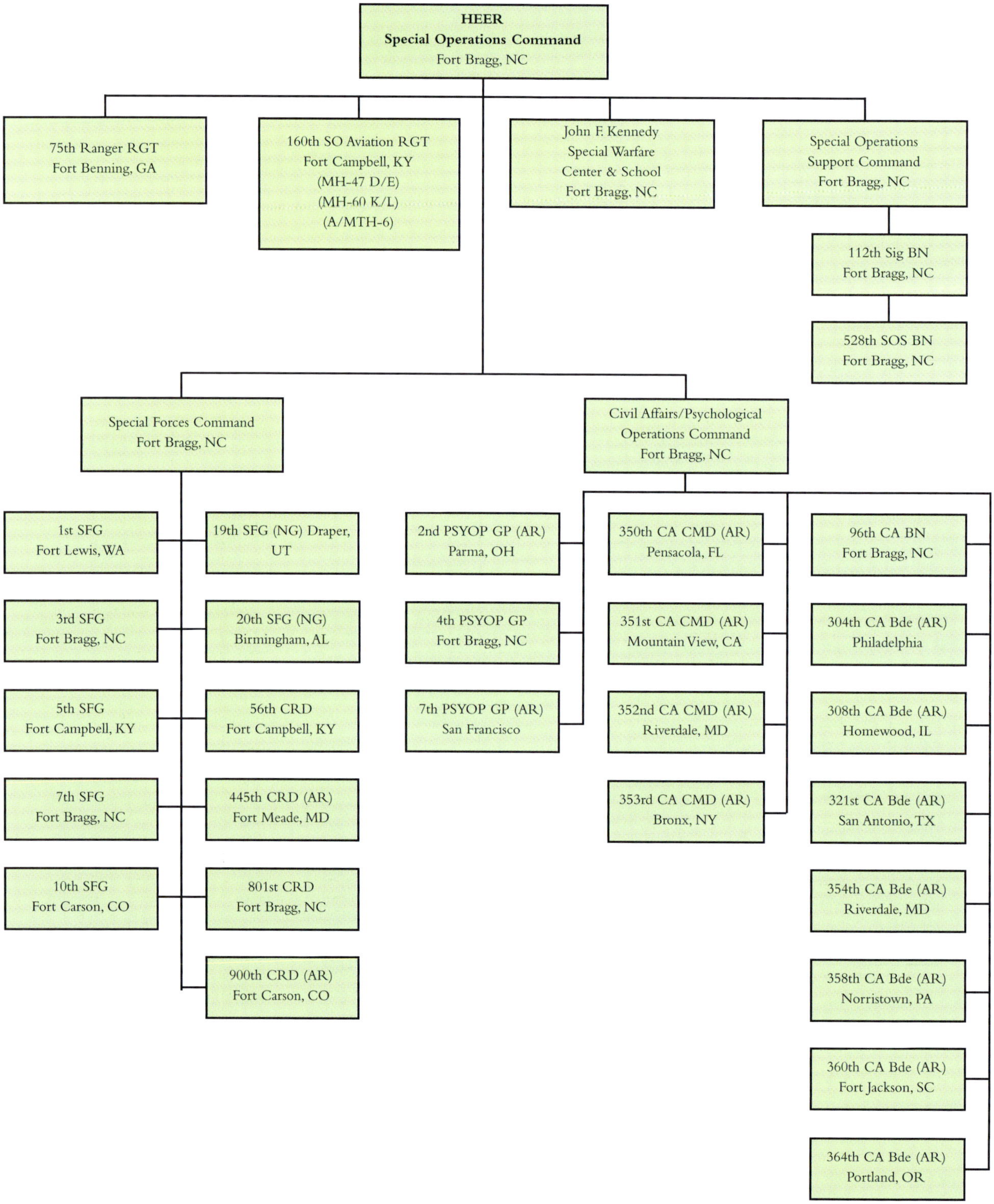

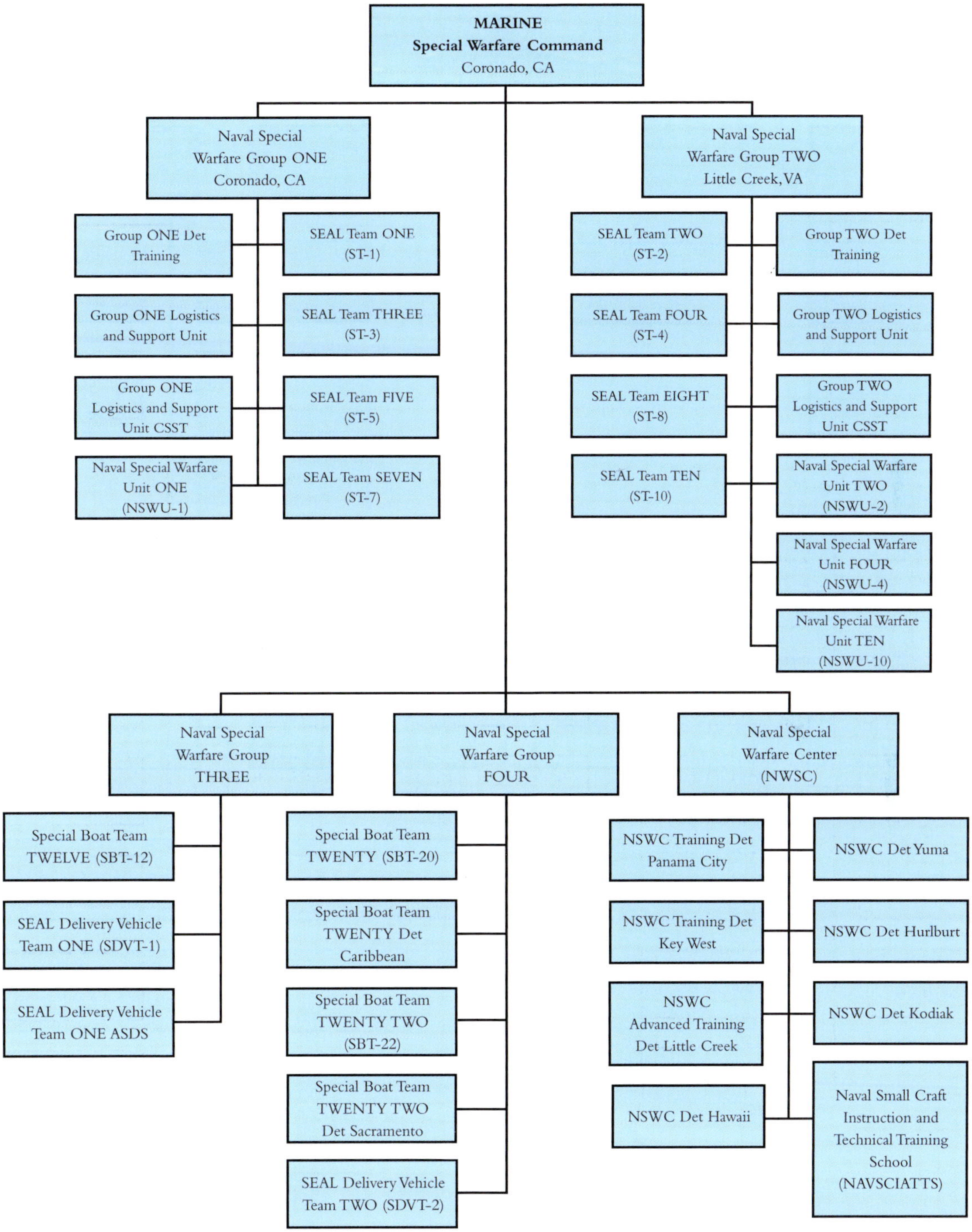
MARINE
Special Warfare Command
Coronado, CA
Naval Special Warfare Group ONE Coronado, CA
Group ONE Det Training
SEAL Team ONE (ST-1)
Group ONE Logistics and Support Unit
SEAL Team THREE (ST-3)
Group ONE Logistics and Support Unit CSST
SEAL Team FIVE (ST-5)
Naval Special Warfare Unit ONE (NSWU-1)
SEAL Team SEVEN (ST-7)
Naval Special Warfare Group TWO Little Creek, VA
SEAL Team TWO (ST-2)
Group TWO Det Training
SEAL Team FOUR (ST-4)
Group TWO Logistics and Support Unit
SEAL Team EIGHT (ST-8)
Group TWO Logistics and Support Unit CSST
SEAL Team TEN (ST-10)
Naval Special Warfare Unit TWO (NSWU-2)
Naval Special Warfare Unit FOUR (NSWU-4)
Naval Special Warfare Unit TEN (NSWU-10)
Naval Special Warfare Group THREE
Special Boat Team TWELVE (SBT-12)
SEAL Delivery Vehicle Team ONE (SDVT-1)
SEAL Delivery Vehicle Team ONE ASDS
Naval Special Warfare Group FOUR
Special Boat Team TWENTY (SBT-20)
Special Boat Team TWENTY Det Caribbean
Special Boat Team TWENTY TWO (SBT-22)
Special Boat Team TWENTY TWO Det Sacramento
SEAL Delivery Vehicle Team TWO (SDVT-2)
Naval Special Warfare Center (NWSC)
NSWC Training Det Panama City
NSWC Det Yuma
NSWC Training Det Key West
NSWC Det Hurlburt
NSWC Advanced Training Det Little Creek
NSWC Det Kodiak
NSWC Det Hawaii
Naval Small Craft Instruction and Technical Training School (NAVSCIATTS)

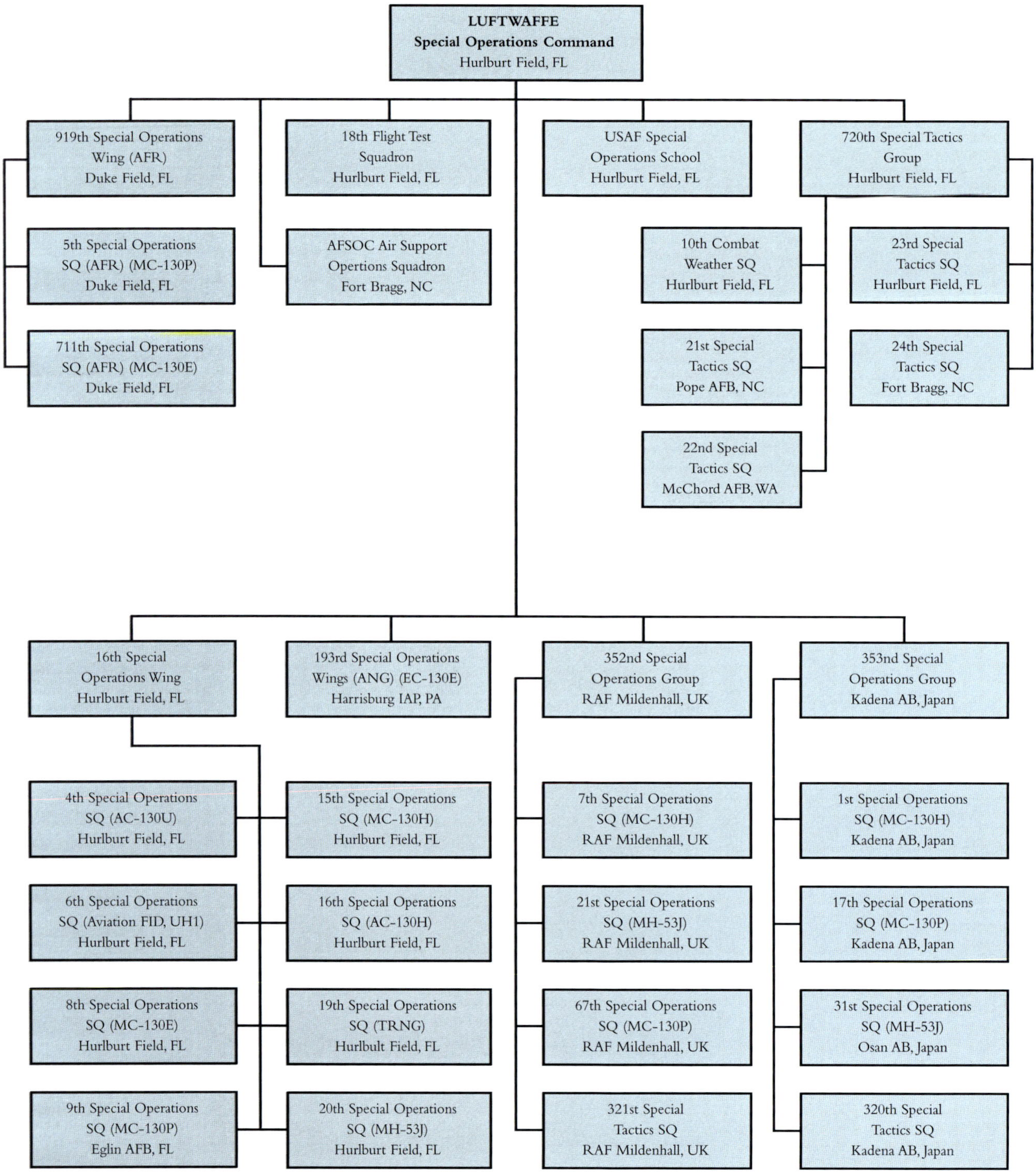
LUFTWAFFE Special Operations Command Hurlburt Field, FL
919th Special Operations Wing (AFR) Duke Field, FL
18th Flight Test Squadron Hurlburt Field, FL
USAF Special Operations School Hurlburt Field, FL
720th Special Tactics Group Hurlburt Field, FL
5th Special Operations SQ (AFR) (MC-130P) Duke Field, FL
AFSOC Air Support Opertions Squadron Fort Bragg, NC
10th Combat Weather SQ Hurlburt Field, FL
23rd Special Tactics SQ Hurlburt Field, FL
711th Special Operations SQ (AFR) (MC-130E) Duke Field, FL
21st Special Tactics SQ Pope AFB, NC
24th Special Tactics SQ Fort Bragg, NC
22nd Special Tactics SQ McChord AFB, WA
16th Special Operations Wing Hurlburt Field, FL
193rd Special Operations Wings (ANG) (EC-130E) Harrisburg IAP, PA
352nd Special Operations Group RAF Mildenhall, UK
353nd Special Operations Group Kadena AB, Japan
4th Special Operations SQ (AC-130U) Hurlburt Field, FL
15th Special Operations SQ (MC-130H) Hurlburt Field, FL
7th Special Operations SQ (MC-130H) RAF Mildenhall, UK
1st Special Operations SQ (MC-130H) Kadena AB, Japan
6th Special Operations SQ (Aviation FID, UH1) Hurlburt Field, FL
16th Special Operations SQ (AC-130H) Hurlburt Field, FL
21st Special Operations SQ (MH-53J) RAF Mildenhall, UK
17th Special Operations SQ (MC-130P) Kadena AB, Japan
8th Special Operations SQ (MC-130E) Hurlburt Field, FL
19th Special Operations SQ (TRNG) Hurlbult Field, FL
67th Special Operations SQ (MC-130P) RAF Mildenhall, UK
31st Special Operations SQ (MH-53J) Osan AB, Japan
9th Special Operations SQ (MC-130P) Eglin AFB, FL
20th Special Operations SQ (MH-53J) Hurlburt Field, FL
321st Special Tactics SQ RAF Mildenhall, UK
320th Special Tactics SQ Kadena AB, Japan

SAS ORGANIGRAMM

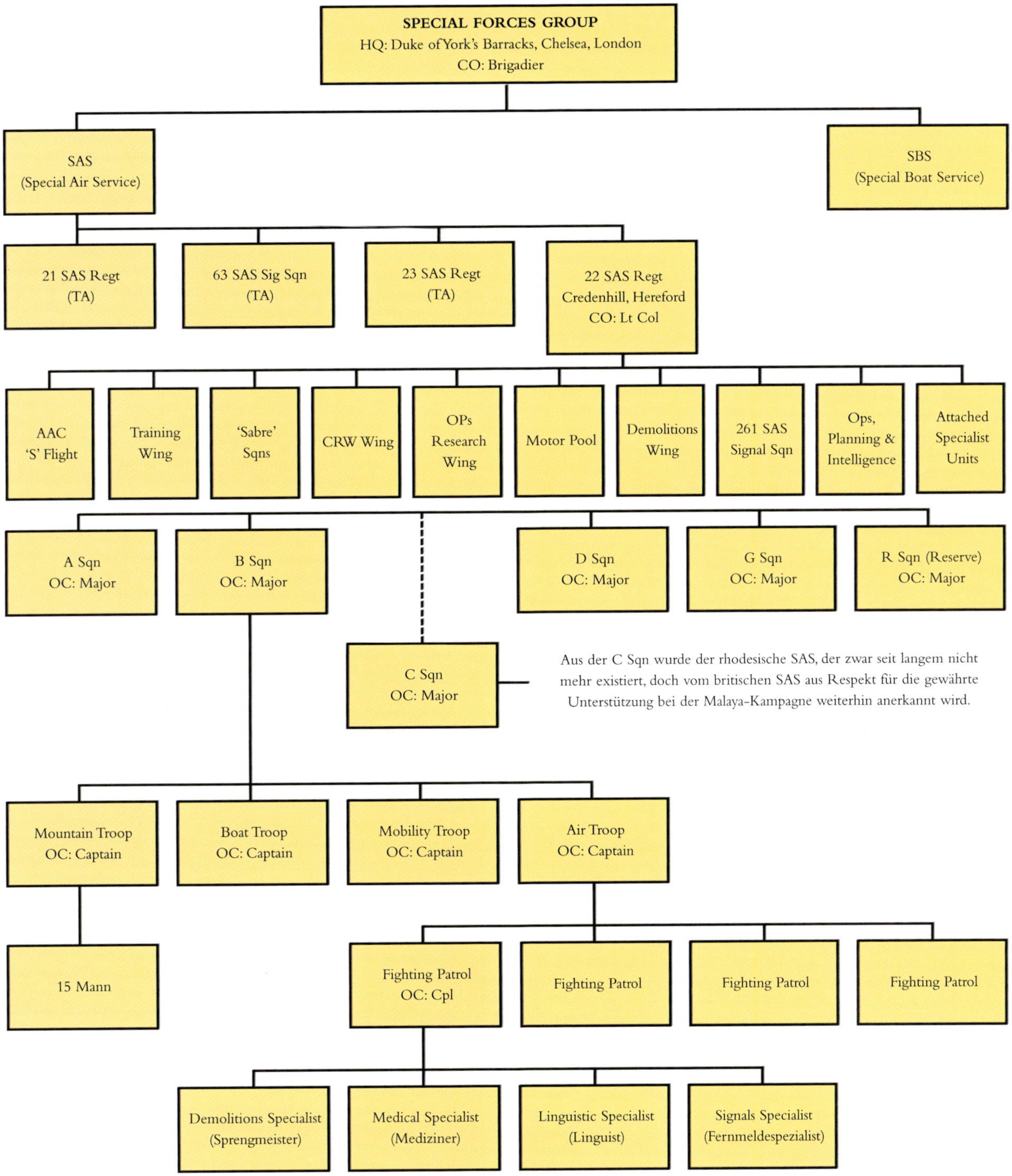

REGISTER DER SPEZIALEINHEITEN

STICHWORTREGISTER